한 번에 합격,
자격증은 이기적

이렇게
기막힌
적중률

KB192036

자격증 독학, 어렵지 않다!
수험생 합격 전담마크

이기적 스터디 카페

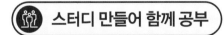 스터디 만들어 함께 공부

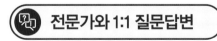 전문가와 1:1 질문답변

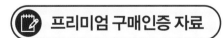 프리미엄 구매인증 자료

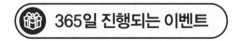 365일 진행되는 이벤트

이기적 스터디 카페

인증만 하면, **고퀄리티 강의가 무료!**

100% 무료 강의

1년 365일 이기적이 쏜다!

365일 진행되는 이벤트에 참여하고 다양한 혜택을 누리세요.

EVENT ①

기출문제 복원

- 이기적 독자 수험생 대상
- 응시일로부터 7일 이내 시험만 가능
- 스터디 카페의 링크 클릭하여 제보

이벤트 자세히 보기 ▶

EVENT ②

합격 후기 작성

- 이기적 스터디 카페의 가이드 준수
- 네이버 카페 또는 개인 SNS에 등록 후
  이기적 스터디 카페에 인증

이벤트 자세히 보기 ▶

EVENT ③

온라인 서점 리뷰

- 온라인 서점 구매자 대상
- 한줄평 또는 텍스트 & 포토리뷰 작성 후
  이기적 스터디 카페에 인증

이벤트 자세히 보기 ▶

EVENT ④

정오표 제보

- 이름, 연락처 필수 기재
- 도서명, 페이지, 수정사항 작성
- book2@youngjin.com으로 제보

이벤트 자세히 보기 ▶

N Pay
내이버페이
포인트 쿠폰
20,000원

영진닷컴 쇼핑몰
30,000원

- N페이 포인트 5,000~20,000원 지급
- 영진닷컴 쇼핑몰 30,000원 적립
- 30,000원 미만의 영진닷컴 도서 증정

※ 이벤트별 혜택은 변경될 수 있으므로 자세한 내용은 해당 QR을 참고하세요.

이기적 크루를 찾습니다!

WANTED

저자 · 강사 · 감수자 · 베타테스터 상시 모집

저자 · 강사

- **분야** 수험서 전 분야
  수험서 집필 혹은 동영상 강의 촬영
- **요건** 관련 강사, 유튜버, 블로거 우대
- **혜택** 이기적 수험서 저자 · 강사 자격
  집필 경력 증명서 발급

감수자

- **분야** 수험서 전 분야
- **요건** 관련 전문 지식 보유자
- **혜택** 소정의 감수료
  도서 내 감수자 이름 기재
  저자 모집 시 우대(우수 감수자)

베타테스터

- **분야** 수험서 전 분야
- **요건** 관련 수험생, 전공자, 교사/강사
- **혜택** 활동 인증서 & 참여 도서 1권
  영진닷컴 쇼핑몰 30,000원 적립
  스타벅스 기프티콘(우수 활동자)
  백화점 상품권 100,000원(우수 테스터)

◀ 모집 공고 자세히 보기

이메일 문의하기 ✉ book2@youngjin.com

기억나는 문제 제보하고 N페이 포인트 받자!

기출 복원 EVENT

성명	이기적		수험번호	2 0 2 4 1 1 1 3

Q. 응시한 시험 문제를 기억나는 대로 적어주세요!

① 365일 진행되는 이벤트 ② 참여자 100% 당첨 ③ 우수 참여자는 N페이 포인트까지

영진닷컴 쇼핑몰

30,000원

N Pay

네이버페이
포인트 쿠폰 **20,000원**

적중률 100% 도서를 만들어주신 여러분을 위한 감사의 선물을 준비했어요.

신청자격 이기적 수험서로 공부하고 시험에 응시한 모든 독자님

참여방법 이기적 스터디 카페의 이벤트 페이지를 통해 문제를 제보해 주세요.
※ 응시일로부터 7일 이내의 시험 복원만 인정됩니다.

유의사항 중복, 누락, 허위 문제를 제보한 경우 이벤트 대상에서 제외됩니다.

참여혜택 영진닷컴 쇼핑몰 30,000원 적립
정성껏 제보해 주신 분께 N페이 포인트 5,000~20,000원 차등 지급

이벤트 페이지 확인하기 ▶

시험 환경 100% 재현!
CBT 온라인 문제집

편리한 학습을 돕는
글자 크기 변경 기능

글자 크기 100% 150% 200%

한 문제도 놓치지 않도록
안 푼 문제 수 확인

· 전체 문제 수 : 40 · 안 푼 문제 수 : 40

실전 시간관리 연습
제한 / 남은시간 표시

제한 시간 40분
남은 시간 38분 50초

CBT 시험 그대로!
답안 표기란

답안 표기란

1 ① ② ③ ④

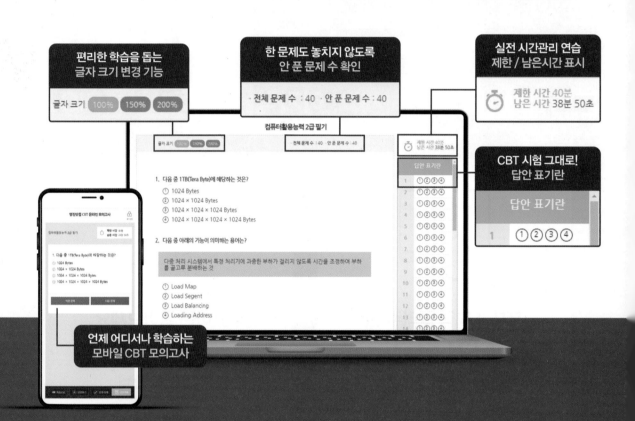

언제 어디서나 학습하는
모바일 CBT 모의고사

이용 방법

STEP 1
이기적 CBT
cbt.youngjin.com
접속

STEP 2
과목 선택 후
제한시간 안에
풀이

STEP 3
답안 제출하고
합격 여부
확인

STEP 4
틀린 문제는
꼼꼼한 해설로
복습

이기적 CBT 🔍

이렇게 기막힌 적중률

제과·제빵기능사
필기+실기 올인원
1권 · 필기

"이" 한 권으로 합격의 "기적"을 경험하세요!

YoungJin.com Y.
영진닷컴

차례

출제빈도에 따라 분류하였습니다.
- 상 : 반드시 보고 가야 하는 이론
- 중 : 보편적으로 다루어지는 이론
- 하 : 알고 가면 좋은 이론

구매 인증 PDF

시험장까지 함께 가는 핵심 요약
이기적 스터디 카페에서 제공

※ **참여 방법** : '이기적 스터디 카페' 검색 → 이기적 스터디 카페(cafe.naver.com/yjbooks) 접속 → '구매 인증 PDF 증정' 게시판 → 구매 인증 → 메일로 자료 받기

이 책의 구성

꼼꼼하게 정리된 이론

다년간 분석한 기출문제의 출제빈도, 경향을 토대로 각 섹션마다 출제빈도를 (상)(중)(하)로 나눴습니다.

출제빈도 (상) (중) (하) ──

각 SECTION을 (상) (중) (하) 등급으로
나누었습니다.

빈출 태그 ▶ ──

자주 출제되는 중요 단어를 정리했습니다.
해당 단어가 나오는 부분은 집중해서 보세요.

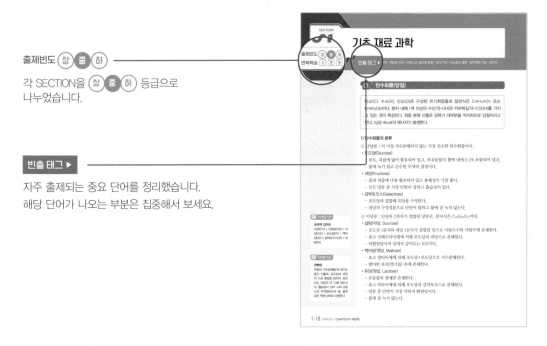

🅟 기적의 TIP ──

시험공부를 하며 꼭 알아야 하는 선생님의
노하우와 팁을 제시하였습니다.

✅ 개념 체크 ──

이론을 학습하며 해당 페이지의 개념 체크로
가볍게 복습해 보세요.

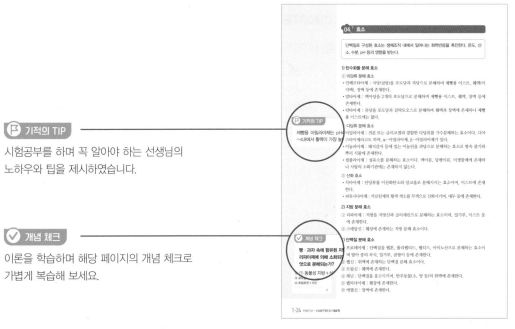

STEP 02

최신 기출문제

제과기능사와 제빵기능사의 최신 기출문제를 각
각 5회분씩 총 10회분 담았습니다. 실전처럼 풀
어보고 감각을 키워보세요.

소요 시간을 참고하여 시간을 재며 푸는 연습을 해야
실제 시험에서도 시간이 부족하지 않아요!

STEP 03

꼼꼼한 해설

정답 해설을 포함하여 관련 이론까지 알차게
담았습니다. 해설만 읽어도 이론 2회독이 가
능해요.

오답 피하기, 관련 이론 등도 꼼꼼히 확인하세요. 해설
을 자세히 읽으며 학습하면 필기시험에 대한 자신감
이 더욱 커질 거예요.

시험의 모든 것

01 필기 응시 자격 조건

남녀노소 누구나 응시 가능

02 원서 접수하기

- 큐넷(www.q-net.or.kr) 회원가입
- 시험일정에 맞게 온라인 접수
- 검정 수수료(종목별)
  - 필기 : 14,500원
  - 제과 실기 : 29,500원
  - 제빵 실기 : 33,000원

03 시험 응시

- 수험표, 신분증, 계산기(필기), 조리복&조리도구(실기)
- 문항 및 시간
  - 필기 : 객관식 60문항, 60분
  - 실기 : 작업형, 2~4시간 정도

04 합격자 발표

- 큐넷(www.q-net.or.kr)에서 합격자 확인 가능

01 응시 자격

자격 제한 없음

02 원서 접수

필기 : 14,500원, 실기 : 29,500원/33,000원

(접수 수수료 결제 마감 시한은 원서 접수 마감일 18:00시까지이며, 더 자세한 사항은 큐넷 홈페이지 확인 필요)

03 합격 기준

필기시험	100점을 만점으로 하여 60점 이상
실기시험	

04 합격자 발표

- 큐넷(www.q-net.or.kr)에서 발표
- 필기시험 합격예정자 및 최종합격자 발표시간은 해당 발표일 09:00

05 자격증 수령(신규발급)

- 상장형 자격증을 원칙으로 하며 수첩형 자격증도 발급
- 자격 취득 사실 확인이 필요할 경우 취득사항확인서(한글, 영문) 발급

형태	• 휴대하기 편한 카드 형태의 자격증 • 신청자에 한해 자격증 발급
신청 절차	인터넷 신청 후 우편배송
수수료	• 인터넷 접수 수수료 : 3,100원 • 우편 발송 요금 : 3,010원
수령 방법	방문 수령은 진행하지 않으며, 우편으로만 수령할 수 있음
신청 접수 기간	자격증 신청 기간은 따로 없으며 신청 10~15일 후 수령 가능

06 출제기준

출제 기준 바로보기

- 적용기간: 2023.01.01.~ 2025.12.31.
- 제과기능사

재료 준비	1. 재료 준비 및 계량
과자류 제품 제조	1. 반죽 및 반죽 관리 2. 충전물 · 토핑물 제조 3. 팬닝 4. 성형 5. 반죽 익히기
제품 저장 관리	1. 제품의 냉각 및 포장 2. 제품의 저장 및 유통
위생 안전관리	1. 식품위생 관련 법규 및 규정 2. 개인위생관리 3. 환경위생관리 4. 공정 점검 및 관리

- 제빵기능사

재료 준비	1. 재료 준비 및 계량
빵류 제품 제조	1. 반죽 및 반죽 관리 2. 충전물 · 토핑물 제조 3. 반죽 발효 관리 4. 분할하기 5. 둥글리기 6. 중간발효 7. 성형 8. 팬닝 9. 반죽 익히기
제품 저장 관리	1. 제품의 냉각 및 포장 2. 제품의 저장 및 유통
위생 안전관리	1. 식품위생 관련 법규 및 규정 2. 개인위생관리 3. 환경위생관리 4. 공정 점검 및 관리

시험 출제 경향

PART 01   제과·제빵 공통이론

01 재료학

빈출태그
탄수화물의 분류, 전분의 구성, 아미노산 · 효소의 분류, 밀의 구조, 이스트의 종류, 감미제의 기능, 유지의 종류, 영양소의 종류, 기초식품군, 탄수화물의 기능 · 종류 · 특성, 지방의 기능 · 분류, 단백질의 기능 · 분류, 단백질의 영양평가 방법, 비타민의 기능 · 분류 · 결핍증세, 무기질의 기능 · 결핍증세, 물의 기능, 물이 인체에 미치는 증상

02 위생안전관리

식품첨가물의 목적 · 종류 · 용도, 식중독의 종류 · 특성 · 예방 방법, 미생물의 종류, 미생물의 특성, 소독, 살균, 작업장 조도, 작업자 위생관리, 제조 공정, 위생관리, 기기, 위생관리

PART 02   제과기능사_과자류 제품 제조

01 재료 준비

빈출태그
과자의 분류, 배합표 작성법, 재료의 성분

02 제품 제조

제과반죽법, 반죽 온도, 비중, 충전물용 농화제, 토핑물의 정의, 틀 부피 계산법, 제품의 비용적, 재료별 사용 범위, 사용 재료의 특성, 배합률 조정 공식, 반죽 익히기 방법의 종류, 껍질의 갈색 변화, 오븐의 종류

03 제품 저장 관리

냉각 방법, 제품 장식 재료, 변질의 종류, 저장 관리의 원칙, 저장 방법, 변질의 종류

PART 03 제빵기능사_빵류 제품 제조

CBT 시험 가이드

CBT란?

CBT는 시험지와 필기구로 응시하는 일반 필기시험과 달리, 컴퓨터 화면으로 시험 문제를 확인하고 그에 따른 정답을 클릭하면 네트워크를 통하여 감독자 PC에 자동으로 수험자의 답안이 저장되는 방식의 시험입니다.
오른쪽 QR코드를 스캔해서 큐넷 CBT를 체험해 보세요!

큐넷 CBT
체험하기

CBT 필기시험 진행방식

본인 좌석
확인 후 착석 ➡ 수험자
정보 확인 ➡ 화면 안내에
따라 진행 ➡ 검토 후
최종 답안 제출 ➡ 퇴실

CBT 응시 유의사항

- 수험자마다 문제가 모두 달라요, 문제은행에서 자동 출제됩니다!
- 답지는 따로 없어요!
- 문제를 다 풀면, 반드시 '제출' 버튼을 눌러야만 시험이 종료되어요!
- 시험 종료 안내방송이 따로 없어요.

FAQ

Q CBT 시험이 처음이에요! 시험 당일에는 어떤 것들을 준비해야 좋을까요?

A 시험 20분 전 도착을 목표로 출발하고 시험장에는 주차할 자리가 마땅하지 않은 경우가 많으므로, 대중교통을 이용하는 것을 추천합니다. 무사히 시험 장소에 도착했다면 수험자 입장 시간에 늦지 않게 시험실에 입실하고, 자신의 자리를 확인한 뒤 착석하세요.

Q 기존보다 더 어려워졌을까요?

A 시험 자체의 난이도 차이는 없지만, 랜덤으로 출제되는 CBT 시험 특성상 경우에 따라 유독 어려운 문제가 많이 출제될 수는 있습니다. 이러한 돌발 상황에 대비하기 위해 이기적 CBT 온라인 문제집으로 실제 시험과 동일한 환경에서 미리 연습해두세요.

CBT 진행 순서

좌석번호 확인
수험자 접속 대기 화면에서 본인의 좌석번호를 확인합니다.

↓

수험자 정보 확인
시험 감독관이 수험자의 신분을 확인하는 단계입니다.
신분 확인이 끝나면 시험이 시작됩니다.

↓

안내사항
시험 안내사항을 확인하고, 다음을 클릭합니다.

↓

유의사항
시험과 관련된 유의사항을 확인합니다.

↓

문제풀이 메뉴 설명
시험을 볼 때 필요한 메뉴에 대한 설명을 확인합니다.
메뉴를 이용해 글자 크기와 화면 배치를 조정할 수 있습니다.
남은 시간을 확인하며 답을 표기하고, 필요한 경우 아래의 계산기를 이용할 수 있습니다.

↓

문제풀이 연습
시험 보기 전, 연습을 해 보는 단계입니다.
직접 시험 메뉴화면을 클릭하며, CBT가 어떻게 진행되는지 확인합니다.

↓

시험 준비 완료
문제풀이 연습을 모두 마친 후 [시험 준비 완료] 버튼을 클릭하면 시험 감독관의 지시에 따라 시험이 시작됩니다.

↓

시험 시작
시험이 시작되었습니다. 수험자분들은 제한 시간에 맞추어 문제풀이를 시작합니다.

↓

답안 제출
시험을 완료하면 [답안 제출] 버튼을 클릭합니다. 답안을 수정하기 위해 시험화면으로 돌아가고 싶으면 [아니오] 버튼을 클릭합니다.

↓

답안 제출 최종 확인
답안 제출 메뉴에서 [예] 버튼을 클릭하면, 수험자의 실수를 방지하기 위해 한 번 더 주의 문구가 나타납니다. 완벽히 시험 문제 풀이가 끝났다면 [예] 버튼을 클릭하여 최종 제출합니다.

↓

합격 발표
CBT 시험이 모두 종료되면, 퇴실할 수 있습니다.

이제 완벽하게 CBT 필기시험에 대해 이해하셨나요?
그렇다면 이기적이 준비한 CBT 온라인 문제집으로 학습해 보세요!

이기적 온라인 문제집 : https://cbt.youngjin.com

이기적 CBT
바로가기

제과 · 제빵 공통 이론

CHAPTER

01

재료학

기초 재료 과학

01 탄수화물(당질)

탄소(C), 수소(H), 산소(O)로 구성된 유기화합물로 일반식은 CmH_2nOn 또는 $Cm(H_2O)n$이다. 분자 내에 1개 이상의 수산기(-OH)와 카르복실기(-COOH)를 가지고 있는 것이 특징이다. 최종 분해 산물로 당류가 대부분을 차지하므로 당질이라고 한다. 1g당 4kcal의 에너지가 발생한다.

1) 탄수화물의 분류

① 단당류 : 더 이상 가수분해되지 않는 가장 단순한 탄수화물이다.

• 포도당(Glucose)
  - 포도, 과즙에 많이 함유되어 있고, 포유동물의 혈액 내에 0.1% 포함되어 있다.
  - 물에 녹기 쉽고 순수한 무색의 결정이다.

• 과당(Fructose)
  - 꿀과 과즙에 다량 함유되어 있고 용해성이 가장 좋다.
  - 모든 당류 중 가장 단맛이 강하고 흡습성이 있다.

• 갈락토오스(Galactose)
  - 포도당과 결합해 유당을 구성한다.
  - 젖당의 구성성분으로 단맛이 덜하고 물에 잘 녹지 않는다.

② 이당류 : 단당류 2분자가 결합된 당류로, 분자식은 $C_{12}H_{22}O_{11}$이다.

• 설탕(자당, Sucrose)
  - 포도당 1분자와 과당 1분자가 결합된 당으로 사탕수수와 사탕무에 존재한다.
  - 효소 인베르타아제에 의해 포도당과 과당으로 분해된다.
  - 비환원당이며 상대적 감미도는 100이다.

• 맥아당(엿당, Maltose)
  - 효소 말타아제에 의해 포도당+포도당으로 가수분해된다.
  - 발아한 보리(엿기름) 속에 존재한다.

• 유당(젖당, Lactose)
  - 유동물의 젖에만 존재한다.
  - 효소 락타아제에 의해 포도당과 갈락토오스로 분해된다.
  - 당류 중 단맛이 가장 약하며 환원당이다.
  - 물에 잘 녹지 않는다.

🅑 기적의 TIP

상대적 감미도
과당(175) 〉 전화당(130) 〉 자당(100) 〉 포도당(75) 〉 맥아당(32) 〉 갈락토오스(32) 〉 유당(16)

🅑 기적의 TIP

전화당
자당이 가수분해될 때 생기는 중간 산물로, 포도당과 과당이 1:1로 혼합된 당이다. 감미도는 자당의 약 1.3배 정도이다. 흡습성이 있어 고체 상품으로 부적합하므로 꿀, 물엿 같은 액체 상태로 이용된다.

③ 다당류 : 여러 개의 단당류가 결합된 고분자 화합물이다.

- **전분**
  - 기본 구성 단위는 포도당으로 수많은 포도당의 결합으로 이루어져 있다.
  - 곡류, 감자, 고구마 등에 존재하는 식물의 에너지원이다.
- **덱스트린(호정)** : 녹말을 산, 효소, 열 등으로 가열하면서 생기는 중간 생성물이다.
- **섬유소(셀룰로오스)**
  - 채소류, 해조류에 많으며 물과 친화력이 크다.
  - 글루텐의 작용을 보강하기 위해 제빵에 사용하기도 한다.
- **글리코겐** : 동물성 저장 다당류로 간이나 근육에 포함되어 있다.
- **펙틴** : 과실, 채소류 등의 세포벽에 존재하며 가열하면 점성이 생겨 잼이나 젤리를 만들 수 있다.
- **한천** : 홍조류 종류 중 우뭇가사리에서 추출하며 펙틴과 같은 안정제로 사용한다.

분류	설명	종류
단당류	산이나 효소에 의해 가수분해가 이루어질 수 없는 당류	포도당, 과당, 갈락토오스
이당류	단당류 2개가 결합된 당류	맥아당, 유당, 자당
다당류	여러 개의 단당류가 결합된 당류	전분, 글리코겐, 덱스트린, 섬유소, 펙틴

2) 전분(녹말)

① 전분의 구성

- 전분은 다당류로 기본 구성 단위는 포도당이며 몸의 신진대사의 주된 에너지원이다.
- 쌀, 밀, 옥수수, 보리 등의 곡류와 감자, 고구마, 타피오카 등의 뿌리에 존재하는 식물의 저장성 탄수화물이다.
- 아밀로오스와 아밀로펙틴의 두 가지 기본 형태로 이루어져 있으며, 보통의 전분류는 아밀로오스 17~28%, 나머지는 아밀로펙틴으로 되어 있다.
- 비율은 곡물의 종류에 따라 다르며 밀가루는 아밀로오스가 25%, 아밀로펙틴이 75%이고, 찹쌀이나 찰옥수수는 아밀로펙틴이 100%이다.

항목	아밀로오스	아밀로펙틴
분자량	적다	많다
포도당 결합 형태	$\alpha-1,4$ 결합(직쇄상 구조)	$\alpha-1,6$ 결합(측쇄상 구조)
요오드 용액 반응	청색 반응	적자색 반응
호화	빠르다	느리다
노화	빠르다	느리다

② 전분의 호화(α화)

- 불용성인 전분(β-전분)에 물과 열을 가하면 수분을 흡수하면서 입자가 팽윤되며, 점성이 증가해 반투명한 콜로이드 상태가 된다. 이를 호화(α-전분)라 한다.
- 녹말의 입자가 작고 수분이 많을수록 호화가 촉진되고, pH가 높을수록(알칼리성) 빨리 일어난다.

✅ 개념 체크

전분이 호화되며 성질이 변하는 이유로 옳은 것은?
① 팽윤에 의한 부피 팽창
② 방향 부동성의 손실
③ 용해 현상의 감소
④ 점도의 감소

①

- 식품의 종류에 따라 호화가 시작되는 온도가 다르다. 쌀과 감자 전분은 약 60℃, 밀과 옥수수 전분은 약 70℃ 이상에서 팽윤하기 시작하며, 밀가루 전분은 60℃ 이상에서 호화가 시작된다.

③ 전분의 노화(β화)

- 제품이 딱딱해지거나 거칠어지는 것으로 호화된 α−전분이 수분이 빠지면서 β−전분으로 되돌아가는 현상이다.
- 빵과 과자 제품의 노화는 오븐에서 나오자마자 시작되며 빵 껍질의 변화, 빵의 풍미 저하, 내부 조직의 수분 보유 상태를 변화시키는 것이다.
- 노화의 최적 온도는 0~10℃이며, −18℃ 이하에서 급냉하면 노화가 지연된다.
- 노화지연 방법으로 수분 함량 10% 이하, 유화제 사용, 양질의 재료 사용과 포장 관리 철저, 적절한 공정 관리 등을 통해 노화를 지연할 수 있다.

02 지방(지질)

3대 영양소의 하나로 탄소(C), 수소(H), 산소(O)로 구성되어 있는 유기화합물로 글리세린(글리세롤) 1분자와 지방산 3분자가 결합되어 만들어진 에스테르화합물, 즉 트리글리세라이드이다. 물에는 녹지 않고 에테르, 클로로포름, 벤젠 등의 유기용매에 녹는다. 지방 1g당 9kcal의 에너지를 발생하며 당질이나 단백질보다 2배 이상의 에너지를 낸다.

🅑 기적의 TIP

- 에스테르 : 알콜이 유기산 또는 무기산과 반응하여 물을 잃고 축합한 결과 생긴 화합물
- 트리글리세라이드 : 글리세린과 3개의 지방산이 결합한 상태

1) 지방의 구조

① 지방산

- 포화 지방산
  - 탄소와 탄소 사이의 결합이 이중결합이 없는 단일결합만으로 이루어진 지방산이다.
  - 탄소수가 증가하면 융점(녹는점)이 높아진다.
  - 상온에서 고체이며 동물성 유지에 다량 함유되어 있다.
  - 종류에는 팔미트산, 스테아르산, 뷰티르산 등이 있다.
- 불포화 지방산
  - 탄소와 탄소 사이 결합에 이중결합이 한 개 이상의 이중결합을 가진 지방산이다.
  - 이중결합이 많을수록 산화되기 쉽고 융점이 낮다.
  - 상온에서는 액체이며 식물성 유지에 다량 함유되어 있다.
  - 종류에는 올레산, 리놀레산, 리놀렌산, 아라키돈산(이중결합 4개) 등이 있다.
  - 필수 지방산 : 체내에서 합성되지 않지만, 성장에 필요하므로 반드시 음식물로 섭취해야 하는 지방산이다. 리놀레산, 리놀렌산, 아라키돈산 등이 있다.

② 글리세린

- 3개의 수산기(–OH)를 가지고 있어서 3가의 알코올이다.
- 무색, 무취, 감미를 가진 시럽 형태의 액체이다.
- 수분 보유력이 커서 식품의 보습제로 이용된다.
- 물보다 비중이 크므로 글리세린이 물에 가라앉는다.
- 물과 기름의 분리를 억제한다.
- 향미제의 용매로 이용된다.

2) 지질의 분류

① 단순 지방 : 반죽의 내부 온도가 74℃를 넘으면 단백질이 굳기 시작하여 열변성을 일으키고, 호화된 전분과 함께 빵의 구조를 형성하게 된다.
- 중성지방 : 3분자의 지방산과 1분자의 글리세롤이 결합된 것이다. 지방산의 종류에 따라 고체인 지방(fat)과 액체인 기름(oil)으로 나뉜다.
- 납(왁스) : 고급 지방산과 고급 알콜이 결합한 고체 형태의 단순 지방이다.

② 복합 지방 : 지방산과 알코올 이외에 다른 분자군을 함유한 지방이다.
- 인지질 : 중성지방에 인산 등이 결합된 것으로 항산화제, 유화제로 쓰이며 레시틴, 세팔린, 스핑고미엘린이 있다.
- 당지질 : 중성지방과 당류가 결합된 것이다.
- 단백지질 : 중성지방과 단백질이 결합된 것이다.

③ 유도 지방 : 중성지방, 복합지방을 가수분해할 때 얻는 지방이다.
- 지방산 : 글리세린과 결합하여 지방을 구성한다.
- 글리세린 : 지방산과 함께 지방을 구성하고 흡습성, 안전성, 용매, 유화제로 작용한다. 일명 글리세롤이라고도 한다.
- 콜레스테롤 : 동물성 스테롤로 뇌, 신경, 골수, 혈액, 담즙 등에 존재하며 지방대사, 해독 등의 작용을 한다. 식물성 기름과 함께 섭취하는 것이 좋다.
- 에르고스테롤 : 식물성 스테롤로 효모, 버섯, 간유 등에 많다.

3) 유지의 화학적 반응

① 가수분해
- 유지는 가수분해를 통해 모노–글리세라이드, 디–글리세라이드와 같은 중간 산물을 만들고 결국 지방의 글리세린과 지방산이 된다.
- 가수분해에 의해 생성되는 유리지방산의 함량이 높아지면 산가가 높아지고, 튀김 기름은 거품이 많아지고 발연점이 낮아진다.

② 산화
- 유지가 대기 중의 산소와 반응하는 것을 자가산화라고 한다.
- 불포화 지방산의 이중결합 부위와 산소가 결합하여 과산화물을 형성, 산화하는 것으로 지방의 산패를 말한다.
- 산화를 가속시키는 요인
  – 지방산의 불포화도가 높을수록
  – 이중결합의 수가 많을수록

- 구리, 철 등 금속류
- 자외선
- 높은 온도
- 생물학적 촉매

4) 유지의 안정화

① 항산화제(산화방지제)

- 산화적 연쇄반응을 억제하는 물질로써 지방의 안정 효과를 갖게 하는 물질이다.
- 식품 첨가용 항산화제는 비타민 E(토코페롤) 구아검, BHA, BHT, NDGA, PG 등이 있다.

② 항산화 보완제

- 항산화제와 병용하면 항산화 효과를 높여주는 물질이다.
- 비타민 C, 구연산, 주석산, 인산 등이 있다.

③ 수소 첨가

- 지방산에 있는 이중결합에 수소를 첨가하여 지방의 불포화도를 감소시킨다.
- 유지에 수소를 첨가하여 경화시키면 포화도가 높아져 안정성이 증가한다.

03 단백질

> 단백질은 탄소(C), 수소(H), 산소(O), 질소(N)로 구성된 유기화합물이다. 질소가 단백질의 특성을 규정한다. 일반 식품은 질소를 정량으로 하여 단백질의 질소계수 N(질소량)×6.25이며, 밀 단백질은 N(질소량)×5.7로 계산하여 단백질 함량으로 한다.

1) 단백질의 분류

① 단순 단백질

- 정의 : 가수분해에 의해 아미노산만 생성되는 단백질이다.
- 종류
  - 알부민 : 물이나 묽은 염류 용액에 녹고 열과 강한 알코올에 응고된다. 흰자, 혈청, 우유, 식물 등에 존재한다.
  - 글로불린 : 물에는 녹지 않으며 묽은 염류 용액에 녹는다. 달걀, 혈청, 대마씨, 완두 등에 존재하며 인을 함유한 것은 물에도 녹는다.
  - 글루텔린 : 중성 용매에는 녹지 않으나 묽은 산과 알칼리에는 녹는다. 곡식의 낱알에 존재하며 밀의 글루테닌이 대표적이다.
  - 프롤라민 : 물에는 불용성이나 묽은 산과 알칼리에는 녹는다. 70~80%의 알코올에는 용해된다. 곡식의 낱알에 존재하며 밀의 글리아딘, 옥수수의 제인, 보리의 호르데인 등이 대표적이다.

- 알부미노이드 : 모든 중성 용매에 불용성이다. 동물의 결체 조직인 인대, 발굽 등에 존재한다. 가수분해하면 콜라겐, 엘라스틴, 케라틴으로 나뉜다.
- 히스톤 : 물이나 묽은 산에 녹으나 묽은 암모니아수에는 녹지 않는 염기성 단백질이다. 동물의 세포에만 존재한다.
- 프로타민 : 물에는 녹으나 열에 의해 응고되지 않는다. 기본 아미노산으로 구성된 간단한 단백질 또는 폴리펩티드이다.

② 복합 단백질
- 정의 : 단순 단백질에 다른 물질이 결합되어 있는 단백질이다.
- 종류
  - 핵 단백질 : 세포핵을 구성하는 단백질로 DNA, RNA와 결합하여 동식물의 세포에 존재한다.
  - 당 단백질 : 단백질과 탄수화물이 결합한 화합물로 뮤신, 뮤코이드가 있다.
  - 인 단백질 : 단백질이 유기 인과 결합한 화합물로 우유의 카세인, 노른자의 오보비텔린이 있다. 대부분 열에 응고되지 않는 특성이 있다.
  - 색소 단백질 : 발색단을 가진 단백질 화합물로 헤모글로빈, 엽록소, 미오글로빈, 클로로필 등 녹색 식물에 존재한다.
  - 금속 단백질, 레시틴 단백질, 지 단백질이 복합 단백질에 속한다.

③ 유도 단백질
- 정의 : 효소, 산, 알칼리, 열 등의 작용제에 의해 분해되어 생성된 단백질이다.
- 종류 : 메타 단백질, 프로테오스, 펩톤, 펩티드가 있다.

🅑 기적의 TIP

금속 단백질
철, 구리, 아연, 망간 등과 결합한 단백질로, 호르몬의 구성성분이다.

2) 아미노산

① 정의
- 단백질을 구성하는 기본단위로 염기와 산의 특성을 함께 가지는 공산염기성이다.
- 아미노($-NH_2$) 그룹과 카르복실기($-COOH$) 그룹을 함유하는 유기산이다.

② 아미노산의 종류
- 필수 아미노산 : 인체 내에서는 합성되지 않아 외부로부터 섭취해야만 하는 아미노산으로 '리신, 류신, 페닐알라닌, 메티오닌, 이소류신, 트립토판, 트레오닌, 발린, 히스티딘'이 있다.
- 불필수 아미노산 : 인체 내에서 포도당 대사의 중간대사물질이나 아미노기를 활용하여 체내 합성이 가능한 아미노산으로, '알라닌, 아스파라긴, 글루탐산' 등이 있다.

③ 아미노산의 분류
- 산성 아미노산 : 1개의 아미노 그룹과 2개의 카르복실기 그룹을 가지고 있어 약산성을 띤다.
- 염기성 아미노산 : 2개의 아미노 그룹과 1개의 카르복실기 그룹을 가지고 있어 약염기성을 띤다.
- 중성 아미노산 : 아미노 그룹과 카르복실기 그룹을 각각 1개씩 가지고 있다. 지방족 화합물로 거의 모든 단백질이 주된 구성 성분이 된다.
- 함유황 아미노산 : 아미노산의 화학 구조에서 측쇄에 황(S) 원자를 함유하는 아미노산으로 시스테인, 시스틴, 메티오닌이 있다.

04 효소

단백질로 구성된 효소는 생체조직 내에서 일어나는 화학반응을 촉진한다. 온도, 산소, 수분, pH 등의 영향을 받는다.

1) 탄수화물 분해 효소

① 이당류 분해 효소
- 인베르타아제 : 자당(설탕)을 포도당과 과당으로 분해하며 제빵용 이스트, 췌액(이자액), 장액 등에 존재한다.
- 말타아제 : 맥아당을 2개의 포도당으로 분해하며 제빵용 이스트, 췌액, 장액 등에 존재한다.
- 락타아제 : 유당을 포도당과 갈락토오스로 분해하며 췌액과 장액에 존재하나 제빵용 이스트에는 없다.

② 다당류 분해 효소
- 아밀라아제 : 전분 또는 글리코겐과 결합한 다당류를 가수분해하는 효소이다. 디아스타아제라고도 하며, α-아밀라아제, β-아밀라아제가 있다.
- 이눌라아제 : 돼지감자 등에 있는 이눌린을 과당으로 분해하는 효소로 땅속 줄기와 뿌리 식물에 존재한다.
- 셀룰라아제 : 섬유소를 분해하는 효소이다. 맥아분, 달팽이류, 미생물체에 존재하나 사람의 소화기관에는 존재하지 않는다.

③ 산화 효소
- 치마아제 : 단당류를 이산화탄소와 알코올로 분해시키는 효소이며, 이스트에 존재한다.
- 퍼옥시다아제 : 카로틴계의 황색 색소를 무색으로 산화시키며, 대두 등에 존재한다.

2) 지방 분해 효소

① 리파아제 : 지방을 지방산과 글리세린으로 분해하는 효소이며, 밀가루, 이스트 등에 존재한다.
② 스테압신 : 췌장에 존재하는 지방 분해 효소이다.

3) 단백질 분해 효소

① 프로테아제 : 단백질을 펩톤, 폴리펩티드, 펩티드, 아미노산으로 분해하는 효소이며 발아 중의 곡식, 밀가루, 곰팡이 등에 존재한다.
② 펩신 : 위액에 존재하는 단백질 분해 효소이다.
③ 트립신 : 췌액에 존재한다.
④ 레닌 : 단백질을 응고시키며, 반추동물(소, 양 등)의 위액에 존재한다.
⑤ 펩티다아제 : 췌장에 존재한다.
⑥ 에렙신 : 장액에 존재한다.

05 밀가루(Wheat Flour)

1) 밀의 구조

① 배아 : 밀의 2~3%를 차지하며, 지방이 많이 함유되어 있어 밀가루의 저장성을 나쁘게 하므로 제분 과정에서 분리한다.

② 껍질 : 전체 밀의 약 14%를 차지하며, 제분 과정에서 분리된다. 소화가 되지 않는 셀룰로오스와 회분을 다량 함유하고 있다.

③ 내배유 : 밀의 83% 정도를 차지하며, 이 내배유를 분말화한 것이 밀가루이다. 내배유에 함유된 단백질 함량은 70~75% 정도이며, 호분층에 가까울수록 단백질의 양이 많고 중심부에 갈수록 단백질의 양은 적으나 품질이 좋다.

2) 제분

① 제분의 정의 : 밀의 내배유에서 껍질과 배아를 분리하고 밀 내배유의 전분을 손상시키지 않게 고운 가루로 만드는 것이다.

② 제분율

• 밀을 제분하여 밀가루를 만들 때 밀에 대한 밀가루의 양을 백분율(%)로 나타낸 것이다.

• 제분율은 밀의 품종, 종류, 제분 방법, 온도, 습도에 따라 달라진다.

• 제분율이 낮을수록 껍질 부위가 적어 밀가루의 입자가 고와 고급분이 된다.

• 전립분의 제분율은 100%이며, 일반적인 밀가루의 제분율은 약 72%이다.

③ 분리율 : 분리된 밀가루를 100으로 하여 특정 밀가루의 백분율을 나타낸다. 분리율이 작을수록 입자가 곱고 내배유 중심 부위가 많은 밀가루이다.

> **B 기적의 TIP**
>
> 전립분 : 껍질째 갈은 통호밀 가루. 고운 · 중간 · 거칠게 간 제품 등이 있다.

3) 밀의 분류

① 단백질 함량에 따른 분류

종류	원료밀의 종류	단백질량(%)	회분 함량(%)	용도
강력분	초자질	11.5~13.0	0.4~0.5	제빵용
중력분	연질중자질	9.0~10	0~0.4	제면용, 다목적용
박력분	연질분상질	7.0~9.0	0.4 이하	과자, 케이크 등 제과용

② 회분 함량에 따른 분류 : 회분과 단백질 양이 적을수록 등급은 높다.

회분 등급	함량(%)	효소 활성도
특등급	0.3~0.4	아주 낮다
1등급	0.4~0.45	낮다
2등급	0.46~0.60	보통
3등급	0.7~1.0	높다
최하 등급	1.2~2.0	아주 높다

4) 밀가루의 성분

① 단백질

- 밀가루의 단백질 함량은 제빵에서 중요한 품질 지표가 된다.
- 불용성 단백질인 글리아딘과 글루테닌이 물과 결합하면 글루텐을 형성한다.
- 글루텐은 발효 과정에서 생성되는 탄산가스를 보유하여 제품의 부피를 형성한다.
- 글리아딘 : 점성과 신장성을 갖게 한다. 70% 알코올에 용해되며 약 36%를 차지한다.
- 글루테닌 : 탄력성을 갖게 한다. 묽은 산, 알칼리에 용해되며 약 20%를 차지한다.
- 메소닌 : 묽은 초산에 용해되며 약 17%를 차지한다.
- 알부민과 글로불린 : 물과 묽은 염류 용액에 녹고 열에 의해 응고되는 수용성이며 약 7%를 차지한다.

② 탄수화물

- 밀가루의 70% 이상이 탄수화물로 이루어져 있으며, 대부분은 전분(90%)이다. 나머지는 덱스트린, 셀룰로오스, 펜토산, 당류로 구성되어 있다.
- 밀가루의 전분 함량은 단백질 함량과 반비례한다. 따라서 박력분이 강력분보다 전분의 함량이 높다.
- 제빵에서 전분은 발효에 필요한 당을 공급하여 이스트의 주된 영양성분이며, 굽기 중 호화에 의해 빵의 내부 조직과 골격을 형성하는 중요한 역할을 한다.
- 손상 전분은 제분 시 전분입자가 분산된 것으로 권장량은 4.5%~8%이다. 손상된 전분 입자는 알파-아밀라아제가 작용하기 쉬워 적절한 가스 생산을 유지해 줄 발효성 탄수화물을 만들고, 흡수율을 높인다.

③ 지방 : 밀가루에 1~2% 포함되어 있다.

④ 회분

- 회분 함량은 밀가루의 등급 기준으로 사용하며, 정제 정도를 알 수 있다.
- 껍질 부위(밀기울)가 적을수록 밀가루의 회분 함량이 낮아진다.
- 제분율과 정비례하기 때문에 경질소맥(강력분)이 연질소맥(박력분)보다 회분 함량이 더 높다.
- 제빵 적성과는 큰 관련이 없으며, 밀가루를 출하할 때 품질을 확인하는 항목이다.

⑤ 수분 : 밀가루에 함유되어 있는 수분 함량은 10~14%이다.

⑥ 효소

- 전분을 분해하는 아밀라아제와 단백질을 분해하는 프로테아제가 있다. 효소의 활동은 밀가루의 가공 적성에 영향을 준다.
- 프로테아제 : 글루텐 조직을 연화시키는 효소이다. 반죽에 산화제를 첨가하면 프로테아제의 활성도가 낮아진다.

⑦ 색 : 제분 직후 밀가루는 내배유 속의 카로티노이드계 색소로 인해 크림색을 띤다. 카로티노이드계 색소는 카로틴과 크산토필로 나뉜다.

B 기적의 TIP

- 정제도 표시 : 고급 밀가루의 회분 함량은 밀의 1/4~1/5 정도로 감소
- 회분 변화 : 밀 1.8% → 밀가루 0.4~0.45%

5) 밀가루 표백과 숙성

① 표백제 : 밀가루의 카로티노이드계 색소를 제거하기 위하여 사용하는 것으로 산소, 과산화벤조일, 과산화질소, 염소가스, 이산화염소 등이 있다.
② 영양 강화제 : 밀가루에 부족한 영양소를 보강하기 위하여 무기질, 비타민 등을 첨가한다.
③ 밀가루 산화제 : 표백 작용 없이 숙성제로만 작용하는 물질로 브롬산칼륨, ADA(아조디카본아미드), 비타민C 등을 첨가한다. 반죽의 장력 증가, 부피 증가, 기공과 조직, 속색을 개선한다.

06 기타 가루(Miscellaneous Flour)

1) 호밀가루

① 호밀을 제분한 가루로 주로 독일, 러시아, 북유럽 등지에서 호밀빵의 주원료로 이용한다.
② 호밀가루의 단백질은 밀가루와 양적인 차이는 없으나 질적인 차이가 있다.
③ 글리아딘과 글루테닌은 밀의 경우 전체 단백질의 90%이고, 호밀은 25%이다. 탄력성과 신장성이 나쁘기 때문에 밀가루와 혼합하여 사용한다.

④ 호밀가루의 특징
• 글루텐 형성 단백질이 밀가루보다 적다.
• 펜토산 함량이 높아 반죽을 끈적이게 하고 글루텐의 탄력성을 약화시킨다.
• 칼슘과 인이 풍부하고 영양가도 높다.
• 호밀빵을 만들 때 산화된 발효종이나 사워종을 사용하면 좋다.
• 호밀분에 지방 함량이 높으면 저장성이 나빠진다.

⑤ 제분율에 따른 분류
• 백색 호밀가루 : 호밀의 중심 부분을 빻은 것으로, 전분이 대부분이고 단백질(6~9%)과 회분(0.5~0.65%)은 적다. 색상이 밝아 라이트 호밀빵의 재료로 사용한다.
• 중간색 호밀가루 : 스트레이트 가루로 회분이 약 1%인 담회색이다. 사워 호밀빵인 버라이어티용으로 사용한다.
• 흑색 호밀가루 : 단백질이 12~16%, 회분이 2%로 껍질 입자가 가장 많이 함유되어 있어 다크 호밀빵에 사용한다.

2) 활성 밀 글루텐

① 밀가루에서 단백질을 추출하여 만든 연한 황갈색의 미세한 분말이다.
② 사용하려는 밀가루의 단백질 함량이 낮아 이를 보강하고자 할 때 사용한다.
③ 반죽의 믹싱 내구성을 개선하고 발효, 성형하는 동안에 안정성을 높인다.
④ 제품의 부피, 기공, 조직, 저장성을 개선한다.

⑤ 밀가루 대비 2~3% 정도 사용하며, 1%의 활성글루텐을 첨가하였을 때 0.6%의 단백질이 증가되는 효과가 있으며, 사용량에 대하여 1.25~1.75%의 흡수율을 증가시킨다.

⑥ 밀가루에 물을 2:1로 섞어 반죽하면 단백질이 결합하여 점성과 탄력성이 있는 글루텐을 형성한다. 물로 전분을 씻어낸 글루텐 덩어리를 젖은 글루텐이라고 한다.
- 젖은 글루텐(%)=(젖은 글루텐 반죽의 중량÷밀가루 중량)×100
- 건조 글루텐(%)=젖은 글루텐(%)÷3

3) 대두분

① 콩을 갈아 만든 가루로 필수 아미노산인 라이신이 많아 밀가루 영양의 보강제로 사용한다.

② 빵의 영양가를 높이고, 맛과 구운 색을 향상시키며 신선함을 오래 유지시킨다.

③ 대두 단백질은 밀 단백질에 비해 신장성이 결여되어 있으므로 밀가루에 대두 단백질의 첨가량이 많을수록 전분과 글루텐을 약하게 한다.

4) 감자가루

① 감자를 갈아 만든 가루이다.

② 구황식량, 노화지연제, 이스트의 영양제, 향료제로 사용한다.

5) 옥수수가루

① 일반 곡류에 부족한 트레오닌과 함황 아미노산이 많기 때문에 다른 곡류와 섞어 사용하면 좋다. 글루텐 형성 능력이 적으므로 밀가루를 섞어 사용해야 한다.

② 포도당이나 물엿을 만드는 원료로 사용하고, 음식물 조리의 농후화제로 사용한다.

07 이스트(Yeast)

1) 정의

① 효모라고 불리며 출아증식을 하는 단세포 생물로 반죽 내에서 발효 작용을 하여 탄산가스와 알코올, 유기산을 생성하여 반죽을 팽창시키고 빵의 향미성분을 부여한다.

② 학명은 사카로미세스 세레비지에(Saccharomyces Cerevisiae)이다.

2) 이스트 번식 조건

① 생식법 : 출아법

② 영양분 : 당, 질소, 무기질

③ 공기 : 호기성 미생물로 산소가 필요하다.

④ 발육의 최적 온도 : 28~32℃

⑤ 발육의 최적 pH : pH4.5~4.8

⑥ 이스트 활동이 가장 활발한 온도 : 38℃

⑦ 이스트 사멸 온도

• 세포는 63℃ 전후, 포자는 69℃에서 사멸한다.

• 이스트는 10℃ 이하에서 활동이 정지되고, −60℃로 동결시키면 완전히 사멸되지는 않지만 48℃에서 세포가 파괴되기 시작한다.

3) 이스트의 종류

① 생 이스트

• 압착 효모라고도 하며, 고형분 25~30%를 함유하고 있다.

• 70~75%의 수분을 함유하고 있어 가스 발생력의 저하를 막기 위해 균일하고 낮은 냉장 온도에서 보관한다.

② 활성 건조 효모

• 생 이스트의 수분을 7.5~9% 정도로 건조시킨 것이다.

• 생 이스트양의 50%를 사용한다.

• 반죽에 고루 분산시키기 위해 물에 녹여 사용하며, 보통 이스트 중량의 4배의 온수 (40~45℃)에서 5~10분간 수화시켜 사용한다.

• 사용상 장점으로는 균일성, 편리성, 정확성, 경제성이 있다.

• 인스턴트 이스트는 사용할 때마다 수화해야 하는 건조 이스트의 단점을 보완한 제품으로 물에 풀지 않고 밀가루에 바로 섞어 사용한다.

③ 불활성 건조 효모

• 높은 건조 온도에서 수분을 증발시켜 이스트 내의 효소계가 완전히 불활성화된 이스트이다.

• 빵과 과자 제품에 영양보강제로 사용된다.

기적의 TIP

인스턴트 이스트
• 장점 : 효소 활성이 좋고 발효력이 강하다.
• 단점 : 발효 시간이 짧은 빵에서는 반죽에 완전히 용해되기 어렵다.

4) 이스트에 들어있는 효소

① 말타아제 : 맥아당을 2분자의 포도당으로 분해시켜 지속적인 발효가 진행되게 한다.

② 인베르타아제 : 자당을 포도당과 과당으로 분해시킨다.

③ 치마아제 : 포도당과 과당을 분해시켜 탄산가스와 알코올을 만든다.

④ 리파아제 : 세포액에 존재하며 지방을 지방산과 글리세린으로 분해한다.

⑤ 프로테아제 : 단백질을 분해시켜 펩티드, 아미노산을 생성한다.

5) 반죽에 이스트를 증가해야 하는 경우

① 소금, 설탕 사용량이 많은 경우(삼투압이 높은 경우)

② 반죽 온도가 낮은 경우

③ 물이 경수이거나 알칼리성인 경우

④ 분유 사용량이 많은 경우

⑤ 발효 시간을 감소해야 하는 경우

6) 반죽에 이스트를 감소해야 하는 경우

① 손으로 하는 작업 공정이 많거나 작업량이 많을 경우
② 실내 온도가 높은 경우
③ 자연 효모와 병용할 경우
④ 발효 시간을 지연시킬 경우

7) 질 좋은 이스트의 조건

① 보존성이 좋고, 미생물에 오염이 없어야 한다.
② 발효력이 강하고 지속적이어야 한다.
③ 물에 잘 녹고 발효 저해물질에 대한 저항력이 강해야 한다.

8) 취급과 저장 시 주의할 점

① 지나치게 높은 온도의 물과 직접 닿지 않도록 한다.
② 소금과 설탕에 직접 닿지 않도록 한다.
③ 개봉 후 밀폐 용기에 옮겨 낮은 온도(0~10℃)의 냉장고에서 보관한다.

08 달걀(Egg)

1) 달걀의 구성과 성분

① 달걀의 구성(%) : 껍질:노른자:흰자=10:30:60

② 달걀의 성분

구성	전란	노른자	흰자
고형분	25%	50%	12%
수분	75%	50%	88%

- 껍질 : 세균 침입을 막는 큐티클(Cuticle)로 싸여 있다.
- 흰자 : 수분, 단백질, 지방, 포도당, 회분으로 이루어져 있으며 오브알부민, 콘알부민, 아비딘, 오보뮤코이드 등의 단백질을 함유하고 있다.
- 노른자 : 노른자에는 트리글리세리드, 인지질, 콜레스테롤 등이 함유되어 있으며 인지질에 함유되어 있는 레시틴은 소화흡수율이 좋고 천연 유화제로 사용된다.

2) 달걀의 신선도

① 신선한 것일수록 윤기가 없고 껍질이 거칠다.
② 밝은 등불에 비추어 보았을 때 속이 밝고 노른자가 구형이며, 난황계수가 큰 것이 신선한 것이다.
- 난황계수 : 노른자 높이를 노른자의 폭으로 나눈 값(노른자의 범위)
- 신선한 달걀의 난황계수(난황의 높이÷난황의 지름) : 0.361~0.442

③ 신선한 달걀은 비중이 1.08~1.09 정도로, 6~10%의 소금물에 넣었을 때 가로로 가라앉는다.

④ 신선한 달걀은 흔들어 보았을 때 소리가 나지 않으며, 분리 시 노른자가 뚜렷하고 흰자의 농도가 진하다.

3) 달걀의 특성과 기능

① 기포성
- 흰자에 들어있는 단백질에 의해 거품이 일어난다.
- 기포성을 이용한 제품에는 머랭, 무스, 스펀지 케이크 등이 있다.

② 유화성
- 노른자에 인지질인 레시틴이 유화제로 작용하며, 유지를 반죽 전체에 골고루 분산시키는 역할을 한다.
- 유화성을 이용한 제품에는 마요네즈, 버터 케이크, 슈 반죽 등이 있다.

③ 열 응고성
- 단백질이 열에 의해 응고되는 성질이다.
- 단백질의 응고를 촉진시키는 것은 소금, 산, 칼슘이고 응고를 지연시키는 것은 설탕이다.
- 달걀 단백질을 가열하면 응고하여 농후화제의 역할을 한다. 대표적인 예는 커스터드 크림이다.
- 달걀을 이용한 제품에는 머랭, 마카롱, 스펀지 케이크 등이 있다.

④ 영양 : 달걀은 완전식품으로 영양가가 높다.

🅱 기적의 TIP

제과·제빵에서 달걀의 기능
결합제, 유화제, 팽창, 높은 영양가

🅱 기적의 TIP

달걀은 양질의 단백질원으로 단백가가 100인 완전식품이다.

09 물(Water)

1) 물의 기능
① 재료를 균일하게 분산시킨다.
② 효모와 효소의 활성을 제공한다.
③ 반죽 온도를 조절한다.
④ 글루텐을 형성한다.
⑤ 반죽의 되기를 조절한다.

2) 경도에 따른 물의 분류

① 경수(경도 180ppm 이상)
- 센물이라고도 하며 광천수, 바닷물, 온천수가 해당된다.
- 반죽에 사용하면 글루텐이 단단해지고, 믹싱과 발효시간이 길어진다.

🅱 기적의 TIP

경도
물에 녹아 있는 칼슘염과 마그네슘염을 이것에 상응하는 탄산칼슘의 양으로 환산한 것으로, ppm으로 표시한다.

- 조치 사항
  - 흡수율 증가
  - 이스트 사용량 증가
  - 이스트푸드, 소금 사용량 감소
  - 효소, 맥아 첨가
- 경수의 종류
  - 일시적 경수 : 탄산칼슘의 형태로 들어있는 경수로 끓이면 불용성 탄산염으로 분해되고 가라앉아 연수가 된다.
  - 영구적 경수 : 황산이온이 들어있는 경수로 끓여도 변하지 않는다.

② 연수(경도 60ppm 미만)
- 단물이라고 하며 증류수, 빗물이 해당된다.
- 반죽에 사용하면 글루텐을 연화시켜 끈적거리고 연하게 하며, 가스 보유력은 감소한다.
- 조치 사항
  - 흡수율 2% 감소
  - 이스트푸드, 소금 사용량 증가
  - 발효 시간 단축

③ 아연수(경도 60ppm 이상~120ppm 미만)

④ 아경수(경도 120ppm 이상~180ppm 미만)
- 제빵 적성에 가장 적합하다.
- 이스트의 영양물질이다.
- 글루텐을 경화시키는 효과가 있다.

3) 물의 산도

① 물의 pH는 반죽의 효소 작용과 글루텐의 물리성에 영향을 준다.
② 약산성 물(pH5.2~5.6) : 제빵용 물로 가장 양호하다.
③ 산성(pH7 이하) : 발효를 촉진시키나 산성이 지나치면 글루텐을 용해시켜 반죽이 찢어지기 쉽다.
④ 알칼리성(pH7 이상) : 반죽의 탄력성이 떨어지고 이스트의 발효를 방해해 발효 속도를 지연시킨다. 부피가 작고 색이 노란 빵을 만든다.

✔ 개념 체크

제빵 적성에 가장 적합한 물은?
① 연수(1~59ppm)
② 아연수(60~119ppm)
③ 아경수(120~179ppm)
④ 경수(180ppm)

③

10 소금(Salt)

1) 소금의 정의

① 나트륨과 염소의 화합물로 염화나트륨(NaCl)이라고도 한다.

② 제빵용 식염으로는 염화나트륨에 탄산칼슘과 탄산마그네슘의 혼합물이 1% 정도 함유된 것이 좋다.

2) 제빵에서의 소금의 기능

① 설탕의 감미와 작용하여 제품의 풍미를 향상시키고, 껍질색을 조절하여 진하게 한다.

② 반죽에 흡수율을 감소시키므로 믹싱 시 후염법으로 반죽하면 물 흡수율을 증가시켜 제품의 저장성을 높인다.

③ 잡균의 번식을 방지하여 방부 효과가 있다.

④ 글루텐을 강화시켜 반죽이 견고해지고 제품의 탄력을 갖게 한다.

⑤ 삼투압에 의하여 이스트의 활력의 영향으로 소금의 양은 발효 속도를 조절한다.

🅑 기적의 TIP

소금의 종류
• 입자 크기에 따라 : 미세한 입자, 중간 입자, 거친 입자
• 정제도에 따라 : 호염, 정제염

11 감미제(Sweetening Agents)

1) 감미제의 기능

① 제과 제품에서의 기능

• 단맛을 나게 한다.

• 단백질을 연화시켜 제품의 속결과 조직, 기공을 부드럽게 만든다.

• 메일라드 반응과 캐러멜화 반응을 통해 껍질색을 진하게 한다.

• 수분 보유력의 보습효과로 노화를 지연한다.

• 감미제의 특성에 따라 독특한 향을 내게 한다.

② 제빵 제품에서의 기능

• 단맛을 나게 한다.

• 발효가 진행되는 동안 이스트에 발효성 탄수화물을 공급한다(이스트의 먹이).

• 수분 보유제로 노화를 지연시키고, 저장기간을 늘린다.

• 속결과 기공을 부드럽게 만든다.

• 메일라드 반응과 캐러멜화 반응을 통해 껍질색을 진하게 하고, 향을 향상시킨다.

2) 메일라드 반응과 캐러멜화 반응

① 메일라드 반응(갈변 반응)

• 아미노산과 환원당이 가열에 의해 반응하여 갈색으로 변하는 현상이다.

• 비환원당인 설탕에서는 반응이 나타나지 않는다.

② 캐러멜화 반응
- 당분을 고온에서 가열하면 분해, 중합하여 착색물질을 만드는 것을 말한다.
- 설탕은 160℃에서 캐러멜화가 시작되고, 포도당과 과당은 이보다 낮은 온도에서 착색된다. 당의 종류에 따라 착색도가 달라진다.

3) 감미제의 종류

① 설탕(자당)
- 사탕수수나 사탕무로부터 추출되는 제과·제빵의 대표적인 감미료이다.
- 정제당 : 원당결정입자에 붙어있는 당밀과 불순물을 제거하여 만든 순수한 자당으로 처음에 분리한 당일수록 순도가 높은 당이다.
  - 입상형당 : 자당이 알갱이 형태를 이룬 것으로 용도에 따라 알갱이의 형태를 다르게 만든다.
  - 분당 : 설탕을 곱게 빻아 가루로 만든 가공 당으로 덩어리가 생기는 것을 방지하기 위해 전분을 3% 정도 혼합한다.
  - 변형당 : 각설탕, 빙당, 과립상당, 커피 슈거 등이 해당된다.
- 함밀당 : 당밀을 분리하지 않고 함께 굳힌 설탕으로 흑설탕이다.
- 액당
  - 자당 또는 전화당이 물에 녹아 있는 시럽을 말한다.
  - 취급이 용이하고 위생적이며, 설탕을 대량으로 사용하는 공장에서 많이 사용한다.
  - 액당의 당도란 설탕물에 녹아 있는 설탕의 무게를 %로 표시한 수치로, 설탕의 양÷(설탕의 양＋물의 양)×100으로 계산한다.
- 전화당 : 자당을 산이나 효소로 가수분해하여 포도당과 과당이 같은 양으로 생성된 혼합물이다. 감미가 높고 수분 보유력이 높아서 보습이 필요한 제품에 사용한다.
- 황설탕 : 약과, 약식, 캐러멜 색소의 원료로 사용한다.

② 포도당
- 전분을 가수분해하여 만든 전분당이다.
- 포도당의 감미도는 설탕 100에 대하여 75 정도이다.
- 이스트의 영양원으로서 발효를 촉진시킨다.
- 제품의 촉촉함을 유지시키며 유연성, 탄력성을 높여준다.

③ 물엿
- 전분을 산이나 효소로 가수분해하여 만든 반유동성 감미물질이다.
- 설탕에 비해 감미도는 낮지만 점성, 보습성이 좋아 제품의 조직을 부드럽게 하는 목적으로 사용한다.

④ 맥아와 맥아시럽
- 맥아
  - 보리를 발아시킨 낟알로 보통 가루 형태로 이용된다.
  - 함유되어 있는 효소 아밀라아제가 전분을 맥아당으로 분해하여 이스트의 발효가 촉진된다.
  - 맥아당으로 인해 특유의 향을 가지게 되며 껍질색이 좋아진다.

- 맥아시럽
  - 맥아분에 물을 넣고 가온하여 탄수화물 분해 효소, 단백질 분해 효소, 맥아당, 가용성 단백질, 광물질, 기타 맥아 물질을 추출한 액체이다.
  - 물엿에 비해 흡습성이 적다.
  - 캐러멜, 캔디, 젤리 등을 만들 때 설탕의 결정화를 방지하고 제품의 보습을 위해 사용한다.

⑤ 당밀
- 사탕수수나 사탕무의 정제 공정에서 원당을 분리하고 남은 부산물을 말한다.
- 특유의 단맛과 보습성, 독특한 풍미를 얻을 수 있다.
- 제과에서 많이 사용하는 럼주는 당밀을 발효시켜 만든 술이다.

⑥ 유당(젖당)
- 포유동물의 젖(유즙) 속에 포함되어 있는 감미물질이다.
- 우유 속에 평균 4.8%를 함유하고 있다.
- 이스트에 의해 발효되지 않으므로 반죽 속에 잔류당으로 남아 껍질색을 진하게 한다.
- 설탕에 비해 감미도와 용해도가 낮다.
- 결정화가 빠르다.

🅑 **기적의 TIP**

기타 감미제
아스파탐, 꿀, 올리고당, 캐러멜 색소, 이성화당, 사카린, 스테비오사이드, 단풍당 등이 있다.

12 유지류(Fat&Oil)

1) 유지의 정의

① 지방산과 글리세롤이 결합한 화합물로 단순지질에 속한다.
② 지방산의 종류에 따라 상온에서 액체인 기름(Oil)과 고체인 지방(Fat)으로 나뉘며, 이를 총칭하여 유지라고 한다.

2) 유지의 종류

① 버터
- 순수 우유지방으로 유지에 물이 분산되어 있는 형태이다.
- 우유지방(80~81%), 수분(14~17%), 소금(1~3%), 유당, 카세인, 단백질, 광물질로 구성되어 있다.
- 가소성의 범위가 좁고 비교적 융점이 낮다.
- 유지 중 풍미가 가장 좋아 제과·제빵에 널리 사용된다.
- 냄새를 잘 흡수하므로 냄새가 강한 것과 함께 보관하지 않는다.

② 마가린
- 버터의 대용품으로 대두유, 면실유 등의 식물성 유지를 경화시켜 만든다.
- 지방 80%, 우유 16.5%, 소금 0~3%, 유화제 0.5% 등으로 구성되어 있다.
- 버터에 비해 가소성, 유화성, 크리밍성이 크다.

✅ **개념 체크**

상대적 감미도가 가장 낮으며 이스트에 의해 발효되지 않는 당은?
① 과당
② 유당
③ 전화당
④ 포도당

②

③ 라드
- 돼지의 지방조직을 분리하여 정제한 것으로 상온에서 백색의 고형 지방이다.
- 풍미가 좋고 가소성의 범위가 넓으나 크리밍성과 산화 안정성이 약하다.

④ 쇼트닝
- 라드의 대용품이며, 색과 풍미가 없다.
- 수분은 0.5% 이하로 거의 지방이다.
- 고체 쇼트닝 또는 액체 쇼트닝 형태이다.
- 유화제(6~8%)를 함유하고 있어 공기 혼입력과 유연성의 효과가 크다.
- 가소성, 쇼트닝성, 크리밍성, 흡습성, 산화 안정성 등의 특성을 가지고 있다.

⑤ 식물성유
- 상온에서 액체 상태이며 식물성 유지 100%로 필수 지방산과 비타민 E가 풍부하고 콩, 옥수수 등에서 추출한다.
- 튀김용 기름이 갖추어야 할 요건
  - 튀김 온도 : 180~195℃
  - 튀김기름의 4대 적 : 온도, 수분, 공기, 이물질
  - 열을 잘 전달하고, 발연점이 높아야 한다.
  - 불쾌한 냄새가 나지 않아야 한다.
  - 제품이 냉각되는 동안 충분히 응결되어야 한다.

3) 유지의 화학적 반응

① 가수분해
- 유지가 가수분해 과정을 통해 모노글리세리드, 디글리세리드와 같은 중간 산물을 만들고, 결국 지방산과 글리세린이 되는 것이다.
- 가수분해 속도는 온도의 상승으로 가속화된다.

② 산패
- 유기를 공기 중에 오래 두었을 때 산화되어 불쾌한 냄새가 나고 맛이 떨어지며 색이 변하는 현상이다.
- 유지가 대기 중의 산소와 반응하여 산패가 되는 것을 자가산화라고 한다.

4) 유지의 안정화

① 항산화제(산화 방지제)

- 유지의 산화적 연쇄반응을 방해하여 유지의 안정 효과를 갖게 하는 물질이다.
- 식품 첨가용 항산화제에는 비타민 E, 프로필갈레이트(PG), BHA, NDGA, BHT, 구아검 등이 있다.
- 항산화제 보완제로 비타민 C, 구연산, 주석산, 인산 등을 항산화제와 같이 사용하면 항산화 효과를 높여준다.

② 수소 첨가

- 지방산의 이중결합에 니켈을 촉매로 수소를 첨가하여 지방의 불포화도를 감소시키는 방법이다.
- 유지의 융점이 높아지고 단단해진다.
- 유지의 수소 첨가를 경화라고 하며, 이렇게 만든 유지를 경화유라고 한다.

5) 제과·제빵용 유지의 특성

① 크리밍성

- 유지가 믹싱 조작 중 공기를 포집하는 성질이다.
- 버터크림, 버터케이크 등 크림법으로 제조하는 케이크

② 쇼트닝성

- 제품에 부드러움과 바삭함을 준다. 버터나 쇼트닝이 많이 가지고 있는 성질이다.
- 식빵, 크래커

③ 가소성

- 유지가 상온에서 고체 모양을 유지하는 성질이다.
- 퍼프 페이스트리, 데니시 페이스트리, 파이류

④ 유화성

- 유지가 물을 흡수하여 보유하는 성질이다.
- 레이어 케이크, 파운드 케이크

⑤ 안정성

- 지방의 산화와 산패를 장기간 억제하는 성질이다.
- 튀김기름, 팬기름, 유지가 많이 들어가는 건과자

⑥ 향미

- 제품별로 고유의 맛과 향을 가지고 있어야 한다.
- 유지를 사용한 제품에 산패취, 불쾌취, 자극취가 남지 않아야 한다.

13 유제품(Milk Products)

1) 우유의 구성

① 수분 88%, 고형물 12%로 이루어져 있다.

② 비중 : 1.030~1.032

③ 산도 : pH6.6

2) 우유의 성분

① 단백질(3.4%)

• 카세인 : 우유 단백질의 약 80%로 열에 응고되지 않고 산과 효소 레닌에 의해 응고된다. 치즈, 요구르트 등으로 응용할 수 있다.

• 락토알부민, 락토글로불린이 각각 0.5% 함유되어 있으며 열에 의해 응고된다.

② 유당(4.75%)

• 동물의 젖에만 존재하며 포도당과 갈락토오스가 결합한 이당류이다.

• 제빵용 이스트에 의해 발효되지 않는다.

③ 유지방(3.65%)

• 우유를 교반하면 비중의 차이로 지방 입자가 뭉쳐 크림이 된다.

• 유지방 비중 : 0.92~0.94

④ 회분(0.7%) : 각종 무기질(칼슘, 인, 마그네슘) 함유

3) 유제품의 종류

① 시유

• 원유를 마시기 위하여 가공된 액상 우유이다.

• 살균, 멸균, 표준화, 균질화 하여 포장한 것이다.

• 시장에서 판매하는 우유(Market Milk)

② 농축 우유

• 우유의 수분 함량을 감소시켜 고형질 함량을 높인 것이다.

• 연유, 생크림

③ 분유

• 우유의 수분을 제거해서 분말 상태로 만든 것이다.

• 전지분유, 탈지분유, 가당분유, 조제분유

④ 유장

• 우유에서 유지방, 카세인을 분리하고 남은 제품이다.

• 유당이 주성분(약 73%)이며, 건조시키면 유장분말이 된다.

⑤ 발효유

• 우유나 탈지우유에 젖산균을 더해 응고시킨 것이다.

• 요구르트

🅑 기적의 TIP

제빵에서 분유를 4~6% 사용했을 때 제품의 영향
• 빵의 부피를 증가시킨다.
• 기공과 결이 좋아진다.
• 분유 속의 유당이 껍질색을 개선시킨다.

⑥ 치즈
- 우유 단백질에 레닌을 넣어 카제인을 응고, 발효시킨 것이다.
- 자연 치즈, 가공 치즈

⑦ 버터
- 우유에서 지방을 분리하며 크림을 만들고 교반하여 굳힌 것이다.
- 발효 버터, 스위트 버터

14 이스트푸드(Yeast Food)

1) 이스트푸드의 정의

① 제빵용 수질을 개선하기 위해 사용하던 것이나 현재는 이스트의 발효를 촉진시키고 빵 반죽의 질을 개선하기 위한 제빵개량제로 사용한다.
② 밀가루 대비 0.1~0.2%를 기준으로 사용한다.

2) 이스트푸드의 기능

① 수질 개선(경도 조절)
- 물의 경도를 조절하여 제빵성을 향상시킨다.
- 황산칼슘, 인산칼슘, 과산화칼슘

② 이스트의 영양 공급
- 이스트의 영양원인 질소를 제공한다.
- 염화암모늄, 황산암모늄, 인산암모늄

③ 반죽의 pH 조절
- pH4~6 정도가 가스 발생력과 가스 보유력이 좋다.
- 효소제, 산성인산칼슘

④ 반죽 조절제
- 산화제
  - 산화를 일으키는 물질로 글루텐의 탄력성을 높인다.
  - 브롬산칼륨, 아스코르브산(비타민 C), 아조디카본아미드(ADA), 요오드칼륨
- 환원제
  - 글루텐을 연화시킨다.
  - 시스테인, 글루타티온
- 효소제
  - 반죽의 신장성을 강화한다.
  - α-아밀라아제, 프로테아제

15 계면활성제(Surfactants)

1) 계면활성제의 정의

① 액체의 표면장력(표면 면적을 될 수 있는 대로 좁히려는 힘)을 저하시켜 혼합액체 체계를 안정화시켜 주는 물질이다.

② 기름과 물에 용해되어 세척, 삼투, 기포, 분산, 유화 능력을 가지고 있다.

2) 계면활성제의 기능

① 반죽 속의 유지가 잘 분산되도록 한다.

② 반죽의 기계 내성이 향상된다.

③ 제품의 조직과 부피를 개선한다.

④ 노화를 지연시킨다.

3) 계면활성제의 종류

① 레시틴

• 옥수수유와 대두유에 함유된 천연 유화제이다.

• 마가린과 쇼트닝의 유화제로 쓰인다.

② 모노(디)-글리세라이드

• 가장 많이 사용하는 유화제로 유지에 녹으면서 물에도 분산되고 유화식품을 안정시킨다.

• 노화를 지연시켜 제품의 저장성을 연장시킨다.

③ HLB 수치

• 유화제의 친수성과 친유성 균형 상태를 나타내는 수치로 1에서 20까지 있다.

• HLB 수치가 9 이하이면 친유성 성질이 강하므로 유중 수적형의 유화 상태를 나타낸다.

• HLB 수치가 11 이상이면 친수성 성질이 강하므로 수중 유적형의 유화 상태를 나타내며 물에 용해된다.

4) 유화액의 형태

① 수중 유적형(Oil In Water : O/W) : 물속에 기름이 분산된 형태. 우유, 마요네즈, 아이스크림

② 유중 수적형(Water In Oil : W/O) : 기름에 물이 분산된 형태. 버터, 마가린

🅱 기적의 TIP

모노(디)-글리세라이드
쇼트닝 제품에는 유지의 6~8%, 빵에는 밀가루 대비 0.375~0.5%를 사용한다.

16 팽창제(Leavening Agents)

1) 팽창제의 정의

① 빵·과자 제품을 부풀려 부피를 크고 모양을 갖추게 하며 부드러운 조직감을 부여하기 위해 쓰는 첨가제이다.

② 제품의 종류에 따라 소량 사용한다.

2) 팽창제의 구분

① 천연품(생물학적) : 이스트(효모)

- 주로 빵에 사용되며 가스 발생이 많다.
- 부피 팽창, 연화 작용, 향 개선 등의 기능을 한다.

② 합성품(화학적) : 베이킹파우더, 탄산수소나트륨(중조), 암모늄계 팽창제 등

- 사용하기는 간편하나 팽창력이 약하다.
- 갈변 및 뒷맛을 좋지 않게 하는 결점이 있다.
- 주로 과자에 사용되며 부피 팽창, 연화 작용은 하나 향은 좋아지지 않는다.
- 계량 오차는 제품에 큰 영향을 준다.

3) 팽창제의 종류

① 탄산수소나트륨

- 중조라고도 하며, 단독 또는 베이킹파우더 형태로 사용한다.
- 가스 발생량이 적고, 식품을 알칼리성으로 만든다.
- 사용량이 많으면 소다 맛, 비누 맛이 나고 제품을 누렇게 변화시키며 풍미가 떨어진다.

② 이스트파우더(이스파타)

- 암모니아계의 합성팽창제이다.
- 탄산수소나트륨에 염화암모늄을 혼합하여 만든 것이다.
- 찜류의 팽창제로 많이 사용한다.
- 다른 팽창제에 비해 팽창력이 강하고 완제품의 색을 희게 한다.

③ 베이킹파우더

- 탄산수소나트륨에 산성제를 배합하고 완충제로 전분을 첨가한 팽창제이다.
- 탄산수소나트륨이 분해되어 이산화탄소, 물, 탄산나트륨이 되는 것이다.
- 베이킹파우더 무게에 12% 이상의 유효 가스가 발생되어야 한다.
- 베이킹파우더 종류에는 산성, 중성, 알칼리성 베이킹파우더 등이 있다.

④ 염화암모늄염

- 독자적으로 가스를 발생시키지 않는다.
- 탄산수소나트륨과 반응하여 암모니아가스와 이산화탄소를 발생시킨다.
- 제품의 색을 희게 하고 적은 양만 사용해도 효과가 크다.

17 안정제(Stabilizer)

1) 안정제의 정의
물과 기름, 기포, 콜로이드의 분산과 같이 상태가 불안정한 화합물에 첨가해 상태를 안정시키는 물질이다.

2) 안정제의 종류
① 한천 : 우뭇가사리 추출물로 끓는 물에만 용해되며, 냉각하면 단단하게 굳는 성질이 있다. 물에 대하여 1~1.5% 사용하면 젤라틴과 같은 효과를 볼 수 있다.

② 젤라틴 : 동물의 껍질과 연골 속에 있는 콜라겐을 정제한 것이다. 찬물에는 팽윤하고 더운물에는 녹아 졸이 된다. 끓는 물에만 용해되며, 식으면 단단하게 굳는다. 용액에 대하여 1%의 농도로 사용하고 과다하게 사용하면 질긴 고무 같은 제품이 된다.

③ 펙틴 : 과일과 식물의 조직 속에 존재하는 일종의 다당류이다.

④ CMC(Carboxy Methyl Cellulose) : 식물의 뿌리에 있는 셀룰로오스로부터 만든 제품이다. 냉수에서 쉽게 팽윤되어 진한 용액이 된다.

⑤ 알긴산 : 태평양의 큰 해초로부터 추출한다. 다시마, 대황, 미역 등 갈조류의 세포막 구성 성분이다.

3) 안정제의 목적
① 아이싱의 끈적거림과 부서짐 방지
② 머랭의 수분 배출 억제
③ 토핑의 거품 안정
④ 젤리, 무스 제조
⑤ 파이 충전물의 농후화제
⑥ 흡수제로 노화 지연 효과

18 향료와 향신료(Flavor&Spice)

1) 향료의 분류

① 성분에 따른 분류

- 천연 향료 : 천연의 식물에서 추출한 향료(꿀, 당밀, 코코아, 초콜릿, 분말과일, 감귤류, 바닐라 등)이다.
- 합성 향료 : 천연 향료와 유지 제품을 합성시킨 향료(버터의 디아세틸, 바닐라빈의 바닐린, 계피의 시나몬 알데히드 등)이다.
- 인조 향료 : 화학성분을 조작하여 천연 향과 같은 향이 나게 한 것이다.

② 가공 방법에 따른 분류

- 비알콜성 향료 : 굽기 과정에서 휘발하지 않으며 오일, 글리세린, 식물성유에 향 물질을 용해시켜 만든다. 캐러멜, 캔디, 비스킷에 이용한다.
- 알콜성 향료 : 굽기 중 휘발성이 큰 것으로 에틸알코올에 향 물질을 용해시켜 만든다. 아이싱과 충전물 제조에 적합하다.
- 유화 향료 : 유화제에 향료를 분산시켜 만든 것으로 물 속에 분산이 잘 되고 굽기 중 휘발이 적다. 알코올성 향료, 비알코올성 향료 대신 사용할 수 있다.
- 분말 향료 : 진한 수지액과 물의 혼합물에 향 물질을 넣고 용해한 후 분무, 건조시킨 것이다. 가루식품, 아이스크림, 제과, 츄잉껌에 사용한다.

2) 향신료

① 향신료의 기능

- 강렬한 방향(芳香)과 독특한 맛을 내는 식물성 향료로 풍부한 맛과 향을 내기 위해 소량 첨가한다.
- 주재료와 어울려 풍미를 향상시키고 제품의 보존성을 높여주는 기능을 한다.

② 향신료의 종류

- 바닐라(Vanilla) : 제과 제품에서 가장 광범위하게 쓰이는 향신료로 초콜릿, 과자, 아이스크림 등에 이용한다.
- 계피(Cinnamon) : 녹나무과의 상록수 껍질을 벗겨 만드는 향신료로 케이크, 쿠키, 초콜릿 등의 과자류와 파이 등의 빵류에 이용한다.
- 넛메그(Nutmeg) : 육두구과 교목의 열매를 건조시킨 것으로 넛메그와 메이스를 얻는다. 애플 파이, 크림류에 이용한다.
- 생강(Ginger) : 열대성 다년초의 다육질 뿌리로 매운맛과 특유의 향을 가지고 있다.
- 정향(Clove) : 정향나무의 열매를 말린 것으로 단맛이 강한 크림이나 소스에 이용한다.
- 올스파이스(Allspice) : 올스파이스 나무의 열매를 익기 전에 따서 말린 것으로 자메이카 후추라고도 한다. 프루츠 케이크, 단맛이 강한 케이크, 카레, 파이, 비스킷에 이용한다.
- 카다몬(Cardamon) : 생강과의 다년초 열매에서 속의 작은 씨를 말려 빻은 것으로 푸딩, 케이크, 페이스트리에 이용한다.

- 박하(Peppermint) : 박하잎을 말린 것으로 산뜻하고 시원한 향이 난다.
- 오레가노(Oregano) : 꿀풀과에 속하는 다년생 식물의 잎과 꽃의 끝부분을 말린 것이다. 피자소스에 필수적으로 들어가는 것으로 토마토 소스와 잘 어울리고 톡 쏘는 향이 특징이다.

19 초콜릿(Chocolate)

1) 초콜릿을 구성하는 성분
① 코코아 : 62.5%, 5/8
② 코코아버터 : 37.5%, 3/8
③ 기타 : 유화제 0.2~0.8%, 설탕, 분유, 향

B 기적의 TIP

형태에 따른 초콜릿의 분류
- 몰드 초콜릿 : 초콜릿을 틀에 넣어 굳힌 것
- 엔로브 초콜릿 : 캐러멜, 누가, 퍼지 비스킷 등을 중앙에 넣고 초콜릿을 부어 코팅하여 냉각한 것
- 팬 초콜릿 : 견과류나 스낵류에 초콜릿을 분무하여 코팅하고 당의를 입힌 것

2) 초콜릿의 종류(배합 조성에 따른 분류)
① 카카오매스 : 다른 성분이 포함되어 있지 않아 카카오빈 특유의 쓴맛이 그대로 살아있다. 식으면 굳어 커버추어용으로 사용한다.
② 다크 초콜릿 : 카카오매스에 설탕, 카카오버터, 레시틴, 바닐라향 등을 섞어 만든 초콜릿이다.
③ 밀크 초콜릿 : 다크 초콜릿에 분유를 더한 것으로 가장 부드러운 맛이 난다.
④ 화이트 초콜릿 : 키키오 고형분과 카카오버터 중 다갈색의 카카오 고형분을 빼고 카카오버터에 설탕, 분유, 레시틴, 바닐라향을 넣어 만든다.
⑤ 파타글라세(코팅용 초콜릿) : 카카오매스에서 카카오버터를 제거한 다음 식물성 유지와 설탕을 넣어 만든 것으로 템퍼링 작업을 하지 않아도 된다. 유동성이 좋으므로 코팅용으로 사용한다.
⑥ 코코아 : 카카오매스를 압착하여 카카오버터와 카카오박으로 분리한 다음 카카오박을 200mesh 정도로 곱게 분말화한 것이다.

3) 템퍼링

① 템퍼링의 정의와 역할
- 카카오버터(코코아버터)가 안정된 결정 상태로 되어 초콜릿 전체가 안정한 상태로 굳을 수 있도록 사전에 하는 온도 조절이다.
- 가장 안정한 상태인 β−형의 미세한 결정으로 만들어 매끈한 광택의 초콜릿을 만들어 보관성을 향상시킬 수 있다.

✓ 개념 체크

다음 중 코팅용 초콜릿이 갖추어야 하는 성질은?
① 융점이 항상 낮을 것
② 융점이 항상 높을 것
③ 융점이 겨울에는 높고, 여름에는 낮을 것
④ 융점이 겨울에는 낮고, 여름에는 높을 것

④

② 템퍼링 방법과 블룸 현상
- 방법 : 초콜릿을 38~40℃로 용해한 후 27~29℃로 냉각시켰다가 다시 중탕하여 30~32℃ 정도까지 온도를 높여 사용한다. 초콜릿의 종류에 따라 템퍼링 온도를 정확하게 한다.

- 블룸(Bloom) 현상 : 초콜릿 표면에 하얀 무늬 또는 하얀 반점이 생기는 것이다.
  - 설탕 블룸(Sugar Bloom) : 초콜릿을 습도가 높은 곳에 보관할 때 초콜릿에 들어있는 설탕이 수분을 흡수하여 녹았다가 재결정이 되어 표면이 하얗게 변하는 현상이다.
  - 지방 블룸(Fat Bloom) : 초콜릿을 온도가 높은 곳에 보관하거나 직사광선에 노출시켰을 때 지방이 분리되었다가 다시 굳으면서 얼룩이 만들어지는 현상이다.

4) 초콜릿 적정 보관 온도와 습도
① 온도 : 17~18℃
② 습도 : 40~50%

20 주류(Liquors)

1) 주류의 정의
① 제품의 향기를 돋보이게 하며 향을 증진시킬 목적으로 사용한다.
② 주류가 지니고 있는 맛과 향의 특성에 어울리는 크림, 소스, 제과류, 제빵류 등에 사용한다.

2) 주류의 종류
① 양조주
- 과실, 곡류 등을 알코올 발효시켜 만든 술로 알코올 도수가 낮다.
- 와인, 포도주, 맥주, 청주, 탁주 등

② 증류주
- 알코올 발효시켜 만든 양조주를 증류시켜 얻은 순도 높은 술, 알코올 도수가 높다 (35~70도).
- 위스키, 브랜디, 럼, 진, 보드카 등

③ 혼성주(리큐르, Liqueur)
- 증류주에 과실, 과즙, 약초, 향초 등을 배합하고 적정량의 감미료와 착색료를 더해 만든 술로 알코올 도수가 높다.
- 그랑 마르니에, 쿠앵트로, 트리플 섹, 큐라소, 키르시, 칼루아 등

🅑 기적의 TIP

럼(Rum)
사탕수수 원액에서 설탕을 만들고 남은 당밀을 발효시켜 증류한 것을 나무통에 넣고 숙성시킨 증류수로, 숙성 기간에 따라 라이트, 미디엄, 헤비로 나뉜다.

재료의 영양학적 특성

01 영양소의 기능적 분류

1) 영양소의 정의

① 영양소는 식품에 함유되어 있는 여러 성분 중 체내에 흡수되어 생활 유지를 위한 생리적 기능에 이용되는 것을 의미한다.

② 체내 기능에 따라 열량 영양소, 구성 영양소, 조절 영양소로 나눌 수 있다.

2) 영양소의 종류

① 열량 영양소 : 에너지원으로 이용되는 영양소로 탄수화물, 지방, 단백질로 되어 있다.

② 구성 영양소 : 근육, 골격, 효소, 호르몬 등 신체 구성의 성분이 되는 영양소로 단백질, 무기질, 물이 여기에 속한다.

③ 조절 영양소 : 체내 생리작용을 조절하고 대사를 원활하게 하는 영양소로 무기질, 비타민, 물이 속한다.

3) 기초 식품군

① 균형 잡힌 식생활을 위해 반드시 섭취해야 하는 식품을 말한다.

② 종류

탄수화물	· 우리 몸과 뇌에 에너지 공급 · 밥, 빵, 감자, 고구마, 과자, 국수, 떡 등
단백질	· 근육, 피 등의 구성 성분 · 호르몬, 효소 기능 조절 · 성장발달에 관여 · 육류, 어류, 계란, 콩, 두부, 조개 등
지방	· 에너지 공급, 체온 유지, 신체 보호 등의 기능 · 과잉 섭취 시 비만 유발 · 식용유, 버터, 마요네즈, 콜라, 견과류, 사탕 등
비타민 및 무기질	· 몸의 기능 조절 · 무기질은 인체 구성 성분 · 여러 가지 채소, 과일, 주스 등
칼슘	· 골격과 치아의 구성 성분 · 우유, 요구르트, 요플레, 두유, 아이스크림 등

🅱 기적의 TIP

열량 영양소
단백질(4kcal), 탄수화물
(4kcal), 지방(9kcal)

02 탄수화물(당질)

1) 탄수화물의 기능

① 탄소(C), 수소(H), 산소(O)의 세 가지 원소를 함유한 유기화합물이며 에너지 공급 원으로 1g당 4kcal의 열량을 공급하고 소화흡수율이 98%이다.

② 혈액과 조직에 케톤체가 다량 축적되는 케톤증 예방에 관여하고 간에서 지방의 완 전대사를 돕는다.

③ 단백질 절약작용을 하며, 혈당량 유지(0.1%), 변비 방지, 식품에 단맛과 향미를 제 공한다.

2) 탄수화물의 종류 및 특성

① 포도당(Glucose)

• 호르몬인 인슐린과 무기질인 크롬(Cr)의 작용으로 적절한 혈당을 유지한다.

• 포유동물의 혈액 중 0.1% 가량 포함되어 있다.

• 두뇌와 신경, 적혈구의 열량소로 이용되며 체내 당대사의 중심물질이다.

• 동물 체내의 간장, 근육에 글리코겐 형태로 저장된다.

② 과당(Fructose)

• 당뇨병 환자에게 감미료로 사용한다.

• 당류 중 가장 빨리 소화·흡수된다.

• 용해도가 가장 크며 과포화되기 쉽고 흡습 조해성이 크다.

• 단맛이 가장 강하며 그 맛이 순수하고 상쾌하고 점도가 낮다.

③ 갈락토오스

• 유당의 구성성분이며 뇌, 신경조직의 성분이 되므로 유아에게 꼭 필요하다.

• 물에 잘 녹지 않는다.

④ 맥아당(엿당, Maltose)

• 보리가 적당한 온도와 습도에서 발아할 때 생성되며 두 분자의 포도당이 결합한 형 태이다.

• 엿, 식혜의 단맛 성분이다.

⑤ 유당(젖당, Lactose)

• 장내에서 잡균의 번식을 막아 정장작용을 하고, 칼슘의 흡수를 도와준다.

• 포유동물의 젖 속에 존재하는 감미물질이며 이스트의 영양원이 되지는 못하지만 빵의 착색에 효과적이다.

⑥ 설탕(자당, Sucrose)

• 포도당 1분자와 과당 1분자가 결합된 형태이고 감미도의 기준이 되며 상대적 감미 도는 100이다.

• 사탕수수의 줄기와 사탕무의 뿌리에 15% 정도 들어 있다.

> **기적의 TIP**
>
> **유당불내증**
> 체내에 우유 중에 있는 유당 을 소화하는 소화효소(락타아 제)가 결여되어서 유당을 소 화하지 못하기 때문에 생기 는 증상이다.

> **개념 체크**
>
> **혈당의 저하와 가장 관계가 깊은 것은?**
> ① 인슐린
> ② 리파아제
> ③ 프로테아제
> ④ 펩신
>
> ①

⑦ 전분(녹말, Starch)
• 보통 전분은 아밀로오스 20~25%, 아밀로펙틴 75~80%의 비율로 구성되고 단맛이 없고 찬물에 잘 녹지 않는다.
• 곡류나 서류의 주성분으로 열량섭취원이 된다.

⑧ 글리코겐(Glycogen)
• 동물성 저장 다당류로 간장이나 근육에 존재하며 근육이 운동할 때 소비되며, 쉽게 에너지원으로 쓰인다.
• 호화나 노화현상을 일으키지 않는다.

⑨ 호정(덱스트린, Dextrin)
• 전분이 가수분해되는 과정에서 생기는 중간 생성물이다.
• 싹트는 종자, 팽창식품, 엿 등이 있다.

⑩ 섬유소(셀룰로오스, Cellulose)
• 식물 세포막의 주성분이다.
• 소화효소에 의해 가수분해되지 않고 장의 연동작용을 자극하여 배설작용을 촉진시킨다.

⑪ 펙틴(Pectin)
• 산과 설탕을 넣고 졸여 잼과 젤리를 만드는 데 응고제로 사용하고 유기산, 칼륨, 나트륨염 등에 결합된 복합다당류이다.
• 소화와 흡수는 되지 않지만 장내 세균 및 유독 물질을 흡착하여 배설하는 성질을 가진다.

⑫ 전화당
• 자당이 가수분해 될 때 생기는 중간산물이다.
• 포도당과 과당이 1:1로 혼합된 당이다.

⑬ 올리고당(소당류)
• 청량감은 있으나 감미도가 설탕의 20~30%로 낮고 항충치성이 있다.
• 단당류 3~10개로 구성된 당으로 장내 비피더스균을 자라게 한다.

3) 탄수화물의 권장량 및 과잉 섭취 시 증상

① 탄수화물의 권장량 : 1일 총 에너지 필요량의 60~70%이다.
② 과잉 섭취 시 증상 : 비만, 당뇨병, 동맥경화증을 유발한다.
③ 탄수화물의 공급식품 : 곡류, 감자류, 과일, 채소 등 식물성 식품이 주요 공급원이고 우유, 난류, 패류 등 동물성 식품에 의해서도 공급된다.

03 | 지방(지질)

1) 지방의 기능
① 인체의 내장기관을 외부의 충격으로부터 보호하고 체온을 조절한다.
② 지질의 1g당 9kcal의 에너지를 공급한다.
③ 지용성 비타민(비타민 A, D, E, K)의 흡수를 촉진시킨다.
④ 장내에서 윤활제 역할로 변비를 막아준다.

2) 지방(지질)의 분류
① 단순지질
• 유지류 : 1분자의 글리세롤과 3분자의 지방산이 결합된 지방으로 상온에서 액체는 유(Oil), 고체는 지(Fat)라고 하며 제과 · 제빵에서 많이 사용하는 쇼트닝과 마가린이 대표적이다.
• 왁스 : 알코올과 지방산의 결합체이다.

② 복합지질
• 인지질 : 중성지방에 인산이 결합된 물질로 레시틴, 세팔린, 스핑고미엘린 등이 있다.
  – 레시틴 : 인체의 뇌, 신경, 간장에 존재하며 항산화제, 유화제로 쓰이고 있다.
  – 세파린 : 뇌, 혈액에 들어있고, 혈액응고에 관여하고 있다.
• 당지질 : 중성지방과 당이 결합된 것으로 뇌, 신경조직 등을 구성하는 성분이다.
• 단백지질 : 중성지방과 단백질이 결합된 것으로 여러 체조직의 생체막을 구성하는 성분이다.

③ 유도지질
• 콜레스테롤
  – 신경조직, 뇌조직에 들어있고 담즙산, 성 호르몬, 부신피질 호르몬 등의 주성분이다.
  – 단순지질과 복합지질의 가수분해 생성물인 유도지질이다.
  – 다량 섭취 시 고혈압과 동맥경화의 원인이 되고, 자외선에 의해 비타민 D_3로 전환된다.
• 에르고스테롤
  – 효모, 버섯 등과 같은 식품에 많고 자외선에 의해 비타민 D_2로 전환된다.
  – 프로비타민 D라고도 한다.

3) 포화도에 따른 분류
① 포화 지방산
• 탄소와 탄소 사이의 단일결합이며 탄소수가 증가함에 따라 융점이 높아진다.
• 뷰티르산, 팔미트산, 스테아르산

기적의 TIP

프로비타민 D
• 프로비타민(비타민 전구체) : 체내에서 비타민으로 변할 수 있는 물질이다.
• 필수 지방산(비타민F)
  – 체내에서 필요한 양만큼 합성되지 않아 음식물이나 외부에서 공급이 필요한 지방산이다.
  – 성장을 촉진, 피부건강을 유지시키며 혈액 내의 콜레스테롤 양을 저하시킨다.
  – 식물성 기름에 많이 존재하고 리놀레산, 리놀렌산, 아라키돈산 등이 속한다.

② 불포화 지방산

- 분자 내의 이중결합이며 불포화도가 높을수록 융점이 낮아진다.
- 올레산, 리놀레산, 리놀렌산

4) 지방 권장량과 과잉 섭취 시 증상

① 권장량 : 1일 총 에너지 필요량의 20%를 섭취하며 필수 지방산은 2% 섭취를 권장한다.

② 과잉 섭취 시 증상 : 비만, 동맥경화, 유방암, 대장암 등이 있다.

5) 기름의 건조성

① 유지가 공기 중에서 산소를 흡수하여 산화 · 중합 · 축합을 일으킴으로써 점차 점성이 증가하며 고형화하는 성질을 말한다.

② 강약은 유지류에 포함되는 이중결합의 수에 비례하며 요오드값에 따라 분류한다.

③ 건성유(Drying Oil)

- 식물유지 중에서 요오드값이 130 이상이면 건조성이 강한 기름이다.
- 아마인유, 들깨기름, 해바라기기름, 호두기름 등

④ 반건성유(Semi-Drying Oil)

- 공기 속에 방치하면 서서히 산화하고 점성도 증가하며 요오드값이 100~130 이하를 반건성유 기름이라고 한다.
- 채종유, 참기름, 면실유, 미강유, 옥수수기름

⑤ 불건성유(Non-Drying Oil)

- 산소와 결합하기 어려워 공기 중에 방치하여도 굳어지지 않고 요오드값 100 이하를 불건성유 기름이라고 한다.
- 땅콩기름, 피마자기름, 올리브유

✔ 개념 체크

하루 섭취한 2,700Kcal 중 지방은 20%, 탄수화물은 65%, 단백질은 15% 비율이었다. 지방, 탄수화물, 단백질은 각각 약 몇 g을 섭취하였는가?

① 지방 135g, 탄수화물 438.8g, 단백질 45g
② 지방 540g, 탄수화물 175.2g, 단백질 405.2g
③ 지방 60g, 탄수화물 438.8g, 단백질 101.3g
④ 지방 135g, 탄수화물 195g, 단백질 101.3g

③

04 단백질

1) 단백질의 기능

① 체내 삼투압 조절로 체내 수분평형유지 및 체액의 pH를 유지하며 면역 작용에 관여한다.

② 탄소(C), 수소(H), 산소(O), 질소(N) 등을 함유하는 유기화합물로 일반 식품은 단백질 중 질소의 구성이 16% 정도 함유하며 기본 구성단위는 아미노산으로 단백질은 수많은 아미노산의 펩티드 결합으로 이루어진 것이다.

③ 소화흡수율은 92%로 1g당 4kcal의 에너지를 공급한다.

④ 체조직과 혈액 단백질, 효소, 호르몬, 신경전달물질, 글루타티온 등을 형성한다.

2) 단백질 함량을 산출하는 질소계수

① 단백질의 양 = 질소의 양 $\times \dfrac{100}{16}$ (즉, 질소계수 6.25)

② 질소의 양 = 단백질의 양 $\times \dfrac{16}{100}$

3) 필수 아미노산의 영양적 가치

① 체조직의 구성과 성장 발육에 반드시 필요하며, 동물성 단백질에 다량 들어있다.

② 성인에게는 이소류신, 류신, 리신, 메티오닌, 페닐알라닌, 트레오닌, 트립토판, 발린 등 8종류가 필요하다.

③ 어린이와 회복기 환자에게는 히스티딘을 합한 9종류가 필요하다.

4) 단백질의 분류

① 완전 단백질
- 생명유지, 성장발육, 생식에 필요한 필수 아미노산을 고루 갖춘 단백질이다.
- 글리시닌(콩), 오브알부민(달걀), 미오신(육류), 카세인(우유) 등

② 부분적 완전 단백질
- 생명유지는 할 수 있어도 성장발육은 하지 못하는 단백질이다.
- 오리제닌(쌀), 호르데인(보리), 글리아딘(밀) 등

③ 불완전 단백질
- 생명유지나 성장발육 모두 할 수 없는 단백질이다.
- 젤라틴(육류), 제인(옥수수) 등

④ 단순 단백질
- 아미노산만으로 구성된 단백질이다.
- 알부민(흰자, 근육), 글로불린, 글루텔린(밀), 프롤라민(보리, 밀, 옥수수) 등

⑤ 복합 단백질
- 단순 단백질에 다른 유기화합물이 결합된 것이다.
- 인단백질, 색소단백질, 당단백질, 리포단백질

⑥ 유도 단백질 : 천연 단백질이 열이나 다른 물리적 작용에 의해 부분적으로 분해되어 생긴 물질이다.

5) 단백질의 영양가를 평가하는 방법

① 생물가(%)
- $\dfrac{\text{체내에 보유된 질소량}}{\text{체내에 흡수된 질소량}} \times 100 = 생물가(\%)$
- 체내의 단백질 이용 정도를 평가하는 방법이다.
- 생물가가 높을수록 체내 이용률이 높다.
- 우유(90), 달걀(87), 돼지고기(79), 쇠고기(76), 대두(75), 밀가루(52)

② 단백가(%)

$$\frac{\text{식품 중 제1제한 아미노산 함량}}{\text{표준 단백질 중 아미노산 함량}} \times 100 = \text{단백가}(\%)$$

- 필수아미노산 비율이 이상적인 표준 단백질을 가정하여 100으로 잡고 다른 단백질의 영양가를 비교하는 방법이다.
- 단백가가 클수록 영양가가 크다.
- 달걀(100), 쇠고기(83), 우유(78), 대두(73), 쌀(72), 밀가루(47), 옥수수(42)

③ 단백질의 상호보완 작용

- 단백가가 낮은 식품이라도 부족한 필수아미노산(제한 아미노산)을 보충할 수 있는 식품과 함께 섭취하면 체내 이용률이 높아진다.
- 쌀과 콩, 빵과 우유, 옥수수와 우유 등

④ 단백질의 권장량 및 결핍증상

- 권장량 : 1일 단백질 섭취량은 에너지 총 권장량의 15~20%가 적당하며 체중 1Kg당 1g이 요구된다.
- 결핍증상 : 결핍 시 면역기능 저하, 부종, 성장저해, 허약 등이 나타나고 과잉 시 체중 증가, 요독증의 증상이 있다.

05 비타민

1) 비타민의 기능

① 탄수화물, 지방, 단백질의 대사에 조효소(코엔자임, Coenzyme) 역할을 한다.
② 신체기능을 조절하는 조절영양소이며 반드시 음식물로 섭취해야만 한다.
③ 에너지를 발생하거나 체조직을 구성하는 물질은 아니다.

2) 비타민의 분류 및 종류

① 수용성 비타민과 지용성 비타민의 비교

구분	수용성 비타민	지용성 비타민
무기질	비타민 B군, C 등	비타민 A, D, E, K
용매	물에 용해	기름과 유기용매에 용해
섭취량이 필요량 이상	소변으로 배출	체내에 저장
결핍증세	신속하게 나타남	서서히 나타남
공급	매일 공급	매일 공급할 필요 없음
전구체	전구체가 없음	전구체가 존재함

② 수용성 비타민 종류의 결핍증세와 급원식품

종류	기능	결핍증	급원식품
비타민 B1 (티아민)	당질대사에 중요, 식욕촉진	각기병, 식용부진, 피로, 권태감, 신경통	쌀겨, 대두, 돼지고기, 난황, 간, 배아
비타민 B₂	발육촉진, 입안의 점막을 보호	구순구각염, 설염, 피부염, 발육장애	우유, 치즈, 간, 달걀, 살코기, 녹색 채소
나이아신	당질, 지질, 단백질의 산화 과정을 촉매하는 보조효소의 구성성분	펠라그라병, 피부염	간, 육류, 콩, 효모, 생선
비타민 B₆	단백질 대사에 중요	피부염, 성장정지, 저혈색소성 빈혈	육류, 간, 배아, 곡류, 난황
비타민 B₁₂	적혈구 생성에 관여, 성장촉진	악성빈혈, 간 질환, 성장정지	간, 내장, 난황, 살코기
비타민 C	세포의 산화 환원작용 조절, 세포의 저항력 증강 (영양소 중 가장 불안정)	괴혈병, 저항력 감소	시금치, 무청, 딸기, 감귤류
엽산(폴라신)	DNA 복제 관여, 세포분열 성장 관여	빈혈, 장염, 설사	간, 두부, 치즈, 밀, 효모, 난황
펜토텐산	콜라겐 생성 물질	피부염, 신경계의 변성	효모, 치즈, 콩

③ 지용성 비타민 종류의 결핍증세와 급원식품

종류	기능	결핍증	급원식품
비타민 A	발육 촉진, 저항력 증강, 시력에 관여	야맹증, 건조성 안염, 성장부진	간유, 버터, 김, 난황, 녹황색 채소(시금치, 당근)
비타민 D	칼슘과 인의 흡수력 증강, 뼈의 성장에 관여	구루병, 골연화증, 골다공증	어유, 간유, 난황, 버터
비타민 E	항산화제, 근육위축방지	불임증, 근육위축증	식물성 기름, 난황, 우유
비타민 K	혈액응고작용, 포도당의 연소에 관계	혈액응고 지연	간유, 난황, 녹색 채소 (양배추, 시금치)

06 무기질

1) 무기질의 기능

① 인체의 4~5%가 무기질로 구성되며, 체내에서는 합성되지 않기 때문에 반드시 음식물로부터 공급되어야 한다.

② pH와 삼투압의 조절에 관여하며, 체내 조직(뼈, 치아)의 성분이 된다.

③ 효소의 기능을 촉진하고, 대사 작용에 관여한다.

종류	기능	결핍증	급원식품
칼슘(Ca)	골격 구성, 근육의 수축이완작용, 혈액응고작용	구루병, 골다공증, 골연화증	우유 및 유제품, 달걀, 뼈째 먹는 생선
인(P)	골격 구성, 세포의 구성요소	-	우유, 치즈, 육류, 콩류, 어패류, 난황 등
마그네슘(Mg)	신경자극전달, 근육의 수축이완작용, 체액의 알칼리 유지	-	간, 육류, 콩, 효모, 생선
나트륨(Na)	체액의 삼투압과 수분조절	• 과잉 : 동맥경화증 • 결핍 : 구토, 발한, 설사	육류, 간, 배아, 곡류, 난황
황(S)	세포단백질의 구성요소	-	간, 내장, 난황, 살코기
철(Fe)	조혈작용	빈혈	시금치, 무청, 딸기, 감귤류
염소(Cl)	위액의 주요 성분	소화불량, 식욕 부진	간, 두부, 치즈, 밀, 효모, 난황
구리(Cu)	철의 흡수와 운반을 도움	악성 빈혈	해산물, 견과류, 콩류
요오드(I)	갑상선 호르몬 성분	갑상선종	다시마, 미역, 김, 어패류

07 물

1) 물의 체내 기능

① 영양소의 용매로서 체내 화학반응의 촉매 역할과 영양소와 노폐물을 운반한다.
② 체온을 조절하고 외부의 자극으로부터 내장 기관을 보호한다.
③ 삼투압을 조절하여 체액을 정상으로 유지시킨다.
④ 인체는 기온, 체온, 활동량과 활동력, 염분의 섭취량 등의 영향을 받아 필요한 수분의 흡수량과 소요량을 증가시키는데, 탄수화물과 지방이 많은 음식을 먹을 경우 물질대사 과정에서 산화수인 물이 생성되어 수분의 필요량이 증가하지 않는다.
⑤ 체내에서 물(수분)을 흡수하는 신체기관은 대장이다.

2) 물(수분) 저하로 인해 인체에 나타나는 증상

① 손발이 차고 호흡이 잦고 짧고, 맥박이 빠르고 약해진다.
② 창백하고 식은땀이 나면서 혈압이 낮아진다.
③ 심한 경우 혼수가 오고 허약, 무감각, 근육부종 등이 일어난다.

3) 외부로 물(수분)을 배출(배설)하는 방법

① 신장에서 불필요하게 많은 수분을 소변(오줌)으로 배설한다.
② 폐를 통한 호흡 과정에서 수분을 배출한다.
③ 대변에 의해서 물(수분)을 배설한다.
④ 피부로 수분을 증발시켜 배출한다.

위생안전관리

식품위생 관련 법규 및 규정

01 식품위생의 개념

1) 식품위생의 정의
① 우리나라 식품위생법에서의 정의 : 식품위생이란 식품, 첨가물, 기구, 용기 · 포장을 대상으로 하는 음식에 관한 모든 위생을 말한다.
② 세계보건기구(WHO)의 정의 : 식품원료의 재배, 생산, 제조부터 유통 과정을 거쳐 최종적으로 사람에게 섭취되기까지의 식품의 안전성을 확보하기 위한 모든 수단에 대한 위생을 말한다.

2) 식품위생의 목적
① 식품 영양의 질적 향상을 도모한다.
② 식품으로 인한 위생상의 위해를 방지한다.
③ 국민 보건의 향상과 증진에 이바지한다.

3) 식품위생의 대상 범위
① 의약으로 섭취하는 것은 예외로 한다.
② 모든 음식물, (식품) 기구, 식품첨가물, 용기 · 포장 등을 위생관리 대상 범위로 한다.

02 식품첨가물

1) 식품첨가물의 정의
① 식품을 제조 · 가공 또는 보존함에 있어 식품에 첨가, 혼합, 침윤 등의 방법으로 사용되는 물질이다.
② 식품의약품안전처장이 식품첨가물의 규격 기준을 정한다.

2) 식품첨가물의 사용 목적
① 보존성과 기호성의 향상
② 식품의 변질
③ 품질개량
④ 영양적 가치 증진

기적의 TIP

식품첨가물 관련 용어
• LD50(50% lethal dose) : 일정 조건 하에서 검체를 한 번 투여하여 반수의 동물이 죽는 양, 즉 반수치사량으로 LD50의 값이 작다는 것은 독성이 높다는 것을 의미한다.
• AD(Acceptable Daily intake) : 사람이 일생 동안 섭취하였을 때 현시점에서 알려진 사실에 근거하여 바람직하지 않은 영향이 나타나지 않을 것으로 예상되는 화학물질의 1일 섭취량이다.

⑤ 식품의 변패 방지

⑥ 품질의 가치 증진

3) 식품첨가물의 구비조건

① 사용 방법이 간편해야 한다.

② 미량으로 효과가 있어야 한다.

③ 독성이 없거나 적어야 한다.

④ 이화학적 변화에 안정해야 한다.

⑤ 가격이 저렴해야 한다.

4) 식품첨가물의 종류 및 용도

① 방부제(보존료)

- 식품의 변질 및 부패를 방지하고 보존성을 높이고 영양가와 신선도를 유지하기 위해 사용된다.
- 종류 : 프로피온산나트륨(빵류, 과자류), 프로피온산칼슘(빵류), 안식향산(간장, 청량 음료), 소르브산(식육제품, 된장, 팥앙금류, 케찹, 고추장), 데히드로초산(버터, 마가린, 치즈 등)

② 항산화제(산화방지제)

- 유지의 산화에 의한 식품의 변질현상을 방지한다.
- 종류 : BHA, BHT, 비타민 E(토코페롤), 프로필갈레이트

③ 살균제

- 미생물 사멸을 위해 사용한다.
- 종류 : 차아염소산나트륨, 표백분

④ 밀가루 개량제

- 제분된 밀가루의 표백과 숙성기간을 단축시키고 품질을 계량하는 데 사용한다.
- 종류 : 브롬산칼륨, 과황산암모늄, 과산화벤조일, 이산화염소, 염소

⑤ 표백제

- 식품을 가공, 제조할 때 본래의 색을 없애거나 퇴색, 변색된 식품을 무색 또는 백색으로 만들기 위하여 사용한다.
- 종류 : 차아황산나트륨, 아황산나트륨, 과산화수소

⑥ 착색료

- 인공적으로 착색시켜 천연색을 보완, 미화하여 식품의 매력을 높여 소비자의 기호도를 위하여 사용되는 물질이다.
- 종류 : β-카로틴, 캐러멜, 식용녹색 3호, 식용적색 2호, 식용적색 3호, 식용청색 1호, 식용청색 2호, 식용황색 4호, 식용적색 40호 등

⑦ 소포제

- 식품 제조공정 중 생긴 거품을 없애기 위해 첨가한다.
- 종류 : 규소소지(실리콘수지)

⑧ 호료(증점제)
- 식품의 점착성 증가, 유화 안정성, 선도 유지, 형체 보존에 도움을 주며, 촉감을 좋게 하기 위하여 식품에 첨가한다.
- 종류 : 알긴산나트륨, 젤라틴, 메틸셀룰로오스, 카세인(Casein)

⑨ 감미료
- 식품에 조리, 가공 시 단맛을 부여하기 위하여 사용되는 첨가물이다.
- 첨가물 : D-솔비톨, 아스파탐(단맛이 설탕의 200배), 사카린나트륨

⑩ 강화제
- 식품에 영양소를 강화할 목적으로 사용한다.
- 종류 : 무기염류, 아미노산류, 비타민류

⑪ 유화제(계면활성제)
- 서로 혼합되지 않는 두 종류의 액체를 유화시키기 위해 사용하며, 기능을 가진 물질을 유화제 또는 계면활성제라고 한다.
- 종류 : 글리세린, 레시틴, 모노-디글리세라이드, 대두인지질, 폴리소르베이트20

⑫ 이형제
- 제과·제빵류 반죽을 구울 때 달라붙지 않고 제품을 틀에서 쉽게 분리하기 위하여 사용한다.
- 종류 : 유동 파라핀오일

⑬ 용제
- 착색료, 착향료, 보존료 등을 식품에 첨가할 경우 잘 녹지 않으므로 용해시켜 식품에 혼합되노록 사용하는 물질이다.
- 종류 : 글리세린, 프로필렌글리콜

⑭ 발색제
- 식품 중에 존재하는 유해물질과 결합하여 색을 안전하고 선명하게 사용한다.
- 종류 : 육류 발색제, 식물성 색소발색제(황산제1철)

⑮ 팽창제
- 빵과 과자를 부풀리는 첨가물이다.
- 종류 : 명반, 소명반, 염화암모늄, 탄산수소암모늄, 탄산수소나트륨, 제1인산칼슘

⑯ 조미료
- 식품 본래의 맛을 가화하거나 조절하는 데 쓰인다.
- 종류 : L-글루타민산나트륨, 호박산, 구연산

✔ 개념 체크

유화제 사용 목적이 아닌 것은?
① 물과 기름을 잘 혼합시킨다.
② 빵, 케이크를 부드럽게 한다.
③ 빵이나 케이크의 노화를 지연시킬 수 있다.
④ 달콤한 맛이 나게 한다.

④

03 HACCP

1) HACCP의 정의

① 식품위해요소 중점관리기준 HACCP는 위해방지를 위한 사전 예방 식품안전관리 체계를 말한다.

② 식품의 원료관리, 제조·가공·조리·선별·처리·포장·소분·보관·유통·판매의 모든 과정에서 위해한 물질이 식품에 섞이거나 식품 또는 축산물이 오염되는 것을 방지하기 위하여 각 과정의 위해요소를 확인·평가하여 중점적으로 관리하는 기준을 말한다.

③ HACCP=HA(Hazard Analysis)+CCP(Critical ControlPoint)

🅑 기적의 TIP

• HA : 위해요소 분석
• CCP : 중요관리지점

2) HACCP 7원칙

위해요소 분석(HA)과 위해평가 → 중요관리점(CCP) 결정 → 한계기준 설정 → 모니터링 체계 확립 → 개선 조치 방법 수립 → 검증 절차 및 방법 수립 → 문서 유지 및 기록 유지

🅑 기적의 TIP

HACCP 준비 5단계
• 제1단계 : HACCP 팀 구성
• 제2단계 : 제품 설명서 작성
• 제3단계 : 제품의 사용 용도 파악
• 제4단계 : 공정 흐름도, 평면도 작성
• 제5단계 : 공정 흐름도, 평면도의 작업 현장과의 일치 여부 확인

3) HACCP의 도입 효과

① 안전한 식품을 생산하기 위해 과학성을 바탕으로 제품을 생산, 식품의 안전성에 높은 신뢰성

② 위해를 사전에 예방

③ 문제의 근본원인을 신속하게 밝혀 신뢰성 회복

④ 원료에서 제조, 가공 등의 식품공정별로 모두 적용되므로 종합적인 위생대책 시스템

⑤ 안전하고 더 좋은 품질의 식품 개발에 이용

04 제조물 책임법

① 제품의 결함으로 소비자가 신체 또는 재산상의 피해를 입은 경우, 사업자의 과실 여부를 묻지 않고 소비자의 피해에 대하여 손해배상 책임을 인정하는 제도이다.

② 제조물의 결함으로 발생한 손해에 대한 제조업자 등의 손해배상책임을 규정함으로써 피해자 보호를 도모하고 국민생활의 안전 향상과 국민 경제의 건전한 발전에 이바지함을 목적으로 한다.

01 개인위생관리

1) 위생의 목적

① 식중독 위생사고 예방
② 상품의 가치가 상승
③ 식품위생법 및 행정처분 강화
④ 점포의 이미지 개선
⑤ 고객 만족(매출 증진)
⑥ 대외적 브랜드 이미지 관리

2) 개인위생관리 방법

① 머리, 손톱 등의 용모는 단정해야 하며 항상 청결을 유지한다.
② 위생모 착용 시에는 머리가 외부로 노출이 되어서는 안 된다.
③ 작업 전에 규정된 위생복, 위생모, 위생화, 위생장갑 및 위생마스크를 착용한다.
④ 상익 차용 시에는 소매 끝이 외부로 노출되시 않도록 한다.

3) 복장위생관리 방법

① 종업원 손이 직접 음식이나 식재료에 접촉되지 않도록 위생장갑을 착용한다. 위생장갑은 용도에 따라 색상별로 구분하여 관리한다.
② 종업원은 작업장 내에서 전용 위생화(작업화)를 신는다.
③ 작업장 내에서 근무하는 모든 종업원은 위생모를 착용한다. 위생모는 외부에 모발이 노출되지 않도록 정확히 착용한다.

4) 식품위생에 관련된 질병

① 식품 또는 식품첨가물 제조 · 채취 · 가공 · 조리 · 저장 · 운반 또는 판매하는 일에 직접 종사하는 영업자 및 종업원, 다만 완전포장 된 식품 또는 식품첨가물을 운반하거나 판매하는 일에 종사하는 사람은 제외한다.
② 영업에 종사하지 못하는 질병
• 제1군 감염병 : 콜레라, 장티푸스, 파라티푸스, 세균성이질, 장출혈성대장균감염증, A형간염 감염환자
• 감염성 결핵환자(비감염성 결핵인 경우는 제외)
• 피부병 또는 그 밖의 화농성질환
• 후천성면역결핍증 AIDS

🅑 기적의 TIP

제1군 감염병
• 집단 발생의 우려가 커서 발생 또는 유행 즉시 방역 대책을 수립하여야 하는 감염병
• 마시는 물 또는 식품을 매개로 발생

✓ 개념 체크

전파 속도가 빠르고 국민 건강에 미치는 위해 정도가 상당히 커 발생 또는 유행 즉시 방역 대책을 수립하여야 하는 전염병은?

① 제1군 전염병
② 제2군 전염병
③ 제3군 전염병
④ 제4군 전염병

①

02 식품과 식중독

1) 식중독

① 세균성 식중독
- 감염형 : 식품과 함께 식품 중에 증식한 세균을 먹고 발병하는 식중독
- 독소형 : 원인균의 증식 과정에서 생성된 독소를 먹어서 발병하는 식중독

② 화학성 식중독
- 유해첨가물 : 유독성 화학물질을 함유한 식품을 섭취함으로써 일어나는 식중독
- 중금속 : 납, 아연, 카드뮴 등의 중금속에 의한 식중독 및 만성중독

③ **자연독에 의한 식중독** : 유독성 물질이 함유되어 있는 식품을 섭취함으로써 발병하는 식중독

2) 세균성 식중독과 경구 감염병

특징	세균성 식중독	경구 감염병
필요한 균수	대량의 생균에 생성된 독소에 의해 발병	소량의 균이라도 숙주 체내에서 발병
잠복기	경구 감염병에 비해 짧음	일반적으로 긺
감염	원인식품에 의해서만 감염되며 2차 감염이 거의 없음	원인 병원균에 의해 오염된 물질에 의한 2차 감염이 있음
면역	면역성이 없음	면역이 성립되는 것이 많음
독성	약함	강함

3) 식중독의 종류, 특성 및 예방 방법

① 세균성 식중독
- 감염형 식중독
  - 식품에 오염되어 증식한 다수의 식중독균이 함께 섭취되어 장내 점막에 침입해서 발생하는 것으로 살아있는 세균이 관여한다.
  - 살모넬라(Salmonella)균에 의한 식중독 : 육류 및 가공품, 어패류 및 가공품, 우유 및 유제품, 알류 등 쥐, 파리, 바퀴벌레, 곤충류에 의해 전파되고, 생육 최적 온도는 37℃이며 60℃에서 20분에 사멸한다. 구토, 급성위장염, 설사 등에 증상이 나타난다.
  - 장염 비브리오(Vibrio)균에 의한 식중독 : 점액혈변, 복통, 발열 등 위장염 증상이 나타난다.
  - 호염성 비브리오균으로 3~4% 염분농도에서 증식한다.
  - 병원성 대장균에 의한 식중독 : 환자와 보균자의 분변이나 분변에 오염된 식품을 통해 감염되고 분변오염의 지표가 된다. 병원성 대장균에 오염된 식품, 우유, 치즈, 햄, 야채류 등이 원인식품이고 설사, 식욕부진, 구토, 복통, 두통 증상이 나타난다.

⚡ 기적의 TIP

식중독 발생 시 대책 순서
① 식중독이 의심되면 즉시 진단을 받는다.
② 의사는 환자의 식중독이 확인되는 대로 행정기관(관할보건소장)에 보고한다.
③ 행정기관은 상부 행정기관에 보고하며 원인식품을 수거하여 검사기관에 보낸다.
④ 원인식품과 감염 경로를 파악하여 국민에게 주지시킨다.
⑤ 예방대책을 수립한다.
⑥ 완치되어도 3일~2주간 바이러스를 방출하므로 개인위생을 철저히 한다.

✔ 개념 체크

병원성 대장균 식중독의 가장 적합한 예방책은?
① 곡류의 수분을 10% 이하로 조정한다.
② 어류의 내장을 제거하고 충분히 세척한다.
③ 건강보균자나 환자의 분변 오염을 방지한다.
④ 어패류는 수돗물로 깨끗이 씻는다.

③

- 독소형 식중독
  - 보툴리누스균에 의한 식중독 : 아포는 열에 강하고 독소인 뉴로톡신은 열에 약해 80℃에서 30분이면 파괴되고 식중독 중 치사율이 가장 높으며 완전 가열살균 되지 않은 병조림, 통조림, 소시지, 훈제품 등이 있다. 증상으로는 신경마비, 시력장애, 동공확대 등이 나타난다.
  - 포도상구균에 의한 식중독 : 사람이나 동물의 화농성 질환의 대표적인 균으로 황색포도상구균이 있으며 장독소인 엔테로톡신으로 내열성이 있어 열에 쉽게 파괴되지 않고 잠복기가 가장 짧다. 원인식품으로는 우유 및 유제품 등이 있고 구토, 복통, 설사 증상이 나타난다.
  - 클로스트리디움 퍼프린젠스(웰치균)에 의한 식중독 : 웰치균, 원인독소는 엔테로톡신이고 식품은 육류 및 가공품, 어패류 및 가공품 등 심한 설사, 복통 증상이 나타난다.

② 자연독에 의한 식중독
- 식물성 식중독
  - 면실유 : 고시폴(Gossypol), 면실유가 불완전 정제되었을 때
  - 독버섯 : 무스카린, 무스카디린, 팔린, 아미니타톡신, 필지오린, 뉴린 등
  - 감자 : 솔라닌, 감자 발아 부위와 녹색 부위에 존재
  - 청매, 은행, 살구씨 : 아미그달린(Amygdalin)
- 동물성 식중독
  - 모시조개, 굴, 바지락 독소 : 베네루핀(Venerupin) 전신권태, 구토, 복통 등 증상이 나타난다.
  - 섭조개, 대합 독소 : 식시톡신(Saxitoxin) 복통, 위장장애, 호흡곤란 증상이 나타난다.
  - 복어 독소 : 테트로도톡신(Tetrodotoxin) 복어의 장기와 특히 산란 난소, 고환, 지각 이상, 호흡장애 증상이 나타난다.
- 곰팡이 독(Mycotoxin) : 곰팡이의 대사산물로 사람이나 동물에 어떤 질병이나 이상 생리작용을 유발하는 물질이다.
  - 맥각 중독 : 맥각균이 보리 · 밀 · 호밀에 기생하여 에르고톡신, 에르고타민 등의 독소를 생성한다.
  - 아플라톡신 : 곰팡이가 재래식 된장, 탄수화물이 풍부한 농산물, 쌀, 보리 등의 곡류와 땅콩에 침입하여 독소를 생성하고 간장독을 유발한다.
  - 황변미 중독 : 페니실리움(Penicillium)속 푸른곰팡이가 원인이다.
- 알레르기성(부패성) 식중독
  - 부패산물인 히스타민(Histamine)에 의한 것이다.
  - 꽁치, 고등어, 참치 등 붉은색 어류나 그 가공품이 원인식품이다.
  - 세균 증식이나 세균 독소가 원인이 아니라 세균 오염에 의한 부패산물이 원인으로 일어나는 식중독으로 그 증상이 알러지 상태인 때를 말한다.
  - 전신에 홍조와 두드러기 증상이 나타난다.

③ 화학성 식중독 : 금지된 식품첨가물에 의한 식중독이다.

- 표백제 : 롱가리트, 형광표백제, 삼염화질소 등
- 착색료 : 아우라민, 로다민 B
- 방부제 : 붕산, 포름알데히드(포르말린), 불소화합물, 페놀, 승홍 등
- 감미료 : 시클라메이트, 둘신, 페릴라틴, 에킬렌글리콜 등
- 메틸아코올(메탄올) : 주류 대용으로 사용하며 중독 시 복통, 두통, 실명, 사망 등 유해금속에 의한 식중독 증상이 나타남

④ 유해금속에 의한 식중독

- 카드뮴(Cd) : 이타이이타이병의 원인 물질이며 도금, 플라스틱 안정제로 쓰이는 카드뮴, 공장폐수에 오염된 음료수, 오염된 농작물을 식용하여 발병
- 수은(Hg) : 미나마타병의 원인 물질이며 유기 수은에 오염된 해산물을 섭취하여 발생
- 납(Pb) : 도료, 안료, 농약, 수도관의 납관 등에 존재하며 오염, 구토, 복통, 빈혈, 피로, 소화기 장애 발생
- 주석(Sn) : 통조림관 내면의 도금재료로 이용되는 주석에 의해 발생하며 구토, 설사, 복통, 권태감 등의 증상이 나타남

 개념 체크

식기나 기구의 오용으로 신장 장애, 골연화증을 일으키며 공장폐수에 오염된 음료수 '이타이이타이병'의 원인이 되는 유해성 금속 물질은?

① 비소(As)
② 카드뮴(Cd)
③ 아연(Zn)
④ 수은(Hg)

②

환경위생관리

빈출 태그 ▶ 미생물의 종류 · 미생물의 특성 · 소독 · 살균 · 작업장 조도 · 작업자 위생관리

01 작업환경점검 및 작업자 위생

1) 조도의 정의
① 어떤 면이 받는 빛의 세기를 나타내는 양이다.
② 조도의 단위는 룩스(Lux)이다.

2) 제과 · 제빵 공정상의 조도 기준

작업 내용	표준조도(Lux)	한계조도(Lux)
발효	50	30~70
굽기, 포장, 장식(기계)	100	70~150
계량, 반죽, 조리, 성형	200	150~300
장식(수작업), 마무리작업	500	300~700

02 작업자 위생관리

① 손과 손톱에 존재하는 식중독 균에 따른 교차 오염을 방지하기 위해 종업원은 수시로 손을 씻고 청결히 관리해야 한다.
② 종사자는 작업장 출입 시, 작업 중 손을 세척 · 소독 후 작업한다.
③ 작업자가 출근 후, 화장실 사용 후, 가열 후 작업 공정에서 일하기 전, 재채기나 기침을 한 후, 식사 후, 신체 부위를 만지거나 긁은 경우, 깨끗하지 않은 조리기구, 불결한 옷이나 행주, 걸레 등을 만졌을 경우에 반드시 손을 씻거나 소독을 해야 한다.
④ 작업 시에 품목이 변경되면 반드시 손을 씻거나 소독 후 작업한다.

✅ 개념 체크

제과 · 제빵 공정상 작업내용에 따라 조도 기준을 달리한다면 표준 조도를 가장 높게 하여야 할 작업내용은?

① 마무리 작업
② 계량 · 반죽 작업
③ 굽기 · 포장 작업
④ 발효 작업

①

03 작업환경 위생관리

1) 기기의 관리

① 스테인리스 용기와 기구는 사용 전후에 중성세제를 이용하여 세척, 열탕소독, 약품소독(화학소독)을 한다.
② 기기는 전원이 꺼진 것을 확인하고 청소 및 손질한다.
③ 소도구, 과자 보존용기, 칼은 중성세제를 이용하여 세척하고 자외선 소독을 1일 1회 이상 실시한다.
④ 냉장고와 냉동고는 주 1회 세정, 소독하고 정기적으로 서리를 제거한다.

2) 작업장 시설관리

① 영업의 손실, 막대한 재산상의 피해는 물론 생명까지 위협받을 수 있으므로 평소 올바른 유지관리가 필요하다.
② 작업장 시설의 유지관리는 우리 모두의 근무환경을 보다 안전하게 만들 수 있다.

04 미생물에 의한 식품 변질

1) 식품 변질의 종류와 특성

① 부패(Putrefaction) : 육가공품 단백질 식품에 혐기성 세균이 증식한 생물학적 요인에 의해 분해되어 악취와 유해물질을 생성하는 현상이다.
② 발효(Fermentation) : 식품에 생물학적 요인인 미생물이 번식하여 식품의 성질이 변화를 일으키는 현상이다.
③ 변패(Deterioration) : 탄수화물, 지방 식품이 미생물의 분해작용으로 냄새나 맛이 변화하는 현상이다.
④ 산패(Rancidity) : 지방의 산화 등에 악취나 변색이 일어나는 현상이다.

2) 미생물 발육에 필요한 인자

① 영양소
- 질소원 : 단백질을 구성하는 기본 단위인 아미노산을 통해 질소원을 얻으며 세포 구성 성분에 필요한 영양소
- 무기염류 : P(인), S(황)을 필요로 하며, 조절작용에 필요한 영양소
- 탄소원 : 포도당, 유기산 알코올 지방산에서 주로 섭취하며, 에너지원으로 이용되는 영양소
- 비타민 B군 : 세포 내에서 합성되지 않아 세포 외에서 흡수하여야 하며, 발육에 필요한 영양소

② 수분은 미생물의 몸체를 구성하는 주성분이며, 생리기능을 조절하는 데 필요하다.
- 수분활성도(Water activity) : 일정한 온도에서 식품이 나타내는 수중기압에 대한 온도에 있어서 순수한 물의 최대 수중기압의 비
- 미생물의 증식이 저지되는 수분활성도(AW)
  - 세균 : 0.95
  - 효모 : 0.87
  - 곰팡이 : 0.80 이하
- pH(수소이온농도)
  - 효모, 곰팡이 : pH4~6(산성)
  - 세균 : pH6.5~7.5(약산성에서 중성)
  - 콜레라균 : pH8.0~8.6(알칼리성)
- 산소
  - 통성 혐기성균 : 산소가 있거나 없어도 증식 가능한 균
  - 편성 혐기성균 : 산소가 있으면 생육에 지장을 받고 없어야 증식되는 균
  - 통성 호기성균 : 산소가 없어도 증식이 가능하지만, 산소가 있으면 더욱 활발한 증식을 하는 균
  - 편성 호기성균 : 산소가 존재하는 상태에서 증식하는 균
- 삼투압
  - 세균 증식은 식염, 설탕에 의한 삼투압에 영향을 받는다.
  - 호염 세균은 3% 식염에서 증식하고, 내염성 세균은 8~10% 식염에서도 증식한다.
  - 일반 세균은 35% 식염에서 증식이 억제된다.

3) 미생물의 종류와 특성

① 세균류 : 구균(Coccus), 간균(Bacillus), 나선균(Spirillum)
- 비브리오(Vibrio)속 : 무아포, 혐기성 간균으로 콜레라균, 장염 비브리오균 등이 있다.
- 바실러스(Bacillus)속
  - 호기성 간균으로 아포를 형성하고 열 저항성이 강하며, 전분과 단백질 분해작용을 갖는 부패 세균이다.
  - 빵의 점조성 원인이 되는 로프균이 이에 속한다.
- 락토바실러스(Lactobacillus)속 : 간균으로 당류를 발효시켜 젖산을 생성하므로 젖산균이라고 하며 젖산 음료의 발효균으로 이용된다.

② 진균류
- 곰팡이(Mold)
  - 과일, 채소, 빵, 밥의 부패에 관여하는 대표적인 미생물이다.
  - 식품의 제조와 변질에 관여한다.
  - 무성포자와 유성포자가 있으며 식품부패의 원인이 되기도 한다.

- 효모(Yeast)
  - 구형, 난형, 타원형 등 단세포의 진균으로 빵, 술 등의 식품의 제조와 변질에 관여한다.
  - 출아증식에 의한 무성생식을 하며 세균보다 크기가 크다.
- 바이러스(Virus)
  - 미생물 중에서 가장 작은 것으로 살아있는 세포에서만 생존한다.
  - 종류에는 인플루엔자, 천연두, 광견병, 일본뇌염, 소아마비 등이 있다.
- 리케차(Rickettsia)
  - 세균과 바이러스의 중간 형태에 속하며 구형, 간형 등의 형태를 가지고 있다.
  - 발진열, 발진티푸스 등의 병원체이나 식품과 큰 관계가 없다.

🅱 기적의 TIP

- 효모류 : 통성 혐기성 미생물이며 주류의 양조, 알코올 제조, 제빵 등에 활용
- 바이러스류 : 소아마비(급성 회백수염, 폴리오), 전염성 설사 등의 병원체

05 방충 · 방서관리

1) 방충의 3단계

① 작업장 침입 방지를 위해 침입할 가능성이 있는 해충을 조사하고 침입하지 못하도록 조치를 취한다.
② 작업장 침입 후의 포충 혹은 서식 방지는 작업제조 시설의 외곽지역에 조명을 통하여 해충을 유인하고 쓰레기장, 오폐수 처리장, 하수구는 주기적으로 소독(주 1회, 월 1회)을 실시한다.
③ 작업장 침입 방지와 침입 후 포충, 서식 방지를 '포충 지수' 모니터링을 통해 지속적으로 관리한다.

2) 방서를 해야만 하는 쥐의 특징

① 배관이나 배선을 이용하여 이동하며 서식처를 새로운 곳으로 옮긴다.
② 잡식성이지만 음식에 대한 경계심이 강하다.
③ 쥐는 화재를 유발하기도 한다.
④ 쥐는 분변으로 음식물을 오염시키고 식중독 등의 전염병을 유발하며 신증후군출혈열(유행성 출혈열), 페스트(흑사병, 제1급 법정 감염병), 렙토스피라증, 병원체를 옮긴다.

06 소독과 살균

1) 소독

병원균을 대상으로 병원 미생물을 죽이거나 병원 미생물의 병원성을 약화시켜 감염을 없애준다.

2) 살균

병원 미생물뿐만 아니라 모든 미생물을 사멸시켜 완전한 무균 상태가 되도록 한다.

3) 조리 시 위생관리를 위한 물리적 소독·살균 방법

① 증기소독 : 증기발생 장치로 세척할 조리대나 기구에 생증기를 뿜어 살균한다.

② 자비소독 : 기구, 용기, 식기, 조리기구 등의 살균, 소독에 이용, 100℃에서 30분 이상 끓여야 하며 열탕소독법이다.

③ 자외선 살균의 장점

• 표면 투과성이 나쁘다.

• 빛의 파장이 253.7 나노미터의 자외선 조사 후 피조사물의 변화가 작다.

• 살균 효과가 크다.

4) 조리 시 위생관리를 위한 화학적 소독·살균 방법

① 석탄산(페놀) 용액 : 순수하고 살균이 안정되어 음료수나 식품을 제외한 손, 의류, 오물, 조리기구 등의 소독에 이용하며 다른 소독제의 살균력 표시기준으로 쓰인다.

② 알코올 : 70% 수용액을 금속, 유리, 조리기구, 손소독에 사용한다.

③ 과산화수소 : 3% 수용액을 상처소독, 피부에 사용한다.

④ 역성비누 : 손, 식품, 조리기구 등의 소독에 사용하며, 무독성이고 살균력이 강하다.

⑤ 포르말린 : 30~40% 수용액을 오물소독에 이용한다.

기적의 TIP

수용액의 농도
• 석탄산(페놀) : 3~5%
• 역성비누(양성비누) : 용기 및 기구 소독 1%, 손 소독 5~10%
• 크레졸 : 1~3%
• 승홍 : 0.1%

공정 점검 및 관리

01 과자류 제조공정과 위생관리

① 제품을 제조하는 공정에서는 가열 전 제조공정과 가열 후 제조공정 및 내포장 후 제조공정을 구분한다.

② CCP(중요관리지점, Critical Control Point)는 HACCP의 12가지 절차 중 제거 및 허용, 위해요소의 예방을 위해 엄정한 관리가 요구되는 최종 공정이나 단계를 말한다.

• CCP1이란 과자류에 잔존할 수 있는 세균을 제거하는 단계로 가열을 하는 것으로 서 세균을 박멸하는 단계이다.

• CCP2란 금속검출기를 통과시키는 방법으로써 이물질 또는 금속을 제거하는 단계 이다.

> 🅱 기적의 TIP
>
> **공정관리**
> 제품 설명서와 공정 흐름도 작성 → 위해 요소 분석을 통해 중요 관리점 결정 → 세부 관리 계획 수립 및 공정 관리

02 가열 후 청결제조 공정

① 성형된 반죽을 오븐에 넣고 약 13분간 가역(굽기) 공정을 실시한다.

② 가열된 제품은 실온(20℃)에서 천천히 냉각한다.

③ 굽기 후 충전물이 들어가는 제품은 구운 반죽에 내용물 주입기를 이용하여 크림류 등을 주입하여 제품을 완성한다.

④ 냉각된 제품은 낱개로 적절한 포장지를 이용하여 밀봉 포장한다.

03 내포장 후 일반제조 공정

① 금속 검출 : 금속 검출기를 통과하면서 Fe(철)과 SUS(스테인리스 스틸) 등을 검출한다.

② 외포장 : 컨베이어를 통해 외포장실로 이송하여 외포장 상자(박스)에 포장한다.

③ 보관 및 출고 : 완제품을 파렛트에 5단 이하로 적재하여 건조하고 차가운 창고에 보관한다.

04 설비 및 기기의 특징

1) 믹서(Mixer)

① 수직형 믹서(버티컬 믹서) : 케이크 반죽, 빵 반죽을 만들 때 사용하고 수시로 반죽 상태를 점검할 수 있으며 소규모 제과점에서 많이 사용하고 있다.

② 수평형 믹서 : 많은 양의 반죽을 만들 때 사용하고 믹서의 회전축 방향이 수평으로 되어있다.

③ 스파이럴 믹서(나선형 믹서) : 믹싱 볼 회전축의 역방향으로 회전하여 된 반죽이나 글루텐 형성 능력이 떨어지는 반죽 빵을 만들 때 적합하며 제빵 전용 믹서이다.

④ 에어 믹서 : 과자 반죽에 일정한 기포를 만들 때 적합하며 제과 전용 믹서이다.

2) 오븐(Oven)

① 데크 오븐(Deck Oven) : 입구와 출구가 같으며 평철판을 꺼내기 편리하지만 오븐 내에 열이 균일하지 않으므로 굽기 도중 앞뒤 자리를 바꾸어가며 굽기를 해야 하고 소규모 제과점에서 많이 사용한다.

② 로터리 오븐(Rotary Reck Oven) : 팬을 래크에 끼운 채로 굽기를 할 수 있고 열 전달이 고르게 되어 동시에 많은 양을 구울 수 있다.

③ 릴 오븐(Reel Oven) : 물레방아처럼 회전시키면서 굽는 오븐으로 열이 균일하게 전달된다.

④ 컨벡션 오븐(Convection) : 오븐의 열을 강제 순환(대류)시켜 빵이나 케이크 굽기 시에 직접적이고 효율적으로 도달하게 하여 제품을 균일하게 착색시킨다.

⑤ 터널 오븐(Tunnel Oven) : 오븐의 출입구가 다르고 터널을 통과 시 온도가 다른 몇 개의 구역을 지나면서 구워지며 윗불과 아래불의 조절이 가능하다. 또한 빵틀의 크기에 제한을 받지 않고 단일 품목을 생산하는 공장에서 많이 사용한다.

3) 파이 롤러(Pie Roller)

① 반죽의 두께를 조절하면서 밀어펴는 기계이며 페이스트리(파이) 등을 만들 때 많이 사용한다.

② 제조 가능한 제품으로 스위트 롤, 페이스트리 제품, 케이크 도넛, 쇼트브레드 쿠키 등이 있다.

③ 파이 롤러는 냉장고나 냉동고 옆에 위치하는 것이 적합하다.

4) 스크래퍼(Scraper)

① 반죽을 분할하고 작업대나 믹싱볼에 붙어있는 반죽을 떼어 낼 때 사용한다.

② 믹싱 볼에서는 플라스틱 스크래퍼를 사용해야 한다.

5) 라운더(Rounder)

우산형 라운더로 분할된 반죽을 자동으로 둥글리기 하는 기계이다.

6) 앙금 주걱

스테인리스 스틸로 만들며 앙금을 감싸거나 크림을 바를 때 사용한다.

7) 튀김기(Fryer)

자동 온도 조절 장치가 있어 수동이나 자동으로 제품을 튀기는 기계이다.

8) 냉각 팬(타공 팬)

제품을 오븐에서 꺼낸 후 식히거나 보관할 때 사용하는 도구이다.

05 설비 및 기기의 위생 안전관리

1) 기계 · 기구류 및 제조시설 등 설비관리

① 냉장 · 냉동시설 · 설비관리 : 온도 감응 장치의 센서는 온도가 가장 높게 측정되는 곳에 위치하고 외부에서도 온도변화를 관찰할 수 있어야 한다(냉장 5℃, 냉동 -18℃).

② 식품과 접촉하는 취급시설 · 설비 : 기구 및 용기류는 용도별로 구분해서 사용하고 보관하며, 인체에 무해한 내수성 · 내부식성 재질로 열탕 · 증기 · 살균제로 살균 · 소독이 가능하여야 한다.

③ 식품취급시설 · 설비 : 식품취급시설 · 설비 점검과 정비기록 유지해야 하며, 공정의 흐름에 따라 적절히 배치하고 위해요인에 의한 오염이 발생하지 않도록 한다.

④ 온도변화를 측정 · 설비 : 일정한 주기를 정하여 온도를 측정, 기록, 관리계획에 따른 온도를 유지한다.

2) 안전관리 지침서

① 지침서란 업무를 수행해야 하는 사람이 준수해야 하는 규칙들을 기록하고, 기기위생 안전관리 지침서는 기기의 현황을 파악하고 관리하고 기록하는 서식이며, 보유하고 있는 기기에 대한 관리사항과 기기에 대한 세부내역을 기록하는 서식이다.

② 개별 기기별로 작성하고 주로 기기의 품명, 용도, 제작 일자와 구입한 날짜, 제작 회사, 작동 방법, 관리 방법, 등록사항, 예산 및 구매, A/S, 기기 성능, 구성 부품, 변동 사항, 기타 사항 등을 기록하고 관리해야 한다.

과자류 제품 제조

CHAPTER

01

재료 준비

재료 준비 및 계량

빈출 태그 ▶ 과자의 분류 • 배합표 작성법 • 재료의 성분

🍳 01 과자의 개요

1) 과자의 정의

① 곡식가루에 각종 감미료를 혼합하여 만든 것으로, 주식 이외에 먹는 기호식품을 의미한다.

② 발효 과정을 거치지 않고 팽창되는 제품을 말한다.

2) 과자와 빵의 구분

① 이스트의 사용 여부

② 설탕의 배합량

③ 밀가루의 종류

④ 반죽 상태

3) 과자의 분류

① 팽창 형태에 따른 분류

- 화학적 팽창 : 베이킹파우더와 소다와 같은 화학적 팽창제를 사용하는 팽창 방법 (레이어 케이크, 파운드 케이크, 케이크 도넛, 팬 케이크, 과일 케이크, 와플 등)

- 공기 팽창(물리적 방법) : 반죽을 혼합한 후 거품을 만들면서 공기를 집어넣으며 팽창시키는 방법(스펀지 케이크, 엔젤 푸드 케이크, 머랭, 거품형 쿠키 등)

- 유지 팽창 : 반죽 속에 유지를 넣고 접어서, 밀고 펴기를 반복하여 생긴 층에서 증기압으로 부풀린 방법(퍼프 페이스트리, 아메리칸 파이 등)

- 무 팽창 : 아무런 팽창 작용을 주지 않고 수증기압으로만 조금 부풀린 제품(타르트의 기본 반죽, 파이 껍질, 쿠키 등)

- 복합형 팽창 : 두 가지 이상의 팽창 형태를 겸한 방법(화학 팽창＋공기 팽창, 공기 팽창＋이스트 팽창, 화학 팽창＋이스트 팽창 등)

② 케이크 반죽에 따른 분류

- 반죽형 케이크 : 밀가루, 달걀, 설탕, 유지, 우유 등 재료에 의하여 케이크의 구조를 형성하고 화학적 팽창제(베이킹파우더)를 사용하여 부풀리는 방법(파운드 케이크, 레이어 케이크, 컵 케이크, 과일 케이크, 마들렌 등)

- 거품형 케이크 : 달걀 단백질의 교반으로 신장성, 기포성, 유화성, 열에 대한 응고성(변성)으로 케이크의 구조와 부피를 형성하는 방법(스펀지 케이크, 엔젤 푸드 케이크, 머랭 등)

🅑 **기적의 TIP**

과자와 빵은 이스트의 사용 여부로 구분할 수 있다.

✅ **개념 체크**

베이킹파우더를 많이 사용한 제품의 결과와 거리가 먼 것은?

① 밀도가 크고 제품의 부피가 작다.

② 속결이 거칠다.

③ 오븐 스프링이 커서 찌그러들기 쉽다.

④ 제품 내상의 색이 어둡다.

①

- 시퐁형 케이크 : 흰자와 노른자를 나누어 믹싱하는 방법으로 노른자는 거품을 내지 않고 다른 재료와 혼합하여 반죽형으로 만들고, 흰자는 머랭을 이용하여 만든다. 제품에 부드러움을 주며 기공, 조직을 형성하는 방법(시퐁 케이크)

③ 가공 형태에 따른 분류
- 양과자류 : 반죽형, 거품형, 시퐁형의 서양식 과자 등
- 생과자류 : 수분 함량(30% 이상)이 높은 과자로, 화과자 등
- 건과자류 : 수분 함량(5% 이하)이 낮은 과자
- 페이스트류 : 퍼프 페이스트리, 각종 파이 등
- 냉과류 : 차게 해서 먹는 무스, 푸딩, 바바루아, 셔벗, 아이스크림
- 데커레이션 케이크 : 여러 가지 장식을 하여 맛과 시각적 효과를 높인 케이크
- 공예과자 : 미적 효과를 살린 과자로 먹을 수 없는 재료의 사용이 가능
- 초콜릿과자 : 과자 배합에 초콜릿을 사용하여 만든 제품과 코팅 또는 샌드를 하여 만든 제품
- 캔디류 : 설탕을 주재료로 사용하여 만든 제품

④ 지역적 특성에 따른 분류
- 한과
- 화과자
- 중화과자
- 양과자

4) 제과의 기본 제조 공정
① 반죽법 결정 : 제품의 종류와 특성에 따라 반죽 제조 방법을 결정한다.
② 배합표 작성 : 재료의 고형물질과 수분의 균형으로 배합을 결정한다.
③ 재료 계량 : 미리 작성한 배합표에 따라 재료의 무게를 정확히 계량한다.
④ 반죽 만들기 : 반죽의 적정 온도, 비중, pH를 맞춘다.
⑤ 정형ㆍ팬닝 : 과자의 모양을 만든다.
⑥ 굽기 또는 튀기기 : 제품의 성격에 따라 굽기 또는 튀기기를 한다.
⑦ 마무리 : 제품의 맛과 시각적 효과를 높인다.
⑧ 포장 : 저장ㆍ유통 과정에서 제품의 가치 충족과 품질 유지를 한다.

🅕 기적의 TIP

제과의 기본 제조 공정
반죽법 결정 → 배합표 작성 → 재료 계량 → 반죽 만들기 → 정형ㆍ팬닝 → 굽기 또는 튀기기 → 마무리 → 포장

02 재료 준비 및 계량

1) 반죽법 결정
제품의 종류와 특성에 따라 반죽 제조 방법을 결정한다.

2) 배합표 작성
① 제품을 만들기 위해 제품의 특성을 파악하고, 재료의 기능과 역할을 이해하여 필요한 재료의 비율을 결정한다.

✅ 개념 체크

케이크류의 제조와 관계가 먼 재료는?
① 강력분
② 박력분
③ 달걀
④ 설탕

①

② 배합표 작성법
- 베이커스 퍼센트(Baker's Percent) : 밀가루 양을 100% 기준으로 표기하고, 다른 재료가 차지하는 양을 %로 표기한다.
- 트루(참) 퍼센트(True Percent) : 전체 재료의 합을 100%로 하여 표기한다.

③ 배합량 계산법
- 밀가루 무게(g) = $\dfrac{\text{밀가루 비율(\%)} \times \text{총 반죽 무게(g)}}{\text{총 배합률(\%)}}$
- 각 재료의 무게(g) = 밀가루 무게(g) × 각 재료의 비율(%)
- 총 반죽 무게(g) = $\dfrac{\text{총 배합률(\%)} \times \text{밀가루 무게(g)}}{\text{밀가루 비율(\%)}}$

④ 고율배합과 저율배합

고율배합	저율배합
설탕 ≥ 밀가루	설탕 ≤ 밀가루
전체 액체(달걀+우유) 〉 밀가루	전체 액체(달걀+우유) ≤ 밀가루
전체 액체 〉 설탕	전체 액체 = 설탕
달걀 ≥ 쇼트닝	달걀 ≥ 쇼트닝

⑤ 고율배합과 저율배합의 반죽 상태 비교

현상	고율배합	저율배합
믹싱 중 공기 혼입 정도	많다	적다
반죽의 비중	낮다	높다
화학 팽창제 사용량	적다	많다
굽기 온도	낮다	높다

3) 재료 준비 및 계량

① 작성된 배합표에 따라 재료의 무게를 정확하게 계량한다.
② 재료의 전처리 : 반죽을 만들기 전에 준비하는 모든 작업을 말한다.
- 가루 재료 : 밀가루, 탈지분유, 설탕 등 가루 상태의 재료는 체로 쳐서 사용한다.
- 우유 : 살균 작업을 하고 사용한다.
- 유지 : 크림을 제조할 때는 적절한 유연성을 얻게 한다.
- 물 : 반죽의 되기와 흡수율에 따라 제품의 식감을 조절한다.
- 탈지분유 : 수분을 흡수하여 덩어리가 생기므로 설탕 또는 밀가루와 분산시켜 사용한다.

기적의 TIP

가루 재료를 체로 치는 이유
- 가루 속의 덩어리나 불순물을 제거한다.
- 재료를 고르게 분산시킨다.
- 밀가루의 15%까지 부피를 증가시킬 수 있다.
- 반죽에 흡수율이 증가한다.
- 가루에 공기를 혼입하여 제품을 구울 때 팽창 효과를 준다.

✓ 개념 체크

저율배합에 대한 고율배합의 상대적 비교로 옳지 않은 것은?
① 고율배합은 믹싱 중 공기 혼입이 많은 편이다.
② 고율배합의 제품은 높은 온도에서 단시간 굽는다.
③ 고율배합의 반죽 비중이 낮다.
④ 고율배합에는 화학 팽창제의 사용량을 감소한다.

②

4) 재료의 성분 및 특징

① 과자 재료의 물리 · 화학적 작용

• 팽창 작용 : 제품에 볼륨과 부드러움을 주는 성질로 화학적인 방법과 물리적인 방법이 있다(달걀, 유지, 화학 팽창제, 반죽 속의 수분 등).

• 보형성 : 반죽을 뭉치게 하여 제품의 모양을 만들어 주는 성질이다(물, 재료에 함유된 수분 등).

• 바삭한 식감 : 입에서 잘 녹거나 바삭하게 씹히는 맛으로 밀가루의 글루텐 힘을 약화시켜야 얻을 수 있다(유지, 설탕, 팽창제 등).

• 풍미 형성 : 제품의 풍미를 향상시킨다(설탕, 유제품, 소금, 달걀, 스파이스류, 양주 등).

• 구조 형성 : 제품의 모양과 형태를 유지시킨다(밀가루, 달걀, 우유, 분유 등).

• 연화 작용 : 제품의 식감을 부드럽고, 유연하게 한다(설탕, 유지, 베이킹파우더, 노른자 등).

② 밀가루

• 제품의 모양과 형태를 유지시키는 구조형성의 기능을 한다.

• 일반적인 케이크는 단백질 함량이 7~9%, 회분 함량이 0.4% 이하인 박력분을 사용한다.

• 더 가볍고 부드러운 케이크는 회분 함량이 0.35% 이하인 고급 박력분을 사용한다.

• 유지 함량이 많은 쿠키는 단백질을 9~10% 함유한 중력분을 사용하고, 더 부드럽고 바삭한 쿠키는 박력분을 사용한다.

• 고율배합의 반죽형 케이크에는 염소 표백이 잘 된 밀가루를 사용하며, 퍼프 페이스트리는 제조할 때 신장성이 필요하므로 강력분을 사용한다.

③ 설탕

• 감미제 : 제품에 단맛과 향을 낸다.

• 캐러멜화 : 캐러멜화 작용으로 껍질색을 진하게 한다.

• 수분 보유력 : 제품에 신선도를 오랫동안 유지시킨다.

• 연화작용 : 반죽의 연화작용으로 제품을 부드럽게 한다.

• 퍼짐과 윤활작용 : 쿠키의 퍼지는 비율을 조절할 수 있으며, 제품에 유동성을 준다.

④ 유지

• 크림성 : 믹싱 시 공기를 혼입하여 크림이 되는 성질이다.

• 쇼트닝성 : 제품에 부드러움과 바삭함을 주는 성질이다.

• 안정성 : 산소에 의하여 산패에 견디는 성질이다.

• 신장성 : 파이 제조 시 유지가 반죽 사이에서 밀어펴지는 성질이다.

• 가소성 : 고체에 힘을 주면 유동체(움직이는 성질)와 같은 성질을 띠고, 이 힘을 없애도 변형시킨 모양이 그대로 남는 성질이다.

⑤ 달걀
- 구조형성 : 밀가루와 함께 제품의 구조를 형성한다.
- 수분 공급제 : 전란의 75%가 수분으로 이루어져 있다.
- 결합제 : 커스터드 크림의 결합제 역할을 한다.
- 팽창제 : 반죽에 공기를 혼입하여 굽기 중 팽창한다.
- 유화제 : 노른자의 레시틴이 유화제 역할을 한다.

⑥ 우유
- 단백질을 함유하고 있어 제품의 구조를 형성한다.
- 우유에 함유된 유당은 껍질색을 진하게 하고 수분 보유제 역할을 한다.

⑦ 물
- 반죽의 되기를 조절하여 제품의 식감을 결정한다.
- 제품의 특성에 따라 반죽 온도를 조절한다.
- 밀가루에 결합하여 글루텐을 형성한다.
- 굽기 과정 중 반죽 내부에 증기압을 형성하여 팽창 작용을 한다.
- 순수 첨가하는 물과 우유, 달걀 같은 액체 재료에 함유된 수분, 건조 재료 중의 수분이 모두 포함된다.

⑧ 소금
- 다른 재료들과 함께 향미를 내게 한다.
- 설탕의 단맛을 순화시킨다.

⑨ 향료, 향신료
- 독특한 향은 제품을 차별화 한다.

⑩ 베이킹파우더
- 제품의 식감을 부드럽게 하는 연화작용을 한다.
- 화학적 팽창작용으로 인해 제품의 부피를 증가시킨다.

CHAPTER

02

제품 제조

반죽 및 반죽 관리

01 반죽법의 종류 및 특징

1) 반죽형 반죽

> 유지를 많이 사용하는 반죽법으로 화학 팽창제를 이용하여 부풀린 반죽이며 밀가루, 유지, 설탕, 달걀을 기본 재료로 만든다. 파운드 케이크, 레이어 케이크, 머핀 케이크, 과일 케이크, 마들렌 등이 있다.

① 크림법(Sugar Batter Method)
• 유지와 설탕을 혼합한 후 크림 상태로 만든다.
• 달걀을 나누어 넣으면서 부드러운 크림을 만든다.
• 밀가루와 건조재료를 혼합한다.
• 부피가 큰 제품을 만들 수 있다.

② 블렌딩법(Flour Batter Method)
• 유지와 밀가루를 섞어 유지막이 밀가루를 코팅하도록 혼합한다.
• 나머지 건조재료를 혼합하고, 액체재료 순서로 혼합한다.
• 글루텐이 만들어지지 않아 제품의 조직이 부드럽고 유연감이 좋다.

③ 설탕/물 반죽법
• 설탕과 물을 2:1로 하여 설탕을 녹여 사용한다.
• 설탕 입자가 남지 않아 고운 속결과 균일한 껍질색의 제품을 생산할 수 있고, 스크래핑(Scraping)이 필요 없다.
• 계량이 용이하고, 운반이 편리하여 대량 생산에 적합한 방법이다.

④ 1단계법
• 모든 재료를 한꺼번에 넣고 반죽하는 방법이다.
• 노동력과 시간이 절약된다.
• 유화제와 화학 팽창제를 사용하고, 믹서의 성능이 좋아야 한다.

🅑 기적의 TIP

제과법은 반죽을 만드는 방법에 따라 반죽형 반죽, 거품형 반죽, 시퐁형 반죽으로 분류한다.

🅑 기적의 TIP

블렌딩법
밀가루 입자가 유지와 먼저 결합하여 글루텐이 만들어지지 않아 유연감이 좋은 제품을 만들기에 적합하다.

✓ 개념 체크

반죽형 반죽 믹싱법에 대한 설명으로 옳지 않은 것은?

① 크림법은 유지, 설탕, 달걀로 크림을 만든다.
② 블렌딩법은 유지와 밀가루를 먼저 혼합한다.
③ 단단계법은 모든 재료를 한 번에 넣고 혼합한다.
④ 설탕/물법은 설탕 1, 물 2의 비율로 용해하여 액당을 만든다.

④

2) 거품형 반죽

달걀 단백질의 기포성과 유화성, 열에 대한 응고성(변성)을 이용한 반죽법이다. 전란을 사용하는 스펀지 반죽과 흰자만 사용하는 머랭 반죽으로 나눌 수 있다. 스펀지 케이크, 카스테라, 머랭, 엔젤 푸드 케이크 등이 있다.

① 스펀지 반죽
- 달걀에 설탕을 넣고 거품을 낸 후 다른 재료와 섞는 반죽이다.
- 공립법 : 흰자와 노른자를 함께 혼합하여 거품을 내는 방법이다.
  - 더운 방법 : 달걀과 설탕을 중탕하여 37~43℃까지 데운 후 거품을 내는 방법이다. 고율배합에 사용하며 기포성이 양호하다. 설탕의 용해도가 좋아 껍질색이 균일하다.
  - 찬 방법 : 중탕하지 않고 달걀과 설탕을 거품 내는 방법이다. 저율배합에 사용하며, 베이킹파우더를 사용할 수 있다.
- 별립법 : 달걀을 흰자와 노른자로 분리하여 각각에 설탕을 넣고 거품을 낸 후 다른 재료와 섞는 방법이다. 공립법에 비해 제품이 부드럽다.
- 단단계법 : 모든 재료를 한꺼번에 넣고 거품을 내는 방법이다. 믹서의 성능이 좋아야 하며 기포제, 기포 유화제를 첨가한다.
- 제노와즈법 : 스펀지 케이크 반죽에 유지를 넣어 만드는 방법으로, 부드러운 제품을 만들 수 있다. 유지는 60℃ 이상으로 중탕하여 반죽의 최종 단계에 넣어 가볍게 섞는다.

② 머랭 반죽
- 흰자에 설탕을 넣고 거품을 낸 반죽이다.
- 만드는 방법에 따라 냉제 머랭, 온제 머랭, 이탈리안 머랭, 스위스 머랭으로 구분한다.

3) 시퐁형 반죽

흰자와 노른자를 나누어 노른자는 거품 내지 않고, 흰자는 설탕을 넣어 거품형 머랭을 만든 후 화학 팽창제를 이용하여 팽창시킨 반죽이다. 반죽형 반죽과 거품형 반죽의 특징이 조합된 제품으로 시퐁 케이크가 대표적인 제품이다.

① 시퐁법
- 노른자와 식용유를 혼합하고 건조재료를 넣고 섞는다.
- 물을 나누어 넣으면서 매끄러운 상태로 만든다.
- 흰자는 설탕을 넣어 머랭을 만든 후, 위의 재료와 혼합한다.

기적의 TIP

머랭 제조 시 주의사항
- 흰자에 노른자가 들어가지 않도록 한다.
- 믹싱 용기에는 기름기가 없어야 한다.
- 고속으로 휘핑하여 흰자의 단백질을 단단하게 만들어 거품체를 탄력있게 한다.
- 마무리 단계에서 중속으로 휘핑하여 기포를 치밀하게 만든다.

개념 체크

달걀의 흰자와 노른자를 분리하여 별립법과는 다르게 제조하며 부드러운 식감의 제품을 만들 수 있는 제법은 무엇인가?

① 반죽형
② 거품형
③ 시퐁형
④ 복합형

③

02 반죽 온도

기적의 TIP

제품별 적정 반죽 온도
- 퍼프페이스트리 : 18~20℃
- 파이 : 18~20℃
- 쿠키 : 18~24℃
- 반죽형 케이크 : 20~24℃
- 파운드 케이크 : 20~24℃
- 레이어 케이크 : 22~24℃
- 스펀지 케이크 : 22~24℃
- 거품형 케이크 : 22~24℃

1) 반죽 온도의 개념

① 과자 제품의 본래 특성을 제대로 반영하고, 제품을 항상 균일하게 생산하려면 반죽의 온도를 일정하게 맞춰야 한다.
② 반죽 온도는 반죽물의 온도로 맞춘다.

2) 반죽 온도의 영향

① 반죽 온도가 낮은 경우 : 기공이 조밀해져 부피가 작고 식감이 나쁘며, 제품의 표면이 터지고 거칠다.
② 반죽 온도가 높은 경우 : 기공이 커져서 조직이 거칠고, 노화가 빠른 제품이 된다.

3) 반죽 온도 조절 공식

① 마찰계수
- 반죽 온도에 영향을 주는 마찰열을 수치로 환산한 것이다.
- 마찰계수 = (반죽 결과 온도×6) − (실내 온도 + 밀가루 온도 + 설탕 온도 + 쇼트닝 온도 + 달걀 온도 + 수돗물 온도)

② 물 온도 계산
- 희망하는 반죽 온도를 맞추기 위해 사용할 물 온도를 계산한다.
- 사용할 물 온도 = (희망 반죽 온도×6) − (실내 온도 + 밀가루 온도 + 설탕 온도 + 쇼트닝 온도 + 달걀 온도 + 마찰계수)

③ 얼음 사용량 계산
- 사용할 물 온도를 낮추기 위해 얼음을 사용하여 온도를 조절한다.
- 얼음 사용량(g) $= \dfrac{\text{물 사용량}\times(\text{수돗물 온도}-\text{사용할 물 온도})}{80+\text{수돗물 온도}}$

4) 배합표 작성

① 반죽형 케이크 : 20~24℃
② 거품형 케이크 : 22~24℃
③ 쿠키 : 18~24℃
④ 파이, 퍼프 페이스트리 : 18~20℃

03 반죽의 비중

1) 비중의 개념

① 같은 부피의 물 무게에 대한 같은 부피의 반죽 무게의 비율을 나타낸 값이다.
② 공기가 많이 포함될수록 비중이 낮고, 그 값이 작을수록 비중이 낮음을 의미한다.

2) 비중이 제품에 미치는 영향

① 비중이 낮은 경우 : 비중이 낮을수록 기공이 열려 조직이 거칠고 제품의 부피가 크다.
② 비중이 높은 경우 : 기공이 작고 조밀하여 무겁고 부피가 작다.

3) 비중 측정법

$$비중 = \frac{같은 \; 부피의 \; 반죽 \; 무게}{같은 \; 부피의 \; 물 \; 무게}$$

B 기적의 TIP

비중 측정법
과자 반죽의 비중은 비중컵
을 사용하여 측정한다.

4) 제품의 적정 비중

반죽 형태	비중	제품의 종류
반죽형 케이크	0.80~0.85	파운드 케이크, 옐로우 레이어 케이크, 데블스 푸드케이크, 초콜릿 케이크
거품형 케이크	0.50~0.60	버터 스펀지 케이크, 멥쌀 스펀지 케이크
	0.40~0.50	시퐁 케이크, 롤 케이크

04 반죽의 pH

1) pH의 개념

① 제품이 요구하는 품질에 따라 적정 pH(수소이온농도)가 있다.
② pH의 범위는 1~14로 표시하며, pH7(중성)을 중심으로 숫자가 작으면 산성, 크면
알칼리성이다.
③ pH1의 차이는 수소이온농도 10배 차이가 난다.

2) 제품의 적정 pH

① 엔젤 푸드 케이크 : 5.2~6.0　　　② 옐로우 레이어 케이크 : 7.2~7.6
③ 화이트 레이어 케이크 : 7.4~7.8　　④ 스펀지 케이크 : 7.3~7.6
⑤ 초콜릿 케이크 : 7.8~8.8　　　　⑥ 데블스 푸드 케이크 : 8.5~9.2

3) 산도가 제품에 미치는 영향

산이 강한 경우	알칼리가 강한 경우
• 기공이 조밀하다.	• 기공이 거칠다.
• 껍질색과 속색이 여리다.	• 껍질색과 속색이 어둡다.
• 향이 연하다.	• 향이 강하다.
• 톡 쏘는 신맛이 난다.	• 소다맛이 난다.
• 제품의 부피가 빈약하다.	• 정상보다 제품의 부피가 크다.

4) pH 조절

① pH를 낮추고자 할 때는 주석산이나 식초를, 높이고자 할 때는 중조를 첨가한다.
② 제품의 향과 색을 진하게 하려면 알칼리로, 연하게 하려면 산성쪽으로 조절한다.

충전물·토핑물 제조

01 충전물

① 파이, 타르트, 슈, 페이스트리 등의 제품에 내용물을 넣어서 굽거나, 구운 후에 제품의 속에 내용물을 채우는 것이다.
② 일반적으로 필링(Filling)이라 부르며, 과일을 이용하거나 크림을 만들어 충전한다.
③ 충전물은 성형할 때 넣어 굽는 형태나 구운 후 충전하는 형태로 사용할 수 있다.

02 충전물의 종류

1) 과일 충전물
① 신선한 과일은 설탕 절임으로 하여 만들고, 건조 과일은 물에 불려 사용한다.
② 냉동 과일, 통조림 과일은 과즙을 분리하여 호화시켜 사용한다.

2) 크림 충전물
① 크림류는 재료의 특성상 세균의 번식이 쉬우므로 밀폐하여 냉장고에 보관하여 안전하고 위생적으로 사용한다.
② 버터 크림 : 유지를 크림 상태로 만든다. 설탕, 물, 물엿을 114~118℃로 끓여서 식힌 시럽을 조금씩 넣으면서 계속 믹싱한다. 마지막에 연유, 술, 향료(에센스 타입)를 넣는다.
③ 커스터드 크림 : 우유, 달걀, 설탕을 섞고, 안정제로 옥수수 전분이나 박력분을 넣어 끓인 크림이다. 달걀이 크림의 점성과 결합제 역할을 한다.

B 기적의 TIP

끓인 시럽이 냉각되는 동안 설탕의 재결정화를 방지하기 위해 주석산을 사용한다.

④ 휘핑 크림

- 생크림(Fresh Cream) : 유지방을 18% 이상 함유한 크림이다. 크림 100에 대하여 5~10%의 설탕 또는 분설탕을 넣어 휘핑하여 사용하고, 보관이나 작업 시 3~7℃로 냉각시켜 사용한다.
- 디프로매트 크림 : 커스터드 크림과 무가당 휘핑 크림을 1:1의 비율로 혼합하여 만든 크림이다.
- 휘핑 크림 : 식물성 지방을 함유한 크림으로 기포성과 안정성을 강화한 제품이다. 온도 4~6℃에서 휘핑하고, 무가당 크림은 5~10%의 설탕을 넣어 오버런 85~90% 정도로 휘핑 후 사용한다.
⑤ 가나쉬 크림 : 초콜릿에 생크림의 양을 조절하여 만든 초콜릿 크림으로 기본 배합은 초콜릿과 생크림이 1:1이지만, 생크림의 양에 따라 부드러움을 조절할 수 있다.
⑥ 아몬드 크림 : 버터, 설탕, 달걀, 아몬드 분말 등을 재료를 사용하여 제조한다. 크림법을 이용하여 제조할 때 분리되지 않도록 주의하고, 가열하여 사용한다.

B 기적의 TIP

오버런(Over Run)
- 휘핑 후 크림이 부푼 정도 (공기 포집 정도)를 나타낸 것으로, 오버런 100%는 체적이 2배로 증가된 것을 나타낸다.
- 오버런(%)= $\dfrac{\text{휘핑 후 부피} - \text{휘핑 전 부피}}{\text{휘핑 전 부피}}$

3) 충전물용 농화제

① 종류 : 옥수수 전분, 타피오카 전분, 감자 전분, 쌀 전분, 식물성 검류 등
② **사용 목적**

- 충전물을 조릴 때 호화 속도를 촉진한다.
- 충전물이 냉각되었을 때 적정 농도를 유지한다.
- 광택을 제공하고, 과일에 들어있는 산의 작용을 없앤다.
- 과일의 색과 향을 조절한다.
- 전분은 시럽에 사용하는 설탕 사용량(100%)의 28.5%, 물 사용량의 8~11%, 설탕을 함유한 시럽의 6~10%를 사용한다.

03 토핑물

1) 토핑물의 개념

① 제품을 성형하고 굽기 전에 제품 위에 얹거나 굽기 공정 후 제품 위에 얹어 시각적인 효과를 높이고 맛을 좋게 한다.
② 토핑물은 충전물의 재료와 상호 보완하여 사용하기도 한다.

2) 토핑물의 종류

① 견과류 : 아몬드, 땅콩, 피칸, 캐슈너트, 은행, 잣 등
② 초콜릿
③ 냉동 건과일
④ 설탕

팬닝

🅑 기적의 TIP

각 제품의 적정 팬 높이
• 레이어 케이크 : 팬 높이의
  45~50%
• 스펀지 케이크 : 팬 높이의
  50~60%
• 엔젤 푸드 케이크 : 팬 높이
  의 60~70%

01 팬닝

① 여러 가지 모양을 갖춘 틀에 적정량의 반죽을 채워 넣거나 구워 형태를 만드는 과정을 말한다.

② 과자 반죽은 제품마다 적정한 비중과 상태가 다르기 때문에 사용하고자 하는 틀의 부피를 계산하여 팬닝한다.

③ 반죽 무게 $= \dfrac{\text{틀 부피}}{\text{비용적}}$

02 틀 부피 계산법

① 곧은 옆면을 가진 원형틀의 부피(cm^3) = 밑넓이×높이 = 반지름×반지름×3.14× 높이

② 옆면이 경사진 원형틀의 부피(cm^3) = 평균 반지름×평균 반지름×3.14×높이

③ 옆면이 경사지고 중앙에 경사진 관이 있는 원형틀의 부피(cm^3) = 전체 둥근틀 부피 – 관이 차지한 부피

④ 옆면이 경사진 사각틀의 부피(cm^3) = 평균 가로길이×평균 세로길이×높이

03 제품의 비용적

① 반죽 1g당 차지하는 부피(cm^3/g)를 나타낸다.

② 같은 크기의 용기에 같은 양의 반죽을 넣었을 때 가장 작은 부피를 나타내는 것은 파운드 케이크이고, 가장 큰 부피를 나타내는 것은 스펀지 케이크이다.

• 파운드 케이크 : 2.40cm3/g
• 레이어 케이크 : 2.96cm3/g
• 엔젤 푸드 케이크 : 4.71cm3/g
• 스펀지 케이크 : 5.08cm3/g

성형

01 과자의 성형 방법

① 짜내기 : 모양깍지를 사용한 짤주머니에 반죽을 채워 일정한 크기로 철판에 짜놓는 방법이다.

② 찍어내기 : 반죽을 밀어펴서 원하는 모양의 틀을 사용하여 찍어내는 방법이다.

③ 접어밀기 : 밀가루 반죽에 유지를 감싼 뒤 밀어펴고 접기를 되풀이하는 방법이다.

02 파운드 케이크

밀가루, 설탕, 달걀, 유지를 1파운드(Pound, 약 434g)씩 같은 양을 배합하여 만든 케이크이다.

1) 재료의 사용 범위

밀가루(100%), 설탕(75~125%), 쇼트닝(40~100%), 달걀(40~100%)

2) 배합률 조정 공식

① 쇼트닝 ≤ 달걀

② 달걀 + 우유 ≥ 설탕 또는 밀가루(저율배합 시 액체 사용량 감소)

③ 유지 사용량이 증가하면 → 전란 증가, 우유 감소, 베이킹파우더 감소, 소금 증가

3) 제조 공정

① 반죽형 반죽(크림법, 블렌딩법, 1단계법, 설탕/물법)의 제법 중 선택한다. 가장 일반적으로 크림법을 선택한다.

② 유지, 설탕, 소금을 섞는다.

③ 달걀을 조금씩 넣어 부드러운 크림을 만든다.

④ 밀가루와 나머지 재료를 넣고 가볍게 섞는다.

⑤ 반죽 온도 20~24℃, 비중 0.75~0.85

⑥ 팬닝 : 파운드 틀의 안쪽에 종이를 깔고 틀 높이의 70% 정도 반죽을 채운다. 반죽 1g당 2.4cm3/g의 용적을 차지한다.

🅑 기적의 TIP

반죽형 케이크의 윗면이 터지는 경우
• 반죽의 수분이 부족하거나 불충분할 때
• 반죽에 녹지 않은 설탕이 있을 때
• 높은 온도에서 구워 껍질이 빨리 형성될 때
• 틀에 채운 후 바로 굽지 않아 반죽 표피가 말랐을 때

⑦ 굽기 : 반죽량이 많은 제품은 170~180℃, 크기가 작은 제품은 180~190℃에서 굽는다. 윗면을 자연스럽게 터트려 굽거나, 터지지 않게 하려면 터지는 원인을 미리 없애거나 굽기 전에 증기를 분무하여 굽는다.

4) 응용 제품

① 마블 케이크 : 일반 파운드 케이크 반죽 1/4~1/3에 코코아 또는 초콜릿을 첨가하여 반죽을 만든 후 나머지 흰 반죽과 섞어 대리석 무늬를 만든 케이크이다.

② 과일 파운드 케이크
• 파운드 케이크의 전체 반죽에 25~50%의 과일을 첨가하여 만든 케이크이다.
• 과일은 건조 과일을 사용하거나 시럽에 담근 과일을 사용한다. 시럽에 담근 과일은 사용 전에 물을 충분히 뺀 뒤 사용한다.
• 과일은 반죽과 섞기 전에 밀가루에 묻혀 사용하면 가라앉은 것을 방지할 수 있다.
• 과일류는 믹싱 최종 단계에 넣는다.

🅑 기적의 TIP

• 설탕 사용량이 많을수록 수분 사용량이 늘어나 노화가 지연된다.
• 우유는 탈지분유 10%에 물 90%로 대체 가능하다.
• 주석산 크림은 흰자의 구조와 내구성을 강화시키고, 흰자의 산도를 높여 케이크의 속색을 희게 한다.
• 천연 코코아 사용 시 코코아의 7%에 해당하는 중조(탄산수소나트륨)를 사용한다. 단, 중조를 사용하면 이산화탄소가 발생하기 때문에 베이킹파우더 사용량을 줄인다(중조는 베이킹파우더의 3배 발생 효과).
• 유화제 처리가 안 된 쇼트닝을 쓸 경우 쇼트닝의 6~8%에 해당하는 유화제를 첨가한다.

03 레이어 케이크

반죽형 반죽 과자의 대표적인 제품으로 설탕 사용량이 밀가루 사용량보다 많은 고율 배합 제품이다.

1) 재료의 사용 범위

✅ 개념 체크

파운드 케이크 제조 시 윗면이 터지는 경우가 아닌 것은?
① 굽기 중 껍질 형성이 느릴 때
② 반죽 내의 수분이 불충분할 때
③ 설탕 입자가 용해되지 않고 남아 있을 때
④ 반죽을 팬에 넣은 후 굽기까지 장시간 방치할 때

①

재료	옐로우 레이어 케이크	화이트 레이어 케이크	데블스 푸드 케이크	초콜릿 케이크
	사용 범위(%)			
밀가루(박력분)	100	100	100	100
설탕	110~140	110~160	110~180	110~180
쇼트닝	30~70	30~70	30~70	30~70
달걀, 흰자	달걀=쇼트닝×1.1	달걀=쇼트닝×1.43	달걀=쇼트닝×1.1	달걀=쇼트닝×1.1
탈지분유	변화	변화	변화	변화
물	변화	변화	변화	변화
베이킹파우더	2~6	2~6	2~6	2~6
소금	1~3	1~3	2~3	2~3
주석산 크림	–	0.5	–	–
코코아	–	–	15~30	–
초콜릿	–	–	–	24~48
향료	0.5~1.0	0.5~1.0	0.5~1.0	0.5~1.0
유화제	6~8	6~8	2~6	2~6

〈배합률 조정공식 순서〉 1. 설탕, 쇼트닝 양을 먼저 결정 2. '달걀→우유→분유→물' 순서대로 양을 산출	• 달걀=쇼트닝×1.1 • 우유=설탕+25 −달걀 • 분유=우유×0.1 • 물=우유×0.9	• 흰자=쇼트닝× 1.43 • 우유=설탕+30− 흰자 • 분유=우유×0.1 • 물=우유×0.9	• 달걀=쇼트닝×1.1 • 우유=설탕+30+ (코코아×1.5)−달 걀 • 분유=우유×0.1 • 물=우유×0.9 • 중조=천연코코아 ×7% (더치코코아 사용 시 중조 불필요) • 베이킹파우더 = 원래 사용하던 양−(중조×3)	• 달걀=쇼트닝×1.1 • 우유=설탕+30(코 코아×1.5)−달걀 • 초콜릿=코코아+ 코코아버터 • 코코아=초콜릿양 ×62.5%(=5/8) • 카카오버터= 초콜릿양× 37.5%(=3/8) • 조절한 유화 쇼트 닝=원래 유화 쇼 트닝−(카카오버 터×1/2)

2) 제조 공정

① 믹싱

- 반죽형 반죽으로 만들 수 있는 제법 모두 이용할 수 있으며, 크림법이 가장 일반적이다. 데블스 푸드 케이크는 블렌딩법으로 제조한다.
- 반죽 온도 : 22~24℃
- 반죽 비중 : 0.85~0.9

② 팬닝 : 팬의 55~60% 정도 반죽을 채운다.

③ 굽기 : 180~200℃에서 25~35분간 굽는다.

04 스펀지 케이크

거품형 반죽 과자의 대표적인 제품으로 밀가루, 달걀, 설탕, 소금을 사용하여 만든다.

1) 재료의 사용 범위

밀가루(100%), 달걀(166%), 설탕(166%), 소금(2%)

2) 사용 재료의 특성

① 부드러운 제품을 만들고자 할 경우에는 박력분을 사용한다.

② 중력분 사용 시 전분(12% 이하)을 섞어 사용할 수 있다.

③ 설탕은 달걀 기포의 안정성을 증가시키고, 제품에 보습성과 부드러움을 준다. 설탕을 최저 사용량(밀가루 기준 100%) 이하로 사용하면 제품의 껍질이 갈라지고, 너무 많으면 제품이 끈적거린다.

3) 제조 공정

① 믹싱 : 공립법, 별립법 중에서 선택한다.

② 팬닝 : 철판 또는 원형틀에 50~60% 정도 반죽을 채운다.

③ 굽기 : 반죽의 양이 많거나 높이가 높은 경우 180~190℃의 낮은 온도에서, 반죽 양이 적거나 얇은 경우 204~213℃에서 굽는다. 스펀지 케이크는 달걀 함량이 높기 때문에 굽기가 끝나면 즉시 팬에서 꺼내야 냉각 중 과도한 수축을 막을 수 있다.

05 롤 케이크

> 스펀지 케이크를 변형시킨 제품이다.

1) 제조 공정

① 거품형 반죽에서 전란을 사용하여 만드는 스펀지 반죽으로 만든다.

② 스펀지 반죽을 만드는 제법인 공립법, 별립법, 1단계법 중에서 선택한다.

③ 설탕 100%에 대하여 달걀량을 75~200%까지 사용할 수 있다. 일반 스펀지 케이크에 비해 달걀 사용량이 많아 수분 함량이 높다.

④ 혼합할 때 덩어리가 생기지 않도록 한다. 혼합이 지나치면 반죽의 거품이 파괴되거나 끈기가 생겨 단단하고 질긴 제품이 된다.

2) 롤 케이크 말기를 할 때 표면의 터짐을 방지하는 방법

① 설탕의 일부는 물엿과 시럽으로 대치한다.

② 덱스트린을 사용하여 점착성을 증가시킨다.

③ 팽창이 과다하지 않도록 팽창제 사용과 믹싱 상태를 조절한다.

④ 반죽 온도가 너무 낮거나 비중이 높지 않도록 믹싱한다.

⑤ 노른자의 비율이 높은 경우 노른자를 줄이고 전란을 증가시킨다.

⑥ 밑불이 너무 강하지 않도록 하여 굽는다.

⑦ 겉면이 마르기 때문에 오버 베이킹을 하지 않는다.

3) 충전물 또는 젤리가 축축한 원인과 조치사항

① 원인

• 배합에 수분이 많거나 높은 온도로 단시간 굽기를 했을 경우

• 조직이 조밀하고 습기가 많을 경우

• 팽창이 부족했을 경우

② 조치 : 물 사용량 감소, 믹싱 증가, 굽는 온도를 낮추고 시간을 늘린다.

기적의 TIP

롤 케이크를 말 때
크림과 같은 충전물은 냉각 후에, 젤리는 뜨거울 때나 냉각이 된 후에 고르게 펴 바른 뒤 반듯하게 만다.

개념 체크

스펀지 케이크의 굽기 과정 중에 나타나는 현상이 아닌 것은?

① 공기 팽창
② 전분의 호화
③ 단백질 응고
④ 밀가루 혼합

④

06 엔젤 푸드 케이크

거품형 케이크이며 달걀의 흰자만을 사용하여 만든 제품이다.

1) 재료의 사용 범위(True%, 전체 100%)

흰자(40~50%), 설탕(30~42%), 주석산 크림(0.5~0.625%), 소금(0.375~0.5%), 박력분(15~18%)

2) 배합률 조정 공식

① 흰자 사용량을 결정한다.

② 밀가루 사용량을 결정한다.

③ 주석산 크림, 소금 사용량을 결정한다(주석산＋소금＝1%).

④ 설탕 사용량을 결정한다.

• 설탕＝100－(흰자＋밀가루＋1)

• 설탕×2/3＝입상형 설탕, 설탕×1/3＝분당

⑤ 제품의 풍미를 더욱 살리기 위해 당밀을 넣을 경우, 8~10%를 사용한다.

3) 사용 재료의 특성

① 표백이 잘 된 특급 박력분을 사용한다.

② 주석산 크림은 흰자의 알칼리성을 중화시켜 튼튼한 거품을 만든다.

③ 머랭과 함께 주석산 크림을 섞는 산전처리법은 튼튼하고 탄력있는 제품을 만들 때 사용하고, 밀가루 등의 가루와 섞는 산후처리법은 부드러운 기공과 조직을 가진 제품을 만들 때 사용한다.

4) 제조 공정

① 주석산 크림을 넣는 시기에 따라 산전처리법, 산후처리법이라고 한다.

• 산전처리법은 흰자에 소금, 주석산 크림을 넣고 거품을 내면서 전체 설탕의 2/3를 2~3회 나누어 넣고 중간 피크의 머랭을 만든다. 분당과 밀가루를 체에 쳐서 넣고 가볍게 섞는다.

• 산후처리법은 흰자를 젖은 피크 머랭을 만들어, 전체 설탕의 2/3를 입상형 설탕으로 2~3회 나누어 넣고 중간 피크의 머랭을 만든다. 주석산 크림과 소금을 분당, 밀가루와 함께 체에 쳐서 넣고 가볍게 섞는다.

② 팬닝 : 틀에 이형제로 물을 분무하고 반죽을 60~70% 채운다.

③ 굽기 : 오버 베이킹(Over Baking) 시 제품의 수분 손실량이 많다.

기적의 TIP

엔젤 푸드 케이크 제품만 True(%)로 배합표를 작성하는 이유
• 밀가루와 흰자 사용량의 교차 선택
• 주석산 크림과 소금 사용량의 교차 선택

기적의 TIP

흰자 거품(기포)의 상태
• 1단계(젖은 피크) : 흰자의 거품이 약간 휘핑되어 수분이 많아서 쉽게 흘러 내리는 정도
• 2단계(중간 피크) : 더욱 휘핑이 되어 거품기에 묻혀 들면 끝이 휘고, 거품이 미세하고 윤기가 나는 정도
• 3단계(건조 피크) : 완전히 휘핑한 거품으로 매우 단단한 정도

07 퍼프 페이스트리

> 반죽에 유지를 감싸서 결을 형성시키는 과자 제품으로 프렌치 파이라고도 한다.

1) 재료의 사용 범위

강력분(100%), 유지(100%), 물(50%), 소금(1~2%)

2) 사용 재료의 특성

① 밀가루는 유지를 지탱할 수 있는 양질의 강력분을 사용한다.

② 유지는 본 반죽에 넣는 것과 충전용으로 나눈다. 본 반죽에 넣는 유지를 증가시킬 수록 밀어펴기는 쉽게 되지만 결이 나빠지고 부피가 줄게 되므로 50% 미만으로 사용한다. 충전용이 많을수록 결이 분명해지고 부피가 커지는 반면, 밀어펴기가 어려워진다.

③ 충전용 유지는 융점이 높고 가소성과 신장성이 좋은 롤인용 유지를 사용한다.

3) 제조 공정

① 반죽법

• 반죽형(스코틀랜드식) : 유지를 호두 크기로 잘라 물, 밀가루와 섞어 반죽하는 간편 한 방법이다. 덧가루가 많이 들고 제품이 단단하다.

• 접기형(프랑스식) : 밀가루, 유지, 물로 반죽을 만든 후 유지를 싸서 밀어편다. 결 이 균일하고 부피가 커진다.

② 정형

• 반죽이 건조하지 않게 30분 이상 냉장(0~4℃) 휴지시킨다.

• 전체적으로 똑같은 두께로 밀어 편다.

• 잘 드는 칼을 이용하여 원하는 모양으로 자른다.

• 정형 후 굽기 전에 30~60분간 휴지시킨다.

• 달걀물을 칠한다.

③ 굽기

• 일반적으로 고온(200℃ 이상)에서 굽는다.

• 굽는 온도가 낮으면 글루텐이 말라 신장성이 줄고 증기압이 발생하지 않아 부피가 작고 묵직해진다. 굽는 온도가 높으면 껍질이 먼저 생겨 글루텐의 신장성이 작은 상태에서 팽창이 일어나 제품이 갈라진다.

• 제품에 색이 나기 전에 오븐 문을 열면 주저앉으므로 색이 날 때까지 열지 않는다.

🅑 기적의 TIP

구울 때 유지가 흘러나오는 원인

• 밀어펴기의 부적절
• 과도한 밀어펴기
• 박력분 사용
• 오래된 반죽 사용
• 지나치게 높거나 낮은 오븐 온도

쇼트(바삭한) 페이스트리 또는 아메리칸 파이라고도 한다. 파이 반죽에 여러 가지 충전물을 채워 다양한 맛의 제품을 만든다.

1) 재료의 사용 범위

밀가루(100%), 쇼트닝(40~80%), 찬물(25~50%), 소금(1~3%), 탈지분유(0~4%), 설탕(0~6%), 달걀(0~6%)

2) 사용 재료의 특성

① 밀가루는 비표백 중력분을 쓰거나, 박력분 60%와 강력분 40%를 섞어 쓰기도 한다.
② 유지는 가소성이 높은 쇼트닝 또는 파이용 마가린을 쓴다.
③ 착색제로는 설탕, 포도당, 물엿, 분유, 탄산수소나트륨(중조), 버터, 달걀칠 등을 사용한다.

3) 제조 공정

① 반죽
- 밀가루와 유지를 섞어 유지의 입자가 콩알만한 크기가 될 때까지 다진다. 유지의 입자 크기에 따라 파이의 결이 결정된다. 유지의 입자가 클수록 긴 결을 나타내고, 미세한 입자에는 결이 나타나지 않는다.
- 소금, 설탕, 분유 등을 녹인 찬물을 넣고 물기가 없어질 때까지 반죽한다.
- 냉장고에서 반죽이 마르지 않게 하여 4~24시간 휴지시킨다.

② 성형
- 반죽을 밀어펴서 틀의 크기에 맞게 재단하여 팬에 깔고 성형한다.
- 껍질 가장자리에 물칠을 하고 충전물을 얹는다.
- 위, 아래 껍질은 충전물이 새어 나오지 않도록 잘 붙인 뒤 남은 반죽은 잘라내고, 달걀물을 칠하여 껍질색을 좋게 한다.

③ 굽기
- 높은 온도(220℃)에서 굽는다.
- 너무 낮은 온도에서 구우면 충전물이 끓어 넘치고, 바닥이 축축해진다.

기적의 TIP

파이 반죽의 휴지 목적
- 전체 재료를 수화시킨다.
- 유지와 반죽의 굳은 정도를 같게 한다.
- 밀어펴기를 용이하게 한다.
- 끈적거림을 방지하여 작업성을 좋게 한다.

4) 파이 제품의 결점과 원인

① 충전물이 끓어 넘쳤다.

- 껍질에 수분이 많았다.
- 위, 아래 껍질을 잘 붙이지 않았다.
- 껍질에 구멍을 뚫지 않았다.
- 오븐 온도가 낮다.
- 충전물의 온도가 높다.
- 바닥 껍질이 얇다.
- 천연산이 많이 든 과일을 썼다.
- 과일 충전물에 설탕이 너무 적었다.

② 파이 껍질이 단단하고 정형·굽기 중 수축한다.

- 강력분을 사용하였다.
- 반죽 시간과 휴지 시간이 부족했다.
- 지나치게 반죽하고 밀어폈다.
- 자투리 반죽을 많이 사용했다.
- 바닥 껍질이 윗 껍질보다 얇다.
- 틀이나 철판에 기름칠을 잘못하여 반죽이 달라붙었다.

③ 파이 바닥 껍질이 축축하다.

- 오븐의 윗불 온도가 높으면 파이 바닥 껍질이 익기 전에 위 껍질의 색깔로 판단하여 오븐에서 잘못 꺼내기 쉽다.
- 오븐의 아랫불 온도가 낮다.
- 구운 뒤에도 눅눅하다.
- 파이의 바닥 반죽이 고율배합이다.
- 바닥 반죽이 얇다.

---

09 케이크 도넛

> 화학 팽창제를 사용하여 팽창시키며 도넛의 껍질 안쪽 부분이 보통의 케이크와 조직이 비슷하여 붙여진 이름이다.

1) 사용 재료의 특성

① 밀가루는 중력분을 사용한다.

② 프리믹스 : 밀가루에 팽창제, 설탕, 분유를 섞은 것으로, 물만 넣어 반죽할 수 있도록 만든 가루이다. 도넛용 프리믹스에 사용하는 밀가루는 수분 함량이 11% 이하이고, 수분 흡수율이 높다.

③ 달걀 노른자의 레시틴은 유화제 역할을 하며, 달걀은 구조 형성 재료로 도넛을 튼튼하게 하며 수분을 공급한다.

2) 제조 공정

① 공립법 또는 크림법으로 제조한다.

② 반죽 온도는 22~24℃이다.

③ 휴지 후 성형을 한다.

④ 휴지시킨 반죽을 1cm 두께로 밀어펴고, 도넛용 틀로 찍는다.

⑤ 10분 동안 휴지시킨다.

⑥ 튀김 온도 : 180~195℃

- 발연점이 높고, 산패가 느리며 안정성이 큰 면실유가 좋다.
- 튀김기에 붓는 기름의 적정 깊이는 12~15cm 정도이다. 기름이 적으면 도넛을 뒤집기 어렵고, 과열되기 쉽다. 반면에 기름이 너무 많으면 온도를 높이는 데 시간이 많이 걸리고 기름이 낭비된다.
- 튀김기름의 4대 적 : 온도, 공기, 수분, 이물질

⑦ 마무리로 충전과 아이싱을 한다.

- 충전물은 도넛이 충분히 냉각된 후 충전한다.
- 글레이즈나 퐁당 아이싱은 45~50℃로 데워 도넛이 식기 전에 아이싱한다.
- 도넛 설탕이나 계피 설탕은 도넛의 점착력이 큰 온도인 40℃ 전후에 뿌린다.

기적의 TIP

휴지의 효과
- 이산화탄소가 발생하여 반죽이 부푼다.
- 각 재료에 수분이 흡수된다.
- 표면이 쉽게 마르지 않는다.
- 밀어펴기 등 작업이 쉬워진다.

3) 도넛의 주요 문제점

① 발한 현상

- 도넛에 묻힌 설탕이나 글레이즈가 수분에 녹아 시럽처럼 변하는 현상이다.
- 설탕에 대한 수분이 많거나 온도가 상승하면 일어난다.
- 발한 방지 방법
  - 설탕 사용량을 늘리거나 튀김 시간을 늘린다.
  - 충분히 냉각(40℃ 전후)을 하고 아이싱을 한다.
  - 설탕 점착력이 높은 튀김기름을 사용한다.
  - 포장용 도넛의 수분 함유량은 21~25% 정도이다.

② 황화·회화 현상

- 지방이 도넛 설탕을 적시는 현상으로 기름이 신선하면 노랗게(황화), 오래된 기름이면 회색빛(회화)으로 바뀐다.
- 경화제인 스테아린을 튀김기름의 3~6% 첨가하여 방지할 수 있다.

③ 도넛에 기름이 많은 원인

- 설탕, 유지, 팽창제의 사용이 많았다.
- 튀김 시간이 길었다.
- 튀김 온도가 낮았다.
- 믹싱시간이 짧아 글루텐이 부족했다.
- 반죽에 수분이 너무 많았다.

개념 체크

도넛의 튀김 온도로 가장 적당한 범위는?

① 100~110℃
② 140~150℃
③ 180~195℃
④ 230~250℃

③

10 쿠키

수분 함량이 낮고(5% 이하) 크기가 작은 과자와, 케이크 반죽을 그대로 사용하여 만든 수분이 많고(30% 이상) 크기가 작은 생과자 등이 있다. 쿠키의 적정 포장·보관 온도는 10℃이다.

1) 반죽 특성에 따른 분류

① 반죽형 반죽 쿠키
- 드롭(소프트) 쿠키 : 달걀의 사용량이 많아 반죽형 쿠키 중에서 가장 수분이 많은 짜는 형태의 쿠키이다.
- 스냅(슈거) 쿠키 : 밀어펴는 형태의 쿠키이다. 달걀 사용량이 적고, 낮은 온도에서 오랫동안 구워 건조하고 바삭한 식감의 쿠키이다.
- 쇼트브레드 쿠키 : 스냅 쿠키와 배합이 비슷하지만 유지 사용량이 더 많은 것이 특징이다. 밀어펴는 형태의 쿠키이며, 식감은 부드럽고 바삭하다.

② 거품형 반죽 쿠키
- 머랭 쿠키 : 달걀 흰자와 설탕으로 만든 머랭을 주재료로, 낮은 온도(100℃ 이하)에서 건조시켜 굽는 짜는 형태의 쿠키이다. 아몬드 분말과 코코넛을 넣으면 마카롱이 되며, 마카롱은 밀가루를 사용하지 않는다.
- 스펀지 쿠키 : 모든 쿠키 중에서 수분이 가장 많은 쿠키이다. 전란을 사용하는 공립법으로 만들며, 짤주머니로 짜서 성형한다. 반죽을 철판에 짜내고, 모양을 유지하도록 실온에서 말린 후 굽는 핑거 쿠키(Finger Cookies)가 있다.

2) 제조 특성에 따른 분류

① 밀어펴서 정형하는 쿠키 : 쇼트브레드 쿠키, 스냅 쿠키
② 짜는 형태의 쿠키 : 드롭 쿠키, 거품형 쿠키
③ 아이스박스 쿠키 : 냉동 쿠키

🅑 기적의 TIP

쿠키의 퍼짐에 영향을 주는 요인
- 과도한 퍼짐
  - 과다한 팽창제 사용
  - 묽은 반죽
  - 낮은 오븐 온도
  - 알칼리성 반죽
  - 설탕 입자가 크거나 많은 양의 설탕 사용
- 부족한 퍼짐
  - 된 반죽
  - 높은 오븐 온도
  - 과도한 믹싱
  - 산성 반죽
  - 설탕 입자가 작거나 적은 양의 설탕 사용

✔ 개념 체크

쇼트브레드 쿠키 제조 시 휴지를 시킬 때 성형을 용이하게 하기 위한 조치는?
① 반죽을 뜨겁게 한다.
② 반죽을 냉장고에 휴지시켜 차게 한다.
③ 휴지 전 단계에서 오랫동안 믹싱한다.
④ 휴지 전 단계에서 짧게 믹싱한다.

②

모양이 양배추 같다고 해서 슈(Choux)라고 부르며, 주로 내부에 크림을 넣어 이용하여 슈크림이라고도 한다. 밀가루를 먼저 익힌 뒤 굽는 것이 특징이다. 물, 유지, 밀가루, 달걀을 기본 재료로 해서 만든다.

1) 재료의 사용 범위

밀가루(100%), 버터(100%), 달걀(200%), 물(125%), 소금(1%)

2) 제조 공정

① 반죽

- 물에 소금과 유지를 넣고 센 불에서 끓인다.
- 밀가루를 넣고 계속 휘저으면서 완전히 호화가 될 때까지 젓는다.
- 60~65℃로 냉각시킨 다음 달걀을 소량씩 넣으면서 매끈한 반죽을 만든 후 베이킹 파우더를 넣고 균일하게 혼합한다.
- 평철판 위에 짠 후, 굽기 중에 껍질이 너무 빨리 형성되는 것을 막기 위해 물을 뿌려 준다.

② 굽기

- 초기에는 아랫불을 높여 굽다가 표피가 갈라지고 밝은 색깔이 나면 아랫불을 줄이고 윗불을 높여 굽는다.
- 찬 공기가 들어가면 슈가 주저앉게 되므로 팽창 과정 중에 오븐 문을 여닫지 않도록 한다.
- 210~220℃ 온도에서 20~30분간 굽는다.

기적의 TIP

슈에 설탕이 들어가면 나타나는 현상
- 표면에 균열이 생기지 않고 매끄럽게 된다.
- 내부의 공간 형성이 좋지 않다.

기적의 TIP

슈를 만들 때 유의사항
- 평철판에 기름칠을 많이 하면 반죽이 퍼져서 구운 뒤 제품이 평평해진다.
- 철판에 반죽을 짜놓고 오래 방치하면 표면이 말라(껍질 형성) 구울 때 터지게 된다.
- 제품을 습도가 높은 곳에 노출시키면 수분을 흡수하여 축축하게 된다.

개념 체크

슈 제조 시 반죽 표면에 물을 분무하는 이유가 아닌 것은?
① 껍질을 얇게 한다.
② 팽창을 크게 한다.
③ 모양 기형을 방지한다.
④ 제품의 구조를 강하게 한다.

④

12 냉과

차게 해서 굳힌 모든 과자를 말한다. 종류로는 바바루아, 무스, 푸딩, 젤리, 블라망제 등이 있다.

1) 바바루아

① 우유, 설탕, 달걀, 생크림, 젤라틴을 기본 재료로 해서 만든 제품이다.
② 과실 퓌레를 사용하여 맛을 보강한다.
③ 독일 바바리아 지방의 음료를 19세기 초에 현재와 같은 모양으로 만들었다.

2) 무스

① 프랑스어로 거품이라는 뜻이다.
② 초콜릿, 커스터드, 과일 퓌레에 생크림, 젤라틴 등을 넣고 굳혀 만든 제품이다.
③ 바바루아가 발전된 것이 무스이고, 바바루아와 무스에 젤라틴(안정제)을 사용한다.

3) 푸딩

① 우유, 설탕을 80~90℃까지 데운 후, 달걀을 혼합하여 중탕으로 구운 제품으로 육류, 과일, 야채, 빵을 섞어 만들기도 한다.
② 달걀의 열변성에 의한 농후화 작용을 이용한 제품으로 커스터드 푸딩이라고도 한다.
③ 설탕과 달걀의 비율은 1:2, 우유와 소금의 혼합 비율은 100:1로 배합한다.
④ 팬닝은 푸딩컵의 95%까지 한다.
⑤ 굽기는 오븐에서 중탕으로 160~170℃로 굽는다. 너무 온도가 높으면 푸딩 표면에 기포가 생긴다.

4) 젤리

과즙, 와인 같은 액체에 젤라틴, 펙틴, 한천, 알긴산 등의 응고제를 넣어 굳힌 제품이다.

5) 블라망제

흰(Blanc) 음식(Manger)을 뜻하는 용어로 아몬드를 넣고 희고 부드러운 냉과를 말한다.

SECTION 05 반죽 익히기

출제빈도 상 중 하
반복학습 1 2 3

빈출 태그 ▶ 반죽익히기 방법의 종류 • 껍질의 갈색 변화 • 오븐의 종류

01 반죽 익히기 방법의 종류 및 특징

1) 굽기

① 고율배합, 많은 양의 반죽일수록 낮은 온도에서 장시간 구워야 한다.

② 저율배합, 적은 양의 반죽일수록 높은 온도에서 단시간 구워야 한다.

③ 부적당한 굽기 현상

- 오버 베이킹(Over Baking) : 낮은 온도에서 오래 구워 윗면이 평평하고 수분 손실이 크다. 굽기 후 완제품의 노화가 빠르다.
- 언더 베이킹(Under Baking) : 너무 높은 온도에서 단시간에 구워 설익고 중심 부분이 갈라진다. 조직이 거칠고 수분이 많아 주저앉기 쉽다.

2) 튀기기

① 튀김기름의 표준 온도는 180~195℃이다.

② 튀김기름의 온도가 낮으면 껍질이 많이 부풀어 거칠어지고 기름을 많이 흡수한다.

3) 찌기

① 찜은 수증기가 갖고 있는 기화잠열(1g당 539kcal)을 이용하여 식품을 가열하는 조리법이다.

② 찜은 수증기가 움직이면서 열이 전달되는 현상인 대류를 이용한다.

③ 찜기 그릇의 재질은 금속보다 열의 전도가 적은 도기가 좋다.

④ 처음에는 강하게 가열하고 목적에 맞추어 온도를 관리한다.

⑤ 찌기의 장점은 모양을 보존하면서 수용성 성분의 손실이 적고 맛이 보존된다.

🅱 기적의 TIP

오버 베이킹과 언더 베이킹의 차이
- 오버 베이킹 : 낮은 온도에서 장시간 지나치게 구운 것
- 언더 베이킹 : 높은 온도에서 단시간 덜 구운 것

🅱 기적의 TIP

튀김기름 회전률 : 제품을 튀기는 동안 줄어드는 기름의 양

✅ 개념 체크

오버 베이킹에 대한 설명 중 옳은 것은?
① 높은 온도에서 짧은 시간 동안 구운 것이다.
② 노화가 빨리 진행된다.
③ 수분 함량이 많다.
④ 가라앉기 쉽다.

②

02 익히기 중 성분 변화의 특징

① 가열로 인한 이산화탄소가 발생하여 반죽의 팽창이 일어난다.
② 팽창제로 인한 압력으로 기공이 팽창되고 단백질이 변성 응고되면서 전분에 호화가 일어나게 된다.
③ 캐러멜화 반응과 메일라드 반응에 의해 껍질색이 진하게 나타나는 현상이다.
- 캐러멜화 반응 : 당 성분이 높은 온도(160~180℃)에 의해 갈색으로 변하는 반응이다.
- 메일라드 반응 : 당류와 단백질(아미노산)이 결합하여 갈색 색소인 멜라노이딘을 만드는 반응이다.

03 관련 기계 및 도구

🅑 기적의 TIP

오븐의 분류
- 오븐 형태에 의한 분류 : 데크 오븐, 로터리 래크 오븐, 터널 오븐, 컨벡션 오븐, 릴 오븐 등
- 열 공급원에 의한 분류 : 전기 오븐, 가스 오븐, 증기 오븐(찜기), 장작 오븐, 석탄 오븐, 고주파 오븐 등

1) 오븐

① 데크 오븐 : 일반 제과점에서 사용하는 오븐으로 반죽을 넣는 입구와 출구가 같은 오븐이다.
② 로터리 래크 오븐 : 팬을 래크의 선반에 끼운 채로 오븐에 넣어 굽는다. 열 전달이 고르며 동시에 많은 양을 구울 수 있어 대규모 공장에서 사용하는 오븐이다.
③ 터널 오븐 : 반죽이 들어가는 입구와 출구가 다른 오븐이다. 대량 생산 공장에서 많이 사용한다.
④ 컨벡션 오븐 : 내부에 송풍기(Fan)가 부착되어 있어 열을 강제 순환시켜 제품을 균일하게 착색시킨다.
⑤ 릴 오븐 : 오븐 속의 선반이 회전하여 구워지는 오븐이다. 내부 공간이 커서 많은 양의 제품을 구울 수 있기 때문에 중·소규모 공장에서 주로 사용된다.

2) 튀기기

자동 온도조절로 수동 또는 자동으로 제품을 튀기는 기계이다.

3) 찌기

고압, 고온의 증기를 공급하고 시간 조절 장치가 부착되어 있다.

CHAPTER

03

제품 저장 관리

제품의 냉각 및 포장

빈출 태그 ▶ 냉각 방법 • 제품 장식 재료 • 변질의 종류

01 과자류 제품의 냉각 방법 및 특징

1) 냉각의 목적

① 곰팡이 및 균의 피해 방지 : 구운 제품을 식히지 않은 상태로 포장하거나 상자에 넣으면 냉각되면서 수분이 방출되어 포장 표면에 응축되었다가 제품 속으로 흡수된다. 그러면 제품의 수분 활성이 높아져 곰팡이나 기타 균이 발생할 위험이 커지므로 이를 방지하기 위해 냉각이 필요하다.

② 절단 및 포장 용이 : 구운 직후의 제품은 내부에 많은 수분을 보유하고 있어 매우 부드러워 잘 잘리지 않는다. 따라서 냉각 후 모양 보전이 잘 되는 상태로 절단과 포장을 하는 것이 좋다.

2) 냉각 방법

① 자연 냉각
• 제품을 냉각팬에 올려 상온에서 냉각하는 것으로 3~4시간 냉각시키는 방법이다.
• 냉각 장소의 온도와 습도가 낮으면 냉각 손실이 크므로 적정 온도(20℃)를 유지한다.

② 냉각기 이용 냉각
• 냉장고 : 식품을 냉각 또는 저온에서 보관하는 기계이다. 0~5℃의 온도를 유지하고 제과 제품의 보관에 많이 사용된다. 오븐에서 바로 꺼낸 제품의 냉각 시에는 수분이 발생할 수 있으므로 주의해야 한다.
• 냉동고 : 식품을 냉각 또는 얼리는 기능이 있고 완만한 냉동고와 급속냉동고가 있다. 완만한 냉동고는 -20℃ 이상으로 냉동하고, 급속냉동은 -40℃ 이하에서 냉동한다. 무스와 같은 냉과류를 빨리 냉각하여 장식하기 위한 목적으로 사용한다.
• 냉각 컨베이어 : 냉각실에 22~25℃의 냉각공기를 불어넣어 냉각시키는 방법으로 대규모 공장에서 많이 쓰인다.

1) 장식의 개념

① 제품 위에 얹거나 붙이는 장식을 하여 시각적인 효과를 높이고 표면이 마르지 않도록 하는 것이다.

② 먹을 수 있는 재료나 먹을 수 없는 재료를 사용하여 제품의 가치를 상승시키는 것을 말한다.

2) 아이싱(Icing)

① 설탕을 위주로 한 재료를 빵·과자 제품에 덮거나 한 겹 씌워 맛을 좋게 하고, 시각적 효과를 높인다.

② 아이싱의 분류

• 단순 아이싱
- 분설탕, 물, 물엿, 향료를 넣고 43℃로 데워 페이스트 상태로 만든다. 경우에 따라 소량의 기름을 첨가한다.
- 작업 중 아이싱이 굳으면 중탕으로 가온하여 녹여 사용하거나 설탕 시럽을 넣어 연하게 만들어 사용한다.
- 사용하고 남은 아이싱은 표면에 물을 뿌려 굳지 않도록 보관한다.

• 크림 아이싱
- 분설탕, 유지, 분유, 달걀, 물, 소금, 향료, 안정제 등을 사용하여 크림 상태로 만든다. 유지와 설탕에 달걀을 넣는 크림법과 흰자에 시럽을 거품 내어 유지와 섞는 방법이 있다.
- 설탕, 버터, 초콜릿, 우유를 주재료로 만든 퍼지 아이싱, 설탕 시럽을 기포하여 만드는 퐁당 아이싱, 흰자에 설탕 시럽을 넣어 거품을 올려 만드는 마시멜로 아이싱 등이 있다.

• 조합형 아이싱 : 단순 아이싱과 크림 아이싱을 조합하여 만든다.

③ 아이싱의 끈적거림을 방지하는 조치

• 젤라틴, 한천, 식물성 검 같은 안정제를 사용한다.
• 전분, 밀가루 같은 흡수제를 사용한다. 양이 많으면 텁텁한 맛이 나므로 유의한다.

④ 굳은 아이싱을 풀어주는 방법

• 아이싱에 최소한의 액체를 사용한다.
• 35~43℃로 중탕으로 데워 사용한다.
• 데우는 정도로 안 되면 시럽을 첨가하여 사용한다.

3) 글레이즈

① 과자 제품의 표면에 광택을 내는 시각적 효과와 제품의 건조를 방지하기 위해 젤라틴, 한천, 펙틴 등 안정제를 사용하여 글레이즈를 만든다.

② 도넛과 케이크에 45~50℃로 하여 사용한다.

기적의 TIP

• 도넛설탕 : 도넛 위에 눈처럼 피복되는 설탕이다. 여름철에는 전분 사용량을 늘려 발한현상을 방지한다.
• 계피설탕 : 계피의 순도가 낮을 때는 10%까지 사용량을 증가시킨다.
• 도넛설탕이나 계피설탕은 도넛이 40℃ 전후일 때 뿌려야 접착력이 좋다.

기적의 TIP

글레이즈의 건조를 방지하기 위해 사용하는 안정제는 설탕 사용량의 0.25~1%를 첨가하여 글레이즈의 점도를 높인다.

4) 머랭

① 냉제 머랭 : 흰자 100에 대하여 설탕 200의 비율로 만든다. 거품의 안전성을 높이기 위해 소금 0.5%와 주석산 0.5%를 넣기도 한다.

② 온제 머랭 : 흰자 100에 대하여 설탕 200, 분설탕 20의 비율로 만든다. 흰자와 설탕을 혼합하여 43℃로 데운 뒤 거품을 낸 후 거품이 안정되면 분설탕을 넣는다. 설탕이 녹기 쉽고, 기포력을 낮추기 위해서 중탕하여 사용하는 방법이다. 공예 과자, 세공품, 머랭 쿠키 등의 제품에 적합하다.

③ 스위스 머랭 : 흰자 100에 대하여 설탕 180의 비율로 만든다. 흰자 1/3과 설탕 2/3를 혼합하여 43℃로 데운 뒤 거품을 내면서 레몬즙을 첨가한 후, 나머지 흰자와 설탕을 혼합하여 거품을 낸 냉제 머랭을 섞는다. 구웠을 때 표면에 광택이 나는 것이 특징이며, 하루쯤 두었다가 써도 무방하다.

④ 이탈리안 머랭 : 볼에 흰자와 설탕(흰자량의 20%)을 넣고 거품을 내면서 뜨거운 시럽(설탕 100에 물 30을 넣고 114~118℃로 끓임)을 조금씩 넣으면서 휘핑한다. 기포의 안전성이 좋아 케이크 위에 장식할 때 사용하고, 무스나 냉과처럼 굽지 않는 제품에 적합하다.

기적의 TIP

이탈리안 머랭은 시럽법 머랭 또는 보일드 머랭이라고도 한다.

5) 폰당(퐁당, Fondant)

① 설탕을 물에 녹여 끓인 뒤 희뿌연 상태로 재결정화 시킨 것이다. 제품의 윗면에 토핑으로 사용한다.

② 설탕 100에 물 30을 넣고 114~118℃로 끓여 시럽을 만들고, 냉각하여 설탕 결정을 만든다.

③ 제품에 38~44℃로 하여 사용하며, 물엿이나 적당한 시럽을 첨가하면 수분 보유력을 높여 부드러운 식감을 만들 수 있다.

03 제품의 포장 및 특성

1) 포장의 개념

포장은 제품의 유통 과정에서 제품의 가치 및 상태를 보호하기 위하여 용기에 담는 과정이다.

2) 제품 포장의 목적

① 수분 증발을 방지한다.

② 미생물에 의한 오염을 방지한다.

③ 소비자의 구매 욕구를 충족시킨다.

④ 저장 · 유통 과정 중 물리화학적 손상을 방지하고 품질을 유지하여 상품의 수명을 늘린다.

개념 체크

흰자 100에 대하여 설탕 180의 비율로 만든 머랭으로, 구웠을 때 표면에 광택이 나고 하루쯤 두었다가 사용해도 무방한 머랭은?

① 냉제 머랭
② 온제 머랭
③ 이탈리안 머랭
④ 스위스 머랭

④

3) 포장 용기의 선택 시 고려사항

① 용기와 포장지에 유해물질이 없는 위생적인 것을 선택한다.
② 방수성이 있고 통기성이 없어야 한다.
③ 포장했을 때 상품의 가치를 높일 수 있어야 한다.
④ 단가가 낮고 포장에 의해 제품이 파손되지 않아야 한다.
⑤ 공기의 자외선 투과율, 내약품성, 내산성, 내열성, 투명성, 신축성 등을 고려한다.
⑥ 작업성(포장기계)이 좋아야 한다.

4) 포장재별 특성

① 합성수지 : 수지 종류 중 페놀 수지, 요소 수지, 멜라민 수지, 염화비닐 수지, 폴리
  에틸렌, 폴리프로필렌, 폴리스틸렌 등이 사용된다.
② 금속제 : 통조림용 관의 재질에 사용되는 것으로 주석 또는 납의 용출에 유의한다.
③ 유리 : 액체 식품용 용기 재질에 사용되는 것으로 알칼리 성분 및 규산의 용출에
  유의한다.
④ 도자기 : 도자기, 옹기류 재질에 사용되는 것으로 유약, 안료 성분의 납 등의 용출
  에 유의한다.
⑤ 셀로판 : 투명하고 무미, 무취의 재질이나 찢어지기 쉬우며 내수성이 약하다.
⑥ 알루미늄 : 알루미늄 단독, 종이나 플라스틱에 붙여 사용하나 내약품성이 약하고
  접히는 부분이 찢어지기 쉽다.

5) 포장 방법

① 기능에 따라 : 겉 포장, 속 포장, 낱개 포장
② 형태에 따라 : 상자 포장, 천 포장, 종이봉투 포장, 나무통 포장, 자루 포장
③ 기타 : 방수포장, 방습포장, 가스 치환 포장, 무균 포장 등

---

04 제품의 평가기준

1) 외부적 특성

① 부피 : 크기와 비교하여 알맞게 부풀어야 한다.
② 식욕을 돋우는 색상으로 부위별 색상이 균일하고 반점과 줄무늬가 없어야 한다.
③ 형태의 균형 : 움푹 들어가거나 찌그러진 곳 없이 전후좌우 대칭으로 균형을 잘 이
  루어야 한다.
④ 껍질의 특성 : 얇으면서 부드러운 껍질이 좋다.

2) 내부적 특성

① 기공 : 기공막이 얇고 크기가 고른 조직이어야 한다.
② 속색 : 속색이 밝고 윤기가 있어야 한다.
③ 향 : 신선하고 달콤하며 천연적인 향이어야 한다.
④ 맛 : 제품이 가진 특성의 맛을 살려야 한다.

✔️ 개념 체크

**포장에 대한 설명으로 옳지
않은 것은?**

① 포장은 제품의 노화를 지
  연시킨다.
② 뜨거울 때 포장하여 냉각
  손실을 줄인다.
③ 미생물에 오염되지 않은
  환경에서 포장한다.
④ 온도, 충격 등에 대한 품
  질 변화에 주의한다.

②

제품의 저장 및 유통

빈출 태그 ▶ 저장 관리의 원칙 • 저장 방법 • 변질의 종류

01 저장 관리의 개념

1) 저장 관리의 개념

저장 관리란, 식재료의 사용량과 사용할 날이 결정되어 구매를 통해 구입한 식재료를 철저한 검수 과정을 거쳐 출고할 때까지 손실 없이 합리적인 방법으로 보관하는 과정이다.

2) 저장 관리의 목적

① 저장 관리는 입고된 재료 및 제품을 품목별, 규격별, 품질 특성별로 분류한 후에 적합한 저장 방법으로 저장고에 위생적인 상태로 보관해야 한다.

② 저장 과정에서 발생할 수 있는 도난 · 폐기 · 발효에 의한 손실을 최소화하여 생산에 차질이 발생하지 않도록 해야 한다.

③ 폐기에 의한 재료 손실을 최소화함으로써 원재료의 적정 재고를 유지해야 한다.

④ 재료를 위생적이며 안전하게 보관함으로써 손실을 방지하기 위한 올바른 출고 관리를 해야 한다.

⑤ 출고된 재료의 양을 조절 · 관리하여 재료 낭비로 인한 원가 상승을 막는다.

⑥ 출고된 재료는 매일 총계를 내어 정확한 출고량을 파악하고 관리한다.

3) 저장 관리의 원칙

① 저장 위치 표시의 원칙 : 다양한 재료와 제품의 저장 위치를 손쉽게 알 수 있도록 품목에 대한 카드 표식으로 재료와 제품의 위치를 쉽게 파악할 수 있게 한다.

② 분류 저장의 원칙 : 재료의 구별이 쉽도록 명칭 · 용도 및 기능별로 분류하여 효율적인 저장 관리가 이루어질 수 있도록 같은 종류의 물품끼리 저장한다.

③ 품질 보존의 원칙 : 재료의 성질과 적절한 온도 · 습도 등의 특성을 고려하여 저장함으로써 재료와 제품의 변질을 최소화시키고 사용 가능한 상태로 보존할 수 있다.

④ 선입 선출의 원칙 : 입고된 재료가 효율적으로 순환되기 위하여 유효 일자나 입고 날짜를 기록하고 먼저 구입하거나 생산한 것부터 순차적으로 판매 또는 제조하는 것으로, 재료의 신선도를 최대한 유지하고 낭비의 가능성을 최소화할 수 있다.

⑤ 공간 활용 극대화의 원칙 : 저장 시설에 있어서 충분한 저장 공간의 확보가 중요하며, 재료 자체가 점유하는 공간 외에 이동의 효율성과 운송 공간도 고려되어야 한다.

⑥ 안전성 확보의 원칙 : 저장 물품의 부적절한 유출을 방지하기 위해서는 저장고의 방범 관리와 출입 시간 및 절차를 명확히 준수해야 한다.

02 저장 방법의 종류 및 특징

1) 실온 저장

① 식자재를 저장 · 보관하는 건조 저장고는 적합한 공간과 사용하는 현장과의 위치와 저장 식재료의 안전성을 고려해야 한다.

② 적정 온도, 습도 : 건조 창고의 온도는 10~20℃, 상대 습도는 50~60%를 유지하며, 채광과 통풍이 잘되어야 한다.

③ 저장 조건 : 방충, 방서 시설, 통풍 및 환기 시설을 구비하고, 건조 창고의 내부에 온도계와 습도계(상대습도)를 부착하여 주기적으로 확인한다.

2) 냉장 저장

① 적정 온도, 습도 : 냉장 저장 온도는 0~10℃, 보통 5℃ 이하로 유지하는 것이 좋으며 습도는 75~95%에서 저장 · 관리한다.

② 냉장 저장고의 종류

• 물품 창고식 대형 냉장고(Walk-In Refrigerator) : 직접 냉장고 안에 들어가 제품을 이동형 선반으로 운반, 보관하도록 설계된 것으로 안에서 문을 열 수 있는 장치가 설치되어 안전하게 이용할 수 있다.

• 편의형 소형 냉장고(Reach-In Refrigerator) : 소규모 냉장고로 전처리 식품이나 당일 사용할 재료를 보관할 수 있다.

• 앞뒤 양면에 문이 있는 냉장고(Pass-Through Unit) : 주로 완제품을 보관하는 것으로 앞뒤로 문을 열 수 있어 판매대와의 연결에서 효율적으로 사용할 수 있다.

③ 시설 확인 사항

• 워크인 냉장고의 문은 안에서도 열려야 한다.

• 조명이나 신호 장치에 의해 냉장고 내부에 사람이 있음을 알릴 수 있어야 한다.

• 냉장고 내부의 벽은 내구성과 위생성이 좋은 재질을 사용하며, 배수구와 환기 시설을 설치한다.

• 선반은 위생성과 이동성, 견고성을 고려한 조립식 트레이 선반을 사용하면 편리하다.

3) 냉동 저장

① 냉동은 식품에 함유된 수분을 불활성화 시키는 과정으로 식품의 저장 기간을 연장하기 위한 수단으로 이용하고 있다.

② 식품을 낮은 온도로 처리할 때 농도와 지질의 변화, 생리적 숙성, 미생물의 증식 억제 · 노화 · 냉해 · 풍미 변화 등의 이화학적 변화가 일어난다. 특히 동결 중에는 변색을 비롯하여 단백질의 변성, 지방의 분화, 무기질과 비타민의 성분 변화, 건조에 따른 감량, 냉동 화상 등의 변화가 일어나 식품의 조직과 물성을 저하시키게 된다.

③ 냉동 저장 온도는 −23~−18℃, 습도 75~95%에서 관리한다.

🅑 기적의 TIP

제과 제품의 노화를 지연시키는 방법

• 저장 온도를 −18℃ 이하, 또는 21~35℃로 유지한다.

• 반죽 중의 수분 함량을 높인다.

• 모노-디-글리세리드 계통의 유화제를 사용한다.

• 질 좋은 재료를 사용하고, 제조 공정을 정확히 지킨다.

• 방습 포장 재료로 포장한다.

✔ 개념 체크

케이크의 노화 지연 방법이 아닌 것은?

① 정확한 제조 공정을 지킨다.

② 신선한 재료를 사용한다.

③ 제품을 4~5℃에서 보관한다.

④ 제품을 실온에서 보관한다.

③

03 과자류 제품의 유통 · 보관 방법

1) 유통기한

① 섭취가 가능한 날짜(Expiration Date)가 아닌 식품의 제조일로부터 소비자에게 판매가 가능한 기한을 말한다.

② 이 기한 내에서 적정하게 보관 · 관리한 식품은 일정 수준의 품질과 안전성이 보장 됨을 의미한다.

2) 제품 유통 중 온도 관리 기준에 따른 적정 온도 설정

① 실온 : 1~35℃를 말하며, 원칙적으로 35℃를 포함하되 제품의 특성에 따라 봄, 여름, 가을, 겨울을 고려하여 실온 유통 제품의 적정 온도를 설정한다.

② 상온 : 15~25℃를 말하며, 25℃를 포함하여 상온 유통 제품의 적정 온도를 설정 한다.

③ 냉장 : 0~10℃를 말하며, 보통 5℃ 이하로 유지하여 냉장 유통 제품의 적정 온도 를 설정한다.

④ 냉동 : −18℃ 이하를 말하며, 품질 변화가 최소화될 수 있도록 냉동 온도를 설정 한다. 냉동 제품은 표면에서 식품의 중심부까지 −20℃ 정도의 냉기를 유지하고 있어 운반할 때와 보존할 때 반드시 −20~−23℃ 정도로 유지한다. 냉동식품 유 통 시 제품을 쌓거나 내릴 때 외부의 영향으로 온도가 상승하여 품질을 저하시킬 수 있으므로 취급을 최우선으로 신속하게 운반한다.

04 과자류 제품의 저장 · 유통 중 변질 및 오염원 관리 방법

1) 변질의 종류

① 부패 : 단백질 식품이 미생물에 의해서 분해하여 암모니아, 아민, 페놀 등이 생성 되어 악취가 심하게 나고 인체에 유해한 물질을 생성한다.

② 변패 : 단백질 이외의 지방질이나 탄수화물 등의 성분들이 미생물에 의하여 변질 되는 현상으로 과자의 맛과 풍미를 저하시킨다.

③ 산패 : 유지 등 지방이 산화되어 악취와 변색이 일어나 품질이 저하되는 현상이다.

2) 오염원 관리 방법

① 부패 등의 변질이 발생하지 않도록 원료 구입부터 제조 · 저장 · 유통의 각 단계별 로 철저하게 관리하여 오염을 방지한다.

② 냉장 · 냉동 · 실온에서 저장할 수 있는 제품을 적절한 온도, 습도, 통풍, 채광 등 조건에 맞게 저장한다.

③ 제품은 포장 상태로 저장하고 바닥으로부터 25cm 위에 보관하여 벌레, 미생물에 의한 오염을 방지한다.

④ 저장고 입구에 안전한 보안과 위생관리를 철저히 하기 위하여 저장 관리 점검표에 체크한다.

⑤ 주 1회 이상 청소를 실시하여 청결을 유지한다.

⑥ 가벼운 것보다 무거운 것을 낮은 곳에 보관하여 입 · 출고를 쉽게 한다.

⑦ 제품의 저장 및 유통 과정의 매뉴얼을 만들어 관리한다.

기적의 TIP

곰팡이 발생을 방지하는 방법
• 작업실, 작업기구, 작업자 의 위생을 청결히 한다.
• 곰팡이가 피지 않는 환경 에 보관한다.
• 곰팡이의 발생을 촉진하는 물질을 없앤다.
• 보존료를 사용한다.

빵류 제품 제조

CHAPTER

01

재료 준비

재료 준비 및 계량

01 빵의 개요

1) 빵의 정의

① 밀가루, 소금, 이스트, 물 등을 넣고 만든 반죽을 발효시켜 구운 것을 말한다.
② 밀가루, 소금, 이스트, 물을 주재료 또는 기본재료라 하며 기타 곡류, 당류, 유제품, 달걀, 유지 등의 다양한 부재료를 배합하여 취향에 따라 섭취할 수 있는 기호식품이다.

2) 빵과 과자의 분류 기준

분류 기준	빵	과자
팽창 형태	생물학적	화학적, 물리적
설탕의 함량과 기능	적음, 이스트의 먹이	많음, 윤활작용
밀가루의 종류	강력분	박력분
반죽 상태	글루텐의 생성, 발전	글루텐의 생성을 가능한 억제

3) 빵의 분류

① 일반적인 분류

• 식빵류 : 한끼 식사용으로 먹는 주식 또는 요리의 보완 식품이다(식빵, 바게트, 하드 롤 등).
• 과자빵류 : 간식용으로 설탕이나 유지를 많이 넣어 만든 빵이다(앙금빵, 크림빵, 스위트 롤, 크루아상, 데니시 페이스트리 등).
• 특수빵류 : 밀가루 이외의 곡류, 견과류, 채소 등을 넣었거나 찌기, 튀기기, 두 번굽는 등 만드는 방법이 특이한 빵류이다(찐빵, 도넛, 러스크, 토스트 등).
• 조리빵류 : 식빵, 과자빵, 특수빵류 등에 각종 부식을 접목시켜 만든 빵이다(피자, 샌드위치, 햄버거, 카레빵 등).

② 가열 형태에 따른 빵의 분류

• 오븐에 구운 빵
• 기름에 튀긴 빵
• 스팀에 찐 빵

③ 틀 사용에 따른 분류

• 형틀을 이용한 빵(Pan Bread) : 철판이나 틀을 사용하여 구운 빵이다.
• 하스 브레드(Hearth Bread) : 철판이나 틀을 이용하지 않고 오븐에 직접 닿도록 하여 구운 빵이다.

> **🅑 기적의 TIP**
>
> **팽창제 사용 유무에 따른 분류**
> • 발효빵
> • 무발효빵
> • 속성빵(Quick Bread) : 화학팽창제 사용

02 재료 준비 및 계량

1) 배합표 작성 및 점검

① 제품을 만들기 위해 제품의 특성을 파악하고, 재료의 기능과 역할을 이해하여 필요한 재료의 비율을 결정한다.

② 배합표 작성법

- 베이커스 퍼센트(Baker's Percent) : 밀가루 양을 100% 기준으로 표기하고, 다른 재료가 차지하는 양을 %로 표기한다.
- 트루(참) 퍼센트(Ture Percent) : 전체 재료의 합을 100%로 하여 표기한다.

③ 배합량 계산법

- 밀가루 무게(g) = $\dfrac{밀가루\ 비율(\%) \times 총\ 반죽\ 무게(g)}{총\ 배합률(\%)}$
- 각 재료의 무게(g) = 밀가루 무게(g) × 각 재료의 비율(%)
- 총 반죽 무게(g) = $\dfrac{총\ 배합률(\%) \times 밀가루\ 무게(g)}{밀가루\ 비율(\%)}$

2) 재료 준비 및 계량

① 작성된 배합표에 따라 재료의 무게를 정확하게 계량한다.

② 재료의 전처리 : 반죽을 만들기 전에 준비하는 모든 작업을 말한다.

- 가루 재료 : 밀가루, 탈지분유, 설탕 등 가루 상태의 재료는 체로 쳐서 사용한다.
- 물 : 흡수율과 반죽 온도를 고려하여 양을 정하고 물의 온도를 조절한다.
- 생이스트 : 잘게 부수어 밀가루에 혼합하여 사용하거나 물(25~30℃)에 녹여 사용한다.
- 유지 : 반죽에 사용할 경우 부드러운 상태로 만들어 사용한다.
- 우유 : 원유는 살균 작업을 하고 차게 해서 사용한다. 시유는 반죽의 희망 온도를 고려하여 사용한다.
- 탈지분유 : 수분을 흡수하여 덩어리가 생기므로 설탕 또는 밀가루와 분산시켜 사용한다.

3) 재료의 성분 및 특징

① 밀가루

- 제품의 구조를 형성한다.
- 흡수력이 좋고 내구성이 있는 밀가루를 사용하는 것이 좋다.

② 물

- 밀가루와 결합하여 글루텐 형성에 필수적인 역할을 한다.
- 반죽의 온도와 되기를 조절한다.
- 소금 등 각 재료를 균일하게 분산시킨다.
- 전분을 수화시키고 팽윤시킨다.
- 반죽 내 효소의 활성을 돕는다.

기적의 TIP

가루 재료를 체로 치는 이유
- 가루 속의 덩어리나 불순물을 제거한다.
- 재료를 고르게 분산시킨다.
- 밀가루의 15%까지 부피를 증가시킬 수 있다.
- 반죽에 흡수율이 증가한다.
- 가루에 공기를 혼입하여 제품을 구울 때 팽창 효과를 준다.

기적의 TIP

제빵에 사용하는 물은 아경수(亞硬水)가 적합하다.

개념 체크

함께 계량할 때 문제가 되는 재료는?
① 밀가루, 반죽 개량제
② 소금, 설탕
③ 이스트, 소금
④ 밀가루, 호밀가루

③

③ 이스트
· 생물학적 팽창제이다.
· 발효작용을 조절한다.
· 탄산가스와 알코올을 발생시켜 향미와 부피를 생성한다.

④ 소금
· 다른 재료의 맛과 향을 나게 한다.
· 글루텐을 강화시킨다.
· 발효 속도를 조절한다.

⑤ 설탕
· 제품의 단맛과 향을 내는 감미제이다.
· 갈변반응과 캐러멜화 작용으로 껍질색을 진하게 한다.
· 이스트에 발효성 당을 공급한다.
· 수분 보유력에 의해 노화를 지연시킨다.
· 연화작용 : 밀가루 단백질을 부드럽게 한다.
· 윤활작용 : 반죽의 유동성을 좋게 한다.

⑥ 유지
· 껍질을 얇고 부드럽게 한다.
· 유지의 독특한 맛과 향을 공급한다.
· 반죽의 유동성을 준다.
· 빵의 수분 증발을 억제하고 노화를 지연시킨다.
· 가스 보유력을 증가시켜 부피를 크게 한다.

⑦ 달걀
· 영양가를 높인다.
· 수분 공급제 역할을 한다(전란의 75%가 수분).
· 제품의 풍미를 개선시킨다.
· 제품의 속색과 껍질색을 향상시킨다.
· 노른자의 레시틴은 유화제 역할을 한다.

⑧ 탈지분유
· 껍질색을 향상시킨다.
· 발효를 조절한다.
· 밀가루(글루텐)를 강화시킨다.
· 노화를 지연시켜 저장성을 증가시킨다.

⑨ 제빵개량제
· 물의 경도를 조절한다.
· 이스트에 질소를 공급하여 이스트의 활성을 높인다.
· 가스 보유력을 증진시키고 제품의 부피를 크게 한다.

02

제품 제조

반죽 및 반죽 관리

01 반죽

1) 반죽의 개념

밀가루, 이스트, 소금, 그 밖의 재료에 물을 혼합하여 모든 재료를 균질화시키고, 반죽 속의 단백질들을 결합시켜 글루텐을 생성 · 발전시키는 것이다.

2) 반죽의 목적

① 배합 재료들을 균일하게 분산하여 혼합한다.
② 반죽에 산소를 혼입시켜 이스트의 활력과 반죽의 산화를 촉진한다.
③ 글루텐을 숙성(발전)시켜 반죽에 가소성, 탄력성, 점성을 최적의 상태로 만든다.
④ 밀가루에 물을 충분히 흡수시켜 수화를 촉진한다.

3) 반죽의 물리적 특성

① 탄성 : 외부의 힘에 의하여 변형을 받고 있는 물체가 원래의 상태로 되돌아가려는 성질
② 점성 : 유동성이 있는 물체에 있어서 흐름에 대한 저항의 성질
③ 점탄성 : 탄성과 점성을 동시에 가지고 있는 성질
④ 신장성 : 반죽이 늘어나는 성질
⑤ 가소성 : 반죽이 성형 과정에서 형성되는 모양을 유지시키려는 성질

4) 반죽의 믹싱 단계

① 혼합 단계(1단계, Pick–Up Stage)
• 건조 재료(밀가루 등)와 액체 재료를 첨가하여 대충 혼합하는 단계이다.
• 반죽에 끈기가 없이 끈적거리는 상태이다.
• 반죽기는 저속으로 사용한다.

② 클린업 단계(Clean–Up Stage)
• 반죽이 한 덩어리가 되고 믹싱볼이 깨끗해진다.
• 글루텐이 형성되기 시작하는 단계이다.
• 유지를 첨가하는 시기이다(유지를 처음부터 넣으면 밀가루와 유지가 부착되어 물의 흡수를 방해하고 글루텐 형성을 저해한다).
• 글루텐의 결합이 적고 반죽을 펼쳐도 두꺼운 채로 끊어진다.
• 소금을 첨가(후염법)하면 흡수율이 증가되고, 글루텐 발전을 빠르게 한다.

F 기적의 TIP

경점성
글리아딘의 작용으로 점탄성을 가지고 있는 반죽의 경도(단단함)를 나타낸다.

③ 발전 단계(Development Stage)
- 반죽이 강하고 단단해지며 반죽의 탄력성이 최대가 된다.
- 믹서의 최대 에너지가 요구된다.
- 프랑스빵류, 공정이 많은 빵이 이 단계까지 믹싱한다.

④ 최종 단계(Final Stage)
- 글루텐이 결합되는 마지막 단계이며 대부분의 빵 반죽에서 최적의 상태이다.
- 반죽을 펼치면 찢어지지 않고 얇게 늘어난다.
- 반죽의 탄력성과 신장성이 가장 좋으며 반죽이 부드럽고 윤이 난다.

⑤ 렛다운 단계(Let Down Stage)
- 반죽이 탄력성을 잃고 신장성이 커져 길게 늘어지며 점성이 많아진다.
- 오버믹싱, 과반죽 단계라고도 한다.
- 햄버거빵(전용팬 사용 시), 잉글리쉬 머핀이 이 단계까지 믹싱한다.

⑥ 파괴 단계(Break Down Stage)
- 글루텐이 더 이상 결합하지 못하고 끊기는 단계이다.
- 탄력성과 신장성을 완전히 잃어 빵을 만들 수 없다.
- 이 반죽으로 빵을 만들어 구우면 팽창이 일어나지 않고 제품이 거칠게 나온다.

기적의 TIP

완전파괴상태
단백질과 전분이 효소 프로테아제와 아밀라아제에 의해 파괴되어 액화되는 상태

5) 반죽의 흡수율에 영향을 미치는 요소
① 밀가루의 양과 질 : 단백질의 양이 많고 질이 좋으며 숙성이 잘 된 밀가루일수록 물 흡수량이 많다. 단백질이 1% 증가하면 흡수율은 1.5~2% 증가한다.
② 소금 : 소금을 혼합 단계에 넣으면 글루텐을 단단하게 하여 글루텐 흡수량의 약 8%를 감소시킨다. 후염법으로 사용하면 흡수량이 많아진다.
③ 손상 전분 함량 : 밀가루의 성분 중 손상 전분 함량이 높을수록 흡수량은 증가한다. 손상 전분이 1% 증가하면 흡수율은 2% 증가한다.
④ 설탕 사용량 : 설탕이 5% 증가하면 흡수율은 1% 감소한다.
⑤ 탈지분유 : 분유가 1% 증가하면 흡수율은 0.75~1% 증가한다.
⑥ 물의 종류 : 연수를 사용하면 글루텐이 약해지며 흡수율이 적고, 경수를 사용하면 글루텐이 강해지며 흡수율이 많다. 제빵에 이상적인 물은 아경수이다.
⑦ 제법 : 스트레이트법이 스펀지법보다 흡수율이 더 높다.
⑧ 반죽 온도 : 온도가 5℃ 증가하면 흡수율은 3% 감소한다(반죽 온도와 흡수율은 반비례).

기적의 TIP

후염법
클린업 단계 이후 소금을 첨가하면 믹싱시간을 20% 단축할 수 있다.

6) 반죽 시간에 영향을 미치는 요소
① 소금을 클린업 단계 이후에 넣으면 반죽 시간이 짧아진다.
② 유지를 클린업 단계 이후에 넣으면 반죽 시간이 짧아진다.
③ 흡수율이 높을수록 반죽시간이 짧아진다.
④ 반죽 온도가 높을수록 반죽 시간이 짧아진다.
⑤ 반죽기의 회전속도가 느리고 반죽량이 많으면 반죽 시간이 길어진다.
⑥ 설탕량이 많으면 반죽의 구조가 약해지므로 반죽 시간이 길어진다.

🅑 기적의 TIP

환원제
시스테인 또는 글루타티온을
사용하여 믹싱시간을 단축시
킨다. 시스테인을 20~30ppm
첨가하면 시간을 30~50% 단
축시킬 수 있다.

⑦ 분유나 우유량이 많으면 단백질의 구조를 강하게 하여 반죽 시간이 길어진다.
⑧ pH5.0 정도에서 글루텐이 가장 질기고 반죽 시간이 길어진다.
⑨ 단백질의 양이 많고 질이 좋으며 숙성이 잘 된 밀가루는 반죽 시간이 길어진다.

02 제빵 순서 및 제빵법 결정

1) 기본 제조 공정

제빵법 결정 → 배합표 작성 → 재료 계량 → 원료의 전처리 → 반죽(믹싱) → 1차 발효 → 분할 → 둥글리기 → 중간 발효 → 정형 → 팬닝 → 2차 발효 → 굽기 → 냉각 → 슬라이스 → 포장

2) 제빵법 결정

기계 설비, 제조량, 노동력, 판매 형태, 소비자의 기호 등을 고려하여 결정한다.

03 제빵 반죽법의 종류 및 특징

1) 제빵법의 개념

① 제빵법은 반죽을 만드는 방법을 기준으로 분류한다.
② 기본적으로 스트레이트법, 스펀지법, 액체발효법이 있고, 그 외에는 앞의 세 가지 방법을 약간씩 변형한 것이다.

2) 스트레이트법(Straight Dough Method)

> 모든 재료를 한 번에 넣고 혼합하는 방법으로, 직접 반죽법이라고 한다. 주로 소규모의 제과점에서 많이 사용하는 제법이다.

① 기본 제조 공정
재료 계량 → 반죽 → 1차 발효 → 분할 → 둥글리기 → 중간 발효 → 정형 → 팬닝 → 2차 발효 → 굽기 → 냉각 → 포장

② 스트레이트법 일반 식빵 배합

재료	비율(100%)	재료	비율(100%)
밀가루	100	소금	2
물	63	설탕	5
생이스트	2~3	유지	4
이스트푸드	0.2	탈지분유	3

③ 장 · 단점(스펀지법과 비교)

• 장점

– 제조 공정이 간단하다.

– 제조 장소 · 장비가 간단하다.

– 노동력과 시간이 절약된다.

– 발효 시간이 짧아 발효 손실이 적다.

• 단점

– 잘못된 공정을 수정하기 어렵다.

– 발효 내구성이 약하다.

– 제품의 부피가 작고, 결이 고르지 못하다.

– 노화가 빠르다.

3) 스펀지법(Sponge Dough Method)

중종법이라고도 하며 반죽을 두 번 하는 제빵법이다. 처음 반죽을 스펀지(Sponge), 나중 반죽을 도우(Dough) 또는 본반죽이라 한다. 발효 공정상 다른 제법보다 실패율이 적어 일반 소규모 제과점보다는 주로 대규모 제빵공장에서 사용하는 방법이다.

① 기본 제조 공정

재료 계량 → 스펀지 만들기 → 스펀지 발효 → 본반죽 만들기 → 플로어 타임→ 분할 → 둥글리기 → 중간 발효 → 정형 · 팬닝 → 2차 발효 → 굽기 → 냉각 → 포장

② 스펀지법 식빵 배합

재료	스펀지(%)	본반죽(%)
밀가루	60~100	0~40
물	스펀지 밀가루양의 55~60	전체 밀가루의 60~66
이스트	1~3	0~2
이스트푸드	0~0.5	–
소금	–	1.75~2.25
설탕	–	3~8
유지	–	2~7
탈지분유	–	2~4

③ 제조 공정상 특징

• 스펀지 만들기

– 반죽 시간 : 저속에서 4~6분

– 반죽 온도 : 22~26℃(통상 24℃)

– 혼합 단계(1단계)까지 반죽을 만든다.

• 스펀지 발효

– 온도 : 27℃, 상대습도 : 75~80%, 발효시간 : 3~5시간

– 발효가 진행되면 온도는 올라가고 pH는 떨어진다.

기적의 TIP

스펀지 발효의 완료점

• 반죽의 부피가 4~5배로 부푼 상태가 된다.

• 수축 현상이 일어나 반죽의 중앙이 오목하게 들어가는 현상(드롭, Drop)이 생긴다.

• 발효 초기 pH5.5 정도이나, 발효가 완료되면 pH4.8로 떨어진다.

• 반죽 표면이 유백색을 띠며 핀홀이 생긴다.

- 본반죽 만들기
  - 스펀지와 본반죽용 재료를 전부 넣고 섞는다.
  - 반죽시간 : 8~12분
  - 반죽 온도 : 25~29℃(통상 27℃)
  - 반죽 완료점 : 반죽이 부드러우면서 잘 늘어나고 약간 처지는 상태가 되었을 때
- 플로어 타임
  - 발효 시간 : 20~40분
  - 반죽 시 파괴된 글루텐 층을 다시 재결합시키는 시간을 말한다.
  - 반죽 시간이 길어질수록 플로어 타임도 길어진다.
- 분할 이후 공정은 스트레이트법과 동일하다.

④ 장·단점(스트레이트법과 비교)
- 장점
  - 작업 공정에 대한 융통성이 있어 잘못된 공정을 수정할 기회가 있다.
  - 발효 내구성이 강하다.
  - 이스트 사용량을 20% 줄여도 된다.
  - 노화가 지연되어 제품의 저장성이 좋다.
  - 부피가 크고 속결이 부드럽다.
- 단점
  - 발효 손실이 크다.
  - 시설, 노동력, 장소 등 경비가 증가한다.

4) 액체발효법

> 이스트, 이스트푸드, 물, 설탕, 분유 등을 섞어 2~3시간 발효시킨 액종을 만들어 스펀지 대신 사용하는 방법으로 스펀지법의 변형이다. 종류로는 아드미(ADMI : 미국분유협회)법(완충제로 탈지분유를 사용하는 액종법), 브루법(플라이슈만법, 완충제로 탄산칼슘을 넣는 액종법)이 있다.

① 액체발효법 식빵 배합

재료	액종(%)	재료	본반죽(%)
물	30	액종	35
이스트	2~3	밀가루	100
설탕	3~4	물	32~34
이스트푸드	0.1~0.3	소금	1.5~2.5
분유	0~4	유지	3~6

② 제조 공정상 특징
- 액종 만들기
  - 액종용 재료를 넣고 섞는다.
  - 온도 : 30℃
  - 발효 시간 : 2~3시간(액종 발효 시 소포제로 쇼트닝 사용)

- 본반죽 만들기
  - 믹서에 액종과 본반죽용 재료를 넣고 반죽한다.
  - 반죽 온도 : 28~32℃
- 플로어 타임 : 15분 발효
- 분할 이후 공정은 스트레이트법과 동일하다.

③ 장 · 단점
- 장점
  - 한 번에 많은 양을 발효시킬 수 있다.
  - 펌프와 탱크설비가 이루어져 있어 공간과 설비가 감소된다.
  - 발효 손실에 따른 생산 손실을 줄일 수 있다.
  - 균일한 제품 생산이 가능하다.
  - 단백질 함량이 적어 발효 내구력이 약한 밀가루로 빵을 생산할 수 있다.
- 단점
  - 산화제 사용량이 늘어난다.
  - 환원제, 연화제가 필요하다.

5) 연속식 제빵법(Continuous Dough Mixing System)

> 액체 발효법이 더 발달된 방법으로 공정이 자동으로 진행되며 기계적인 설비를 사용하여 적은 인원으로 많은 빵을 만들 수 있는 방법이다.

기적의 TIP

- 연속식 제빵법의 종류 : 암플로법(Am Flow Process), 도메이커법(Domaker Process)
- 연속식 제빵법의 발효 손실은 일반 공정에서 1.2%, 연속식 제빵 공정에서 0.8%

① 제조 공정상 특징
- 액체 발효법으로 발효시킨 액종과 본반죽용 재료를 예비 혼합기에 모아 고루 섞은 뒤 반죽기(디벨로퍼-고속회전하며 반죽 글루텐 형성), 분할기 → 팬닝 → 2차 발효 → 굽기 → 냉각 → 포장한다.
- 대규모 공장에서 단일 품목을 대량 생산하기에 알맞은 방법이다.
- 산화제 사용 : 밀폐된 발효 시스템(반죽기로 30~60분간 반죽하다 보면 공기가 부족하다)으로 산화제의 사용이 필수적이다. 브롬산칼륨, 인산칼슘, 이스트푸드 등 반죽을 숙성시키기 위해서 사용한다.

② 장 · 단점
- 장점
  - 설비공간을 감소시킬 수 있다.
  - 기계 자동화로 노동력을 1/3 감소시킨다.
  - 발효 손실을 감소시킬 수 있다.
- 단점
  - 기계 구입 비용이 크다.

6) 재반죽법(Remixed Straight Dough Method)

> 스트레이트법의 변형으로 모든 재료를 넣고 물을 8% 정도 남겨 두었다가 발효 후 나머지 물을 넣고 반죽하는 방법이다.

개념 체크

액종을 만드는 방법으로 옳지 않은 것은?

① 이스트, 물 등을 넣어 만든다.
② 완충제로서 탈지분유, 탄산칼슘을 넣어 pH4.2~5.0의 액종을 만든다.
③ 본 반죽 온도는 28~32℃가 적당하다.
④ 액종을 섞은 후 온도 24℃에서 12~13시간 발효시킨다.

④

① 장 · 단점

• 장점

　– 스펀지법에서 얻을 수 있는 장점을 갖게 되어 반죽의 기계 내성이 양호하다.

　– 스펀지법에 비해 공정시간이 단축된다.

　– 균일한 제품을 생산할 수 있다.

　– 식감과 색상이 양호하다.

• 단점

　– 오븐 스프링이 일반빵보다 적으므로 충분한 2차 발효가 필요하다.

7) 노타임 반죽법(No-Time Dough Method)

> 발효에 의한 글루텐의 숙성을 산화제와 환원제를 사용하여 제조하는 방법이다. 반죽 한 뒤에 잠깐 휴지시키는 일 이외에 보통 발효라 할 수 있는 공정을 거치지 않으므로 무발효 반죽법이라고도 한다.

① 산화제와 환원제

• 산화제

　– 역할 : 밀가루 단백질의 S–H결합을 S–S결합으로 산화시켜 단백질 구조를 강하게 하고 가스 포집력을 증가시킨다.

　– 종류 : 브롬산칼륨(지효성 작용), 요오드칼륨(속효성 작용)

• 환원제

　– L–시스테인 : 단백질 분해와 S–S결합을 절단하여 글루텐을 약하게 하며 믹싱 시간을 25% 단축시킨다.

　– 프로테아제 : 단백질을 분해하는 효소이다.

② 스트레이트법을 노타임 반죽법으로 변경 시 조치사항

• 물 사용량 1~2% 감소

• 설탕 사용량 1% 감소

• 이스트 사용량 0.5~1% 증가

• 반죽 온도 30℃

③ 장 · 단점

• 장점

　– 반죽의 기계 내성이 양호하다.

　– 반죽이 부드러우며 흡수율이 좋다.

　– 제조시간이 절약된다.

　– 빵의 속결이 치밀하고 고르다.

• 단점

　– 맛과 향이 좋지 않다.

　– 반죽의 발효 내성이 떨어진다.

　– 제품에 광택이 없다.

　– 제품의 질이 고르지 않다.

🅑 기적의 TIP

노타임법으로 변경할 때 브롬산칼륨을 산화제로 30~50ppm, L–시스테인을 환원제로 10~70ppm을 사용한다.

8) 비상반죽법(Emergency Dough Method)

표준보다 반죽 시간을 늘리고 발효 속도를 촉진시켜 전체 공정 시간을 줄임으로써 짧은 시간에 제품을 만들어 내는 방법이다. 갑작스런 주문이나 기계 고장 등의 비상 상황이 생길 때, 계획된 작업에 차질이 생겼을 때 빠르게 대처할 수 있다. 표준 스트레이트법과 표준 스펀지법을 비상법으로 바꿀 수도 있다.

① 비상반죽법의 필수조치와 선택조치
- 필수조치
  - 물 사용량 1% 증가(이스트 활성 촉진)
  - 이스트 2배 증가(발효 속도 촉진)
  - 설탕 사용량 1% 감소(껍질색 조절)
  - 반죽 시간 20~30% 증가(반죽의 신장성 향상)
  - 반죽 온도 30℃(발효 속도 촉진)
  - 1차 발효시간 감소(공정시간 단축)
- 선택조치
  - 소금 1.75% 감소(이스트 활동 방해요소 줄임)
  - 분유 1% 감소(반죽의 완충제 역할로 발효 지연 요소)
  - 이스트푸드 사용량 증가(이스트 양 증가에 따라)
  - 식초, 젖산 0.25~0.75% 사용(반죽의 pH를 낮춤)

② 장 · 단점
- 장점
  - 비상시 대처가 용이하다.
  - 제조 시간이 짧아 노동력과 임금을 절약할 수 있다.
- 단점
  - 노화가 쉽다.
  - 저장성이 짧다.
  - 제품의 부피가 고르지 않다.
  - 제품에 이스트 냄새가 날 수 있다.

9) 냉동반죽법(Frozen Dough Method)

1차 발효 또는 성형 후 −40℃로 급속 냉동시켜 −25~ −18℃에 냉동 저장하여 필요할 때마다 꺼내어 쓸 수 있도록 반죽하는 방법이다. 냉동반죽을 급속 동결하는 이유는 최대 얼음 결정 형성대를 빨리 통과시키기 위함이다.

① 제조 공정상 특징
- 반죽법은 노타임 반죽법이나 비상스트레이트법을 사용한다.
- 반죽 온도 : 20℃
- 이스트 : 보통 반죽보다 2배 증가하여 사용한다.

🅱 기적의 TIP

비상반죽법에서 1차 발효시간
- 비상스트레이트법 : 15~30분
- 비상스펀지법 : 30분

✅ 개념 체크

비상스트레이트법의 장점이 아닌 것은?
① 저장성의 증가
② 임금 절약
③ 짧은 공정시간
④ 주문에 신속 대처

①

- 냉동 저장 시 이스트가 파괴되면서 환원성 물질이 나와 반죽이 퍼지게 되므로 수분량을 63%→58%로 줄인다.
- 노화방지제 사용 : 스테아릴젖산나트륨(SSL) 0.5%
- 산화제 사용 : 비타민C(제빵개량제에 포함), 브롬산칼륨(이스트푸드에 포함)을 사용하여 반죽의 글루텐을 단단하게 하여 냉해에 의해 반죽이 퍼지는 현상을 방지할 수 있다.
- 냉동 저장 : -40℃로 급속 냉동하여 -18~-25℃에서 보관한다.
- 해동 : 냉장고 5~10℃에서 15~16시간 해동시킨다. 도 컨디셔너나 리타더 사용 시 시간 조절이 가능하다.

② 장·단점
- 장점
  - 발효 시간이 줄어 제조 시간이 짧아진다.
  - 빵의 부피가 커지고 속결과 향기가 좋다.
  - 제품의 노화가 지연된다.
  - 다품종, 소량 생산이 가능하다.
  - 운송, 배달이 용이하다.
  - 야간, 휴일작업에 대처하기 용이하다.
- 단점
  - 반죽이 퍼지기 쉽다.
  - 이스트가 죽어 가스 발생력이 떨어진다.
  - 가스 보유력이 떨어진다.
  - 많은 양의 산화제를 사용해야 한다.

10) 찰리우드법(Chorleywood Dough Method)
① 영국의 찰리우드 지방에서 고안한 기계 반죽법으로 초고속 반죽기를 이용하여 반죽하므로 초고속 반죽법이라고도 한다.
② 화학적 발효에 따른 숙성을 대신한다.
③ 초고속 반죽기로 반죽을 숙성시키므로 플로어타임 후 분할한다.

11) 오버나이트 스펀지법(Over Night Sponge Dough Method)
① 밤새(12~24시간) 발효시킨 스펀지를 이용하는 방법으로 발효 손실이 3~5%로 가장 크다.
② 효소의 작용이 천천히 진행되어 가스가 알맞게 생성되고 반죽이 알맞게 발전된다.
③ 발효 시간이 길기 때문에 적은 양의 이스트로 천천히 발효한다.
④ 반죽의 신장성이 좋고 발효 향과 맛이 풍부하며, 제품의 저장성이 높아진다.

🅑 기적의 TIP

냉동반죽 사용 시 주의사항
- 발효할 때 과도한 습도는 피한다.
- 반죽의 표면이 건조되지 않도록 잘 밀봉하여 보관한다.
- 냉동저장 시 온도의 편차를 최대한 줄인다.
- 운송 중에 보관온도는 저장온도와 동일하게 한다 (-18~-25℃).
- 출고 시에는 선입선출하여 사용한다.

✔ 개념 체크

냉동반죽법의 재료 준비에 대한 내용으로 옳지 않은 것은?
① 저장 온도는 -7℃가 적합하다.
② 노화방지제를 소량 사용한다.
③ 반죽은 조금 되게 한다.
④ 크로와상 등에 이용된다.

①

04 반죽의 결과 온도

1) 반죽 온도 조절

① 반죽 온도는 발효 관리에 중요한 요소이며 반죽이 완성된 직후에 나타내는 온도이다.

② 반죽 온도가 높고 낮음에 따라 반죽의 상태와 발효의 속도가 달라진다.

③ 온도 조절이 가장 쉬운 물을 사용해 반죽 온도를 조절한다.

④ 제빵법에 따른 적합한 반죽 온도

- 스트레이트법 : 27℃(데니시페이스트리 18~22℃)
- 스펀지도법 : 스펀지 24℃, 도 27℃
- 액체 발효법 : 액종 반죽 온도 30℃
- 비상반죽법 : 비상스트레이트법 30℃, 비상스펀지도법 30℃
- 노타임반죽법 : 30℃

2) 스트레이트법에서의 반죽 온도 계산

① 마찰계수 = (결과 온도 × 3) − (밀가루 온도 + 실내 온도 + 수돗물 온도)

② 사용할 물 온도 = (희망 온도 × 3) − (밀가루 온도 + 실내 온도 + 마찰계수)

③ 얼음 사용량 = 사용할 물량 × (수돗물 온도 − 사용할 물 온도)/80 + 수돗물 온도

3) 스펀지법에서의 반죽 온도 계산

① 마찰계수 = (결과 온도 × 4) − (밀가루 온도 + 실내 온도 + 수돗물 온도 + 스펀지 온도)

② 사용할 물 온도 = (희망 온도 × 4) − (밀가루 온도 + 실내 온도 + 마찰계수 + 스펀지 온도)

③ 얼음 사용량 = 사용할 물량 × (수돗물 온도 − 사용할 물 온도)/80 + 수돗물 온도

4) 온도 계산법에서의 용어

① 실내 온도 : 작업실의 온도

② 수돗물 온도 : 반죽에 사용한 물의 온도

③ 마찰계수 : 반죽이 이루어지는 반죽기 내에서 마찰력에 의해 상승한 온도

④ 결과 온도 : 반죽이 종료된 후의 반죽 온도

⑤ 희망 온도 : 반죽 후 원하는 결과 온도

기적의 TIP

반죽온도 계산법에서 80이라는 숫자는 섭씨일 때 물 1g이 얼음 1g으로 되는 데 필요한 열량계수이다.

05 반죽의 물리적 실험

1) 패리노그래프(Farinograph)

① 밀가루의 흡수율, 글루텐의 질, 혼합 시간, 반죽 내구성 등을 측정하는 기계이다.
② 곡선이 500B.U.에 도달하는 시간을 그래프로 나타낸다.

2) 익스텐소그래프(Extensograph)

① 반죽의 신장성에 대한 저항을 측정하는 기계이다.
② 발효에 의한 반죽의 성질을 결정하는 것으로 개량제의 효과를 측정할 수 있다.

3) 아밀로그래프(Amylograph)

① 온도 변화에 따라 점도에 미치는 밀가루의 α-아밀라아제의 활성을 측정하는 기계이다.
② 밀가루의 호화 정도, 전분의 질을 측정한다.
③ 그래프의 곡선 높이는 400~600B.U.가 적당하다.
④ 그래프의 높이가 너무 높으면 α-아밀레아제의 양이 적어 노화가 촉진된다.
⑤ 그래프의 높이가 너무 낮으면 α-아밀라아제의 양이 많아 효소 활성이 활발해져서 제품의 내부 조직이 약화된다.

4) 레오그래프(Rhe-O-Graph)

① 반죽이 기계적 발달을 할 때 일어나는 변화를 측정하는 기계이다.
② 밀가루의 흡수율을 측정할 수 있다.

5) 믹소그래프(Mixograph)

① 반죽하는 동안 반죽의 형성, 밀가루의 흡수율, 글루텐의 발달 정도를 측정하는 기계이다.
② 반죽 시간과 반죽의 내구성을 파악할 수 있다.

SECTION
02
출제빈도 상 중 **하**
반복학습 1 2 3

충전물·토핑물 제조

빈출 태그 ▶ 충전물용 농화제 · 토핑물의 정의

01 충전물

① 파이, 타르트, 슈, 페이스트리 등의 제품에 내용물을 넣어서 굽거나, 구운 후에 제품의 속에 내용물을 채우는 것이다.
② 일반적으로 필링(Filling)이라 부르며, 과일을 이용하거나 크림을 만들어 충전한다.
③ 충전물은 성형할 때 넣어 굽는 형태나 구운 후 충전하는 형태로 사용할 수 있다.

02 충전물의 종류

1) 과일 충전물

① 신선한 과일은 설탕 절임으로 하여 만들고, 건조 과일은 물에 불려 사용한다.
② 냉동 과일, 통조림 과일은 과즙을 분리하여 호화시켜 사용한다.

2) 크림 충전물

① 크림류는 재료의 특성상 세균의 번식이 쉬우므로 밀폐하여 냉장고에 보관하여 안전하고 위생적으로 사용한다.
② 버터 크림 : 유지를 크림 상태로 만든다. 설탕, 물, 물엿을 114~118℃로 끓여서 식힌 시럽을 조금씩 넣으면서 계속 믹싱한다. 마지막에 연유, 술, 향료(에센스 타입)를 넣는다.
③ 커스터드 크림 : 우유, 달걀, 설탕을 섞고, 안정제로 옥수수 전분이나 박력분을 넣어 끓인 크림이다. 달걀이 크림의 점성과 결합제 역할을 한다.
④ 휘핑 크림
• 생크림(Fresh Cream) : 유지방을 18% 이상 함유한 크림이다. 크림 100에 대하여 5~10%의 설탕 또는 분설탕을 넣어 휘핑하여 사용하고, 보관이나 작업 시 3~7℃로 냉각시켜 사용한다.
• 디프로매트 크림 : 커스터드 크림과 무가당 휘핑 크림을 1:1의 비율로 혼합하여 만든 크림이다.
• 휘핑 크림 : 식물성 지방을 함유한 크림으로 기포성과 안정성을 강화한 제품이다. 온도 4~6℃에서 휘핑하고, 무가당 크림은 5~10%의 설탕을 넣어 오버런 85~90% 정도로 휘핑 후 사용한다.

> **기적의 TIP**
> 끓인 시럽이 냉각되는 동안 설탕의 재결정화를 방지하기 위해 주석산을 사용한다.

> **기적의 TIP**
> **오버런(Over Run)**
> • 휘핑 후 크림이 부푼 정도 (공기 포집 정도)를 나타낸 것으로, 오버런 100%는 체적이 2배로 증가된 것을 나타낸다.
> • 오버런(%)= $\dfrac{\text{휘핑 후 부피} - \text{휘핑 전 부피}}{\text{휘핑 전 부피}}$

⑤ 가나쉬 크림 : 초콜릿에 생크림의 양을 조절하여 만든 초콜릿 크림으로 기본 배합
은 초콜릿과 생크림이 1:1이지만, 생크림의 양에 따라 부드러움을 조절할 수 있다.

⑥ 아몬드 크림 : 버터, 설탕, 달걀, 아몬드 분말 등을 재료를 사용하여 제조한다. 크
림법을 이용하여 제조할 때 분리되지 않도록 주의하고, 가열하여 사용한다.

3) 충전물용 농화제

① 종류 : 옥수수 전분, 타피오카 전분, 감자 전분, 쌀 전분, 식물성 검류 등

② 사용 목적
• 충전물을 조릴 때 호화 속도를 촉진한다.
• 충전물이 냉각되었을 때 적정 농도를 유지한다.
• 광택을 제공하고, 과일에 들어있는 산의 작용을 없앤다.
• 과일의 색과 향을 조질한다.
• 전분은 시럽에 사용하는 설탕 사용량(100%)의 28.5%, 물 사용량의 8~11%, 설탕
을 함유한 시럽의 6~10%를 사용한다.

03 토핑물

1) 토핑물의 개념

① 제품을 성형하고 굽기 전에 제품 위에 얹거나 굽기 공정 후 제품 위에 얹어 시각적
인 효과를 높이고 맛을 좋게 한다.
② 토핑물은 충전물의 재료와 상호 보완하여 사용하기도 한다.

2) 토핑물의 종류

① 견과류 : 아몬드, 땅콩, 피칸, 캐슈너트, 은행, 잣 등
② 초콜릿
③ 냉동 건과일
④ 설탕

SECTION 03

반죽 발효 관리

출제빈도 상 중 하
반복학습 1 2 3

빈출 태그 ▶ 1차 발효의 목적 • 1차 발효 관리 • 2차 발효 관리

01 1차 발효(Fermentation)

1) 1차 발효의 개념

① 발효란 어떤 물질 속에서 효모, 박테리아, 곰팡이 같은 미생물이 당류를 분해하거나 산화, 환원시켜 알코올, 산, 케톤을 만드는 생화학적 변화이다. 이 변화에 의해 열이 발생하고 탄산가스 같은 기체가 발생한다.

② 빵은 효모가 반죽 속의 당을 분해하여 알코올과 탄산가스를 만들고, 이렇게 생성된 탄산가스가 그물망 모양의 글루텐의 막에 막히면서 반죽을 부풀리게 한다.

③ 발효에는 알코올 발효, 아세트산 발효, 젖산 발효 등이 있다.

2) 1차 발효의 목적

① 반죽의 팽창 : 가스 발생력을 극대화 시키고, 반죽의 신장성을 향상시켜 가스 보유력을 증대시킨다.

② 반죽의 숙성 : 이스트의 효소가 작용하여 반죽을 유연하게 만든다.

③ 빵의 풍미 생성 : 발효에 의해 생성된 알코올, 유기산, 에스테르 등을 축적하여 빵의 독특한 향과 맛을 부여한다.

3) 1차 발효 관리

제법	발효실 조건	발효의 완료점
스트레이트법	• 온도 : 27℃ • 습도 : 75~80%	• 부피 3~3.5배 증가 • 반죽의 섬유질 생성 확인 • 반죽을 눌렀을 때 누른 자국이 그대로 변화가 없는 상태
스펀지법	• 온도 : 27℃ • 습도 : 75~80%	• 부피 4~5배 증가 • 표준 발효시간 3~4시간 • 드롭(반죽 중앙이 오목하게 들어감) 현상

4) 가스빼기(펀치, Punch)

① 발효를 시작하여 반죽의 부피가 2~2.5배가 되었을 때 반죽에 펀칭을 하여 가스를 뺀다.

② 펀치의 목적
• 반죽 온도를 균일하게 하여 발효 속도를 촉진한다.
• 반죽에 산소를 공급한다.
• 이스트를 활성화하여 반죽의 산화, 숙성을 촉진한다.

기적의 TIP

가스빼기를 할 때에는 전체 발효 시간의 2/3, 즉 60%가 지난 때 펀칭한다.

개념 체크

제빵 반죽 공정 중 1차 발효 중에 펀치를 하는 이유는?

① 반죽의 온도를 높이기 위해

② 효소를 불활성화 시키기 위해

③ 이스트를 활성화시키기 위해

④ 탄산가스 축적을 증가시키기 위해

③

5) 가스 발생력에 영향을 주는 요소

① 온도 조절이 가장 쉬운 물을 사용해 반죽 온도를 조절한다.
- 이스트의 양이 많으면 가스 발생력이 높아지고, 발효 시간은 짧아진다.
- 변경할 이스트 양 $= \dfrac{\text{기존 이스트 양} \times \text{기존 발효 시간}}{\text{변경할 발효 시간}}$

② 당의 양 : 5%까지는 비례하나 이상이면 가스 발생력이 약해져 발효 시간이 길어진다.

③ 반죽 온도 : 반죽 온도가 0.5℃ 상승하면 발효 시간은 15분 단축된다.

④ 반죽의 pH
- pH가 낮을수록 가스 발생력이 많아지고, pH4.0 이하로 내려가면 반대로 가스 발생력이 약해진다.
- 이스트가 활동하기 가장 좋은 pH : pH4.5~5.5(최적 pH4.7)
- 제품의 pH와 발효 상태의 관계 : pH5.0-지친 반죽, pH5.7-정상 반죽, pH6.0-어린 반죽

⑤ 손상 전분의 양(5~7%) : 손상 전분이 너무 많으면 효소의 활성이 지나쳐서 가스 발생력이 많아지고, 손상 전분이 적으면 가스 발생력이 적다.

⑥ 소금 양(1%) : 소금이 많으면 효소 작용을 억제하기 때문에 가스 발생력이 줄어든다.

⑦ 이스트푸드 : 암모늄염-이스트의 영양 공급, 산화제-가스 포집력 개선

6) 발효 손실

① 장시간 발효 중에 수분이 증발하고, 탄수화물이 발효에 의해 탄산가스와 알코올로 전환되어 발효 손실이 생긴다.

② 일반 발효 중에는 1~2%의 발효 손실이 발생한다.

③ 발효 손실에 관계되는 요인
- 배합률 : 소금과 설탕량이 너무 많으면 발효 손실이 적다.
- 반죽 온도 : 반죽 온도가 높을수록 발효 손실이 많으며, 낮을수록 손실이 적다.
- 발효 시간 : 발효 시간이 길수록 발효 손실이 많으며, 짧을수록 적다.
- 발효실의 온도 및 습도 : 발효실의 온도가 높고, 습도가 낮으면 발효 손실이 많다.

1) 2차 발효의 개념

① 정형한 반죽을 발효실에 넣어 숙성시켜 좋은 외형과 식감의 제품을 얻기 위하여 제품 부피의 70~80%까지 부풀리는 작업이다.
② 발효의 최종 단계이다.

2) 2차 발효의 목적

① 정형 공정을 거치면서 가스가 빠진 반죽을 다시 부풀린다.
② 빵의 향에 관계하는 알코올, 유기산, 그 외의 방향성 물질을 생산한다.
③ 유기산과 알코올 등 방향성 물질이 글루텐의 신장성과 탄력성을 높여 오븐 팽창이 잘 일어나도록 한다.
④ 바람직한 외형과 식감을 얻는다.

3) 2차 발효 관리

항목	온도	습도
일반적 조건	32~42℃	70~90%
식빵 · 과자빵류	38~40℃	85~90%
하스 브레드	32℃	75~80%
도넛	32℃	65~75%
데니시 페이스트리, 브리오슈	27~32℃	75~85%

4) 2차 발효의 완료점 판단 기준

① 정형된 반죽에서 2.5~3배 부풀었을 때
② 완제품의 70~80%의 부피로 부풀었을 때
③ 손가락으로 눌렀을 때 반죽의 저항성(탄력성)으로 판단
④ 철판에 놓고 굽는 제품 : 모양, 투명도, 기포의 크기, 촉감 등으로 판단
⑤ 틀을 이용하는 제품 : 틀 용적에 대한 부피 증가로 판단

🅑 기적의 TIP

2차 발효실의 온도
배합률, 밀가루의 종류, 산화제, 반죽 개량제, 유지의 종류, 발효 정도, 반죽과 정형방법, 제품의 종류 등에 따라 좌우된다.

✓ 개념 체크

2차 발효에 대한 설명으로 옳지 않은 것은?

① 이산화탄소를 생성시켜 최대한의 부피를 얻고 글루텐을 신장시키는 과정이다.
② 발효실의 온도는 반죽의 온도보다 반드시 같거나 높아야 한다.
③ 발효실의 습도는 평균 75~90% 정도이다.
④ 발효실의 습도가 높을 경우 겉껍질이 형성되고 터짐 현상이 발생한다.

④

5) 발효 조건에 따른 결과

① 온도가 낮을 경우
- 2차 발효 시간이 길어진다.
- 제품의 겉면이 거칠다.
- 풍미 생성이 충분하지 않다.

② 온도가 높을 경우
- 발효 속도가 빨라진다.
- 오븐 팽창이 좋지 않다.
- 껍질이 질겨지고 속과 껍질이 분리된다.
- 반죽이 산성이 되어 세균의 번식이 쉽다.

③ 습도가 낮을 경우
- 부피가 작고 반죽 표피가 말라 껍질이 생긴다.
- 제품의 윗면이 솟아오른다.
- 껍질색이 고르게 나지 않는다.
- 얼룩이 생기기 쉬우며 광택이 부족하다.

④ 습도가 높을 경우
- 껍질에 수포가 생긴다.
- 거칠고, 질긴 껍질을 형성한다.
- 반점이나 줄무늬가 생긴다.
- 제품의 윗면이 납작해진다.

⑤ 발효가 부족할 경우(어린 반죽)
- 속결이 조밀하고 조직이 가지런하지 않다.
- 글루텐의 신장성이 불충분하여 부피가 작다.
- 껍질에 균열이 일어나기 쉽다.
- 껍질색이 짙고 붉은 기가 있다.

⑥ 발효가 지나칠 경우(지친 반죽)
- 껍질색이 여리다.
- 과다한 산의 생성으로 향이 좋지 않다.
- 기공이 거칠고 옆면이 들어가 주저앉기 쉽다.

✔ 개념 체크

식빵의 껍질이 연한 색이 되는 원인이 아닌 것은?

① 설탕 사용 부족
② 불충분한 굽기
③ 높은 오븐 온도
④ 2차 발효실의 습도 부족

③

SECTION 04 분할하기

출제빈도 상 중 **하**
반복학습 1 2 3

빈출 태그 ▶ 기계 분할 · 손 분할

01 분할

1) 분할의 개념

① 1차 발효를 끝낸 반죽을 미리 정한 무게만큼씩 나누는 일이다.
② 분할하는 과정에도 발효가 진행되므로 가능한 빠른 시간 내에 분할해야 한다.

2) 분할 방법

① 기계 분할

• 분할 전용 기계를 사용하는 방법으로 반죽의 부피를 기준으로 분할한다.
• 분할 속도는 통상 12~16회/분으로 한다. 속도가 너무 빠르면 기계 마모가 증가하고, 느리면 반죽의 글루텐이 파괴된다.
• 식빵은 15~20분, 과자빵류는 30분 이내에 분할하며, 반죽이 분할기에 달라붙지 않도록 유동파라핀 용액을 바른다.

② 손 분할

• 주로 소규모 공장에서 사용하는 방법으로 무게를 달아 분할한다.
• 기계 분할에 비하여 부드럽게 할 수 있으므로 약한 밀가루 반죽의 분할에 유리하다.
• 반죽의 손상이 적어 오븐 스프링이 좋아 부피가 양호한 제품을 만들 수 있다.
• 덧가루는 빵속에 줄무늬를 만들고 맛을 변질시키므로 가능한 적게 사용한다.

3) 분할 시 주의점

① 반죽의 무게를 정확히 분할하여 전체 제품의 수를 일정하게 한다.
② 손으로 분할할 때는 분할시간을 빠르게 단축하여 반죽 온도가 낮아지거나 반죽의 겉이 마르지 않도록 주의한다.
③ 기계로 분할할 때는 분할기 구조에 따라 제품이 크게 달라지므로 반죽이 손상되지 않도록 주의한다.

> **🅑 기적의 TIP**
>
> 윤활유로 사용하는 유동파라핀 용액이 빵에 0.15% (1,500ppm) 이상 남으면 안 된다.

> **✅ 개념 체크**
>
> 분할기에 의한 기계식 분할 시 분할의 기준이 되는 것은?
>
> ① 무게
> ② 모양
> ③ 배합율
> ④ 부피
>
> ④

둥글리기

빈출 태그 ▶ 둥글리기의 목적 · 라운더의 종류

01 둥글리기

1) 둥글리기의 개념

분할한 반죽을 손이나 전용 기계로 뭉쳐 둥글림으로써 반죽의 잘린 단면을 매끄럽게 마무리하고 가스를 균일하게 조절하는 과정이다.

2) 둥글리기의 목적

① 반죽의 절단된 면의 점착성을 감소시키며 표피를 형성하여 탄력을 유지시킨다.
② 가스를 균일하게 분산하여 적절한 상태로 만든다.
③ 분할로 흐트러진 글루텐의 구조와 방향을 정돈시킨다.
④ 분할된 반죽을 성형하기 적절한 상태로 만든다.

3) 둥글리기의 방법

① 수동 : 분할된 반죽이 작은 경우에는 손바닥 위에서 둥글리고, 큰 경우에는 작업대 위에서 둥글리기 한다.
② 자동 : 라운더(Rounder)를 사용하여 빠르게 둥글리기를 할 수 있으나 반죽의 손상이 많다.

4) 라운더의 종류

① 우산형 라운더
② 드럼형 라운더
③ 절구형(사발형) 라운더
④ 인테그라형 라운더
⑤ 팬 오 맷형 라운더
⑥ 멀티 맷형 라운더

중간발효

01 중간발효

1) 중간발효의 개념

① 둥글리기가 끝난 반죽을 성형하기 전에 잠시 발효시키는 것이다.
② 벤치타임(Bench Time)이라고도 한다.

2) 중간발효의 목적

① 분할과 둥글리기 과정에서 손상된 글루텐의 구조를 재정돈한다.
② 가스 발생으로 반죽의 유연성을 회복한다.
③ 반죽의 신장성을 증가시켜 성형 과정에서 밀어펴기를 쉽게 한다.

3) 중간발효의 방법

① 반죽의 수분이 날아가지 않도록 젖은 헝겊이나 비닐로 덮어둔다.
② 캐비닛 발효실에 넣는다.
③ 연속 컨베이어 시스템이 갖추어져 있는 대규모 공장에서는 오버 헤드 프루퍼를 이용하기도 한다.

4) 중간발효의 조건

① 온도 : 27~29℃
② 습도 : 75%
③ 시간 : 10~20분
④ 부피 : 1.7~2.0배 팽창

🅑 기적의 TIP

중간발효 시 습도
· 습도가 낮으면 반죽 표면이 말라 딱딱해진다.
· 습도가 너무 높으면 반죽이 끈적거려 덧가루의 사용량이 늘어난다.

✅ 개념 체크

중간발효의 목적이 아닌 것은?

① 글루텐 구조 재정돈
② 신장성 증가시켜 성형에서 밀어펴기 용이
③ 기공의 제거
④ 반죽에 유연성 회복

③

01 성형

1) 성형의 개념
중간발효가 끝난 반죽을 틀에 넣기 전에 제품의 형태와 모양을 만드는 공정이다.

2) 작업실 조건
① 온도 : 27~29℃
② 상대습도 : 75% 내외

3) 성형 공정
① 밀기 : 반죽을 밀대나 롤러로 밀어서 큰 가스를 빼내어 기포를 균일하게 분산시켜 제품의 내부 기공을 균일하게 한다.
② 말기 : 적당한 압력을 주면서 고르게 말거나 접기를 한다. 성형기의 압력이 강하면 말은 반죽이 아령과 같은 모양이 되므로 주의한다.
③ 봉하기 : 2차 발효 중이나 굽는 과정에서 터지는 것을 방지하기 위하여 단단하게 봉한다.

4) 성형 방법
① 손으로 하는 방법
② 기계(성형기)로 하는 방법

팬닝

01 팬닝

1) 팬닝의 개념

성형이 완료된 반죽을 틀에 채우거나 나열하는 공정으로, 팬 넣기라고 한다.

2) 팬닝의 조건

① 반죽의 무게와 상태를 정하여 비용적에 맞추어 적당한 반죽량을 넣는다.
- 분할량 = 팬의 용적/비용적(cm^3/g)
- 비용적 : 단위 질량을 가진 물체가 차지하는 부피를 말하며, 단위는 cm^3/g이다(산형 식빵 : $3.2 \sim 3.5 cm^3/g$, 풀먼 식빵 : $3.3 \sim 4.0 cm^3/g$).

② 반죽의 이음매는 팬의 바닥에 놓아 2차 발효나 굽기 공정 중 이음매가 벌어지는 것을 방지한다.

③ 팬의 온도 : 32℃

3) 팬닝의 방법

① 스트레이트 팬닝 : 한 덩어리의 식빵같이 성형기에서 나오는 반죽을 그대로 틀에 넣는다.

② 교차 팬닝 : 풀먼 브레드와 같이 뚜껑을 덮어 굽는 제품은 반죽을 길게 늘려 U자, N자, M자형으로 넣는다.

③ 트위스트 팬닝 : 반죽을 2~3개 꼬아 팬에 넣는다.

④ 스파이럴 팬닝 : 스파이럴 몰더와 연결되어 있어 성형한 반죽이 자동으로 팬에 들어가게 된다.

✅ 개념 체크

팬닝 시 주의할 사항으로 적합하지 않은 것은?

① 팬에 적정량의 팬 오일을 바른다.
② 반죽의 이음매가 틀의 바닥에 놓이도록 팬닝한다.
③ 틀이나 철판의 온도를 22℃로 맞춘다.
④ 반죽의 무게와 상태를 정하여 비용적에 맞추어 적당한 반죽량을 넣는다.

③

02 팬 관리

1) 팬 관리의 목적

이형성을 좋게 하여 제품이 팬에서 분리가 쉽도록 하며, 열의 흡수를 좋게 하고 팬의 수명을 늘리기 위해 팬을 관리해야 한다.

2) 팬 관리의 방법

① 팬을 마른 천으로 닦아 유분과 이물질을 제거한다.
② 기름을 바르지 않고 철판은 280℃, 양철판은 220℃에서 1시간 굽는다.
③ 60℃ 이하로 냉각 후 이형유를 얇게 바르고 다시 굽는다.
④ 다시 냉각하여 기름을 바르고 보관한다.

3) 팬 오일

① 무색, 무미, 무취의 산패에 강한 것이 좋다.
② 발연점이 210℃ 이상의 높은 것을 사용한다.
③ 반죽 무게의 0.1~0.2% 정도 사용한다.
④ 기름을 과다 사용하면 밑 껍질이 두껍고 어두워진다.

🅑 기적의 TIP

팬 오일의 종류
이형제, 면실유, 대두유, 땅콩기름 등 식물성 기름을 사용한다.

✅ 개념 체크

팬에 바르는 기름은 무엇이 높은 것을 선택해야 하는가?

① 산가
② 크리밍성
③ 가소성
④ 발연점

④

반죽 익히기

01 반죽 익히기 방법의 종류 및 특징

1) 굽기의 개념

① 반죽에 열을 주어 가볍고 기공이 있는 조직으로 소화하기 쉽고 향이 있는 제품을 만들어 내는 것을 의미한다.

② 굽기 과정은 제빵에서 최종적인 공정이며 가장 중요한 과정이다. 이 과정에서 생물학적 변화는 정지되고, 미생물과 효소도 불활성화 된다.

2) 굽기의 목적

① 발효에 의해 생긴 탄산가스를 열 팽창시켜 빵의 부피를 갖추게 한다.

② 전분을 호화시켜 소화가 쉬운 제품을 만든다.

③ 껍질의 생성과 착색으로 빵의 맛과 향을 향상시킨다.

3) 굽기 단계

① 1단계

• 처음 굽기 시간의 25~30%로 부피가 급격히 커지는 단계이다.

• 탄산가스가 열을 받아 팽창하여 반죽 전체로 퍼지면서 반죽의 부피가 커진다.

② 2단계

• 반죽의 표피에 색이 나기 시작하는 단계이다.

• 수분의 증발과 함께 캐러멜화 반응과 갈변 반응이 일어난다.

③ 3단계

• 중심부까지 열이 전달되어 반죽이 완전히 익고 안정되는 단계이다.

• 제품의 옆면이 단단해지고 껍질색이 진해진다.

4) 굽기의 방법

① 저율배합과 발효가 과다인 반죽은 고온에서 단시간 굽는다.

② 고율배합과 발효가 부족한 반죽은 저온에서 장시간 굽는다.

③ 언더 베이킹 : 고온에서 단시간 구우면 수분이 많이 남아있고 내부가 익지 않아 주저앉기 쉽다.

④ 오버 베이킹 : 저온에서 장시간 구우면 수분 손실이 많고 노화가 빠르다.

✔ 개념 체크

식빵은 몇 단계로 굽는가?

① 1단계
② 3단계
③ 4단계
④ 5단계

②

1) 굽기 반응

① **오븐 팽창(Oven Spring)**
- 반죽의 내부 온도가 49℃에 달하면 반죽이 급격하게 부풀어 굽기 전 크기를 기준으로 약 1/3 정도 부피가 팽창하는 것을 말한다.
- 발효하는 동안 생긴 가스세포가 열을 받으면서 압력이 커져 세포벽이 팽창한다.
- 탄산가스와 용해 알코올이 기화하면서 가스압이 증가하여 오븐스프링이 일어난다.
- 알코올은 79℃부터 증발하여 빵에 특유의 향이 발생한다.
- 글루텐의 연화와 전분의 호화, 가소성화가 팽창을 돕는다.

② **오븐 라이즈(Oven Rise)**
- 반죽의 내부 온도가 아직 60℃에 이르지 않은 상태이다.
- 이스트의 활동과 효소의 활성으로 반죽 속에 가스가 만들어지므로 반죽의 부피가 조금씩 커진다.

③ **전분의 호화**
- 굽기 과정 중 전분 입자는 40℃에서 팽윤하기 시작하여 56~60℃에 이르면 전분이 호화하기 시작한다.
- 전분 입자는 70℃ 전후에 이르면 유동성이 급격히 떨어지며 호화를 완료한다.
- 전분의 호화는 산도, 수분과 온도에 의해 영향을 받는다.

④ **단백질 변성** : 반죽의 내부 온도가 74℃를 넘으면 단백질이 굳기 시작하여 열변성을 일으키고, 호화된 전분과 함께 빵의 구조를 형성하게 된다.

⑤ **효소의 작용** : 반죽 온도가 60℃에서 호화하기 시작하면서 효소가 활동한다. 알파-아밀라아제는 65~95℃에서 불활성되고, 베타-아밀라아제는 52~72℃에서 2~5분 사이에 급속히 변성된다.

⑥ **향의 생성**
- 향은 주로 껍질에서 생성되어 빵 속으로 침투되고 흡수되어 형성된다.
- 향의 원인은 사용 재료, 이스트에 의한 발효 산물, 화학적 변화, 열반응 산물이다.
- 향에 관계하는 물질은 알코올류, 유기산류, 에스테르류, 케톤류이다.

⑦ **껍질의 갈색 변화** : 캐러멜화 반응과 메일라드 반응에 의해 껍질색이 진하게 갈색으로 나타나는 현상이다.
- 캐러멜화 반응 : 높은 온도(160~180℃)에 의해 당류가 갈색으로 변하는 반응이다.
- 메일라드 반응 : 당류와 아미노산이 결합하여 갈색 색소인 멜라노이딘을 만드는 반응이다.

2) 굽기 손실

① 굽기 손실
- 반죽 상태에서 빵의 상태로 구워지는 동안 무게가 줄어드는 현상이다.
- 발효 산물 중 휘발성 물질과 수분이 증발하여 손실이 발생한다.

② 굽기 손실에 영향을 주는 요인
- 배합률, 굽는 시간, 굽는 온도, 제품의 크기 등
- 굽기 손실률(%) = (반죽 무게 − 완제품 무게)/반죽 무게×100

③ 굽기의 실패 원인

원인	제품에 나타나는 결과
너무 높은 온도	• 빵의 부피가 작고 껍질색이 진하다. • 굽기 손실이 적고 눅눅한 식감이 된다. • 과자빵은 반점이나 불규칙한 색이 난다.
너무 낮은 온도	• 빵의 부피가 크고 껍질이 두껍다. • 굽기 손실 비율이 크다. • 구운색이 엷고 광택이 부족하다. • 기공이 거칠고 풍미가 떨어진다.
과량의 증기	• 껍질이 두껍고 질기다. • 표피에 수포가 생기기 쉽다.
부족한 증기	• 껍질이 균열되기 쉽다. • 구운색이 엷고 광택이 없다.
부적절한 열의 분배	• 고르게 익지 않는다. • 오븐 내의 위치에 따라 빵의 굽기 상태가 달라진다. • 빵을 슬라이스 할 때 찌그러지기 쉽다.
부적당한 팬의 간격	• 팬끼리 간격이 너무 가까우면 열 흡수량이 적어진다. • 반죽 중량이 450g인 경우 2cm, 680g인 경우 2.5cm의 간격을 유지한다.

 개념 체크

굽기 및 냉각 손실이 13%인 빵 완제품 중량을 600g으로 하려면 분할 무게는 얼마로 하는가?

① 568g

② 590g

③ 720g

④ 690g

④

03 관련 기계 및 도구

1) 오븐

① 데크 오븐 : 일반 소규모 제과점에서 사용하는 오븐으로 반죽을 넣는 입구와 출구 가 같은 오븐으로 각 선반의 온도를 조절할 수 있도록 되어 있다.

② 로터리 래크 오븐 : 팬을 래크의 선반에 끼운 채로 오븐에 넣어 굽는다. 열 전달이 고르며 동시에 많은 양을 구울 수 있어 대규모 공장에서 사용하는 오븐이다.

③ 터널 오븐 : 반죽이 들어가는 입구와 출구가 다른 오븐이다. 대량 생산 공장에서 많이 사용한다.

④ 컨벡션 오븐 : 내부에 송풍기(Fan)가 부착되어 있어 열을 강제 순환시켜 제품을 균일하게 착색시킨다.

⑤ 릴 오븐 : 오븐 속의 선반이 회전하여 구워지는 오븐이다. 내부 공간이 커서 많은 양의 제품을 구울 수 있기 때문에 중·소규모 공장에서 주로 사용된다.

2) 튀김기

자동 온도조절로 수동 또는 자동으로 제품을 튀기는 기계이다.

3) 찜기

고압, 고온의 증기를 공급하고 시간 조절 장치가 부착되어 있다.

CHAPTER

03

제품 저장 관리

제품의 냉각 및 포장

빈출 태그 ▶ 냉각 방법 • 포장재별 특성 • 제품의 결함과 원인

01 빵류 제품의 냉각 방법 및 특징

1) 냉각(Cooling)의 특징

① 갓 구워낸 빵을 식혀 제품 온도를 상온으로 낮추는 과정이다.
② 냉각 온도 : 빵 속의 온도 35~40℃
③ 수분 함량 변화 : 굽기 직후에는 껍질에 12%, 빵 속에 45%의 수분을 갖고 있으며 냉각 후에는 껍질에 27%, 빵 속에 38%를 갖는다.
④ 냉각 손실 : 식히는 동안 수분 증발로 인해 평균 2%의 무게 감소 현상이 일어난다.

2) 냉각의 목적

① 곰팡이 및 기타 균의 피해를 막는다.
② 빵의 절단 및 포장을 용이하게 한다.

3) 냉각 방법

① 자연 냉각 : 상온(20℃)에서 냉각하는 것으로, 실온에서 3~4시간 냉각시킨다.
② 터널식 냉각 : 공기 배출기를 이용하는 방법으로, 평균 냉각시간은 2~2.5시간이며 수분 손실이 많다.
③ 에어컨디션식 냉각 : 온도 20~25℃, 습도 85%의 공기에 통과시켜 90분간 냉각하는 방법이다.

4) 냉각 온도에 따른 영향

① 냉각 온도가 낮을 경우 : 제품이 건조하게 되어 노화가 빨리 진행되고 향미가 저하된다.
② 냉각 온도가 높을 경우 : 수분이 응축되어 곰팡이가 발생하기 쉽고 제품을 슬라이스 할 때 형태가 변하기 쉽다.

5) 슬라이스(Slice)

① 냉각한 빵을 일정한 두께로 자르거나 칼집을 내는 공정으로, 전용 기계(슬라이서)를 이용한다.
② 빵이 잘리는 속도는 제품의 유연성과 관련이 있으며, 빵이 부드러울수록 속도가 빠르다.

✓ 개념 체크

냉각 손실에 대한 설명으로 옳지 않은 것은?

① 식히는 동안 수분 증발로 무게가 감소한다.
② 여름철보다 겨울철이 냉각 손실이 크다.
③ 냉각 손실은 4% 정도가 적당하다.
④ 상대 습도가 높으면 냉각 손실이 작다.

③

02 토핑의 특성 및 제조 방법

① 빵류 제품의 마무리에 사용하는 토핑은 굽기 공정 후에 제품 위에 얹거나 장식하는 것으로 맛의 상승과 시각적인 효과를 높이고 표면이 마르지 않도록 하여 제품의 품질을 높인다.
② 토핑물은 충전물의 재료와 상호 보완하여 사용한다.
③ 토핑물의 종류로는 견과류, 초콜릿, 글레이즈, 폰당(Fondant), 냉동 건과일 등이 있다.
• 견과류 : 아몬드, 피칸, 캐슈너트, 땅콩, 헤이즐넛, 잣 등이다.
• 초콜릿 : 초콜릿 특유의 단맛과, 쓴맛, 향이 있다. 온도를 높이면 액체 상태로, 온도가 낮아지면 다시 고체 상태로 돌아가는 특징으로 제품의 모양을 만들어 준다.
• 글레이즈 : 제품의 표면에 광택을 내는 시각적인 효과와 제품의 건조를 방지하기 위해 사용한다.
• 폰당 : 제품의 윗면에 맛과 색을 내는 시각적인 효과로 사용한다.
• 냉동 건과일 : 급속 동결한 과일 제품은 영양성분 파괴가 거의 없고 색과 맛이 그대로 유지되는 것이 특징이다. 수분활성도가 3% 이하이므로 빵류 제품에 맛과 색을 내는 재료로 다양하게 사용한다. 크림이나 시럽과 함께 사용하기도 한다.

03 제품 포장의 목적

1) 포장의 개념

① 유통 과정에서 제품의 가치 및 상태를 보호하기 위해 적합한 용기에 담는 과정이다.
② 포장 온도는 35~40℃가 적당하다.

2) 제품 포장의 목적

① 수분 증발을 방지하여 저장성을 높인다.
② 미생물에 의한 오염을 방지한다.
③ 상품으로서의 가치를 높여 소비자의 구매 욕구를 충족시킨다.

기적의 TIP

포장 식품의 품질 변화
• 식품 자체의 변화 : 최초 포장된 내용물의 색, 맛, 향이 변하지 않아야 한다.
• 포장 재료의 변화 : 포장 재료의 특성을 잘 선택하여 식품 고유의 특성이 변화되지 않도록 한다.
• 포장 환경 · 저장 조건의 변화 : 포장 환경과 저장 조건에 포장 식품의 품질이 변하지 않도록 주의한다.

04 포장재별 특성과 포장 방법

1) 포장재별 특성

① 합성수지 : 수지 종류 중 페놀 수지, 요소 수지, 멜라민 수지, 염화비닐 수지, 폴리에틸렌, 폴리프로필렌, 폴리스틸렌 등이 사용된다.

② 금속제 : 통조림용 관의 재질에 사용되는 것으로 주석 또는 납의 용출에 유의한다.

③ 유리 : 액체 식품용 용기 재질에 사용되는 것으로 알칼리 성분 및 규산의 용출에 유의한다.

④ 도자기 : 도자기, 옹기류 재질에 사용되는 것으로 유약, 안료 성분의 납 등의 용출에 유의한다.

⑤ 셀로판 : 투명하고 무미, 무취의 재질이나 찢어지기 쉬우며 내수성이 약하다.

⑥ 알루미늄 : 알루미늄 단독, 종이나 플라스틱에 붙여 사용하나 내약품성이 약하고 접히는 부분이 찢어지기 쉽다.

2) 포장 용기의 선택 시 고려사항

① 용기와 포장지에 유해물질이 없는 위생적인 것을 선택한다.

② 방수성이 있고 통기성이 없어야 한다.

③ 포장했을 때 상품의 가치를 높일 수 있어야 한다.

④ 단가가 낮고 포장에 의해 제품이 파손되지 않아야 한다.

⑤ 공기의 자외선 투과율, 내약품성, 내산성, 내열성, 투명성, 신축성 등을 고려한다.

⑥ 작업성(포장기계)이 좋아야 한다.

3) 포장 방법

① 기능에 따라 : 겉 포장, 속 포장, 낱개 포장

② 형태에 따라 : 상자 포장, 천 포장, 종이봉투 포장, 나무통 포장, 자루 포장

③ 기타 : 방수 포장, 방습 포장, 가스 치환 포장, 무균 포장 등

4) 표시사항 표기

① 식품 표시는 가공식품에 사용한 원료, 첨가물, 제조일, 유통 기간, 보존 방법 등을 식품 용기에 표시하는 것이다. 식품 표시 정보의 활용은 소비자의 알 권리를 보장함과 국민 건강, 의료비 절감 등의 효과가 있다.

② 표시사항은 '개별 표시 사항 및 표시 기준'에서 식품 등에 표시하도록 규정한 사항을 말한다. 제품명, 식품 유형, 업소(장)의 명칭(상호) 및 소재지, 제조 연월일, 유통기한 또는 품질 유지 기한, 내용량과 이 내용량에 해당하는 열량, 원재료명, 성분명 및 함량, 영양성분 등 식품에 관한 정보를 기재한다.

05 제품 관리

1) 제품 평가

완성된 제품의 외관이나 내부를 평가하여 상품적인 가치를 평가하는 것이다.

2) 제품 평가 기준

① 외부 평가
- 부피 : 분할 무게에 대한 완제품의 부피로 평가한다.
- 외형의 균형 : 좌우앞뒤 균형이 대칭인 것이 좋다.
- 터짐성 : 적당한 터짐(Break)과 찢어짐(Shred)이 나타나는 것이 좋다.
- 껍질색 : 균일한 황금갈색이 가장 좋다.
- 굽기의 균일화 : 전체가 균일하게 구워진 것이 좋다.
- 껍질 형성 : 두께가 일정하고 너무 질기거나 딱딱하지 않아야 한다.

② 내부 평가
- 조직 : 탄력성이 있고 부드러운 것이 좋다.
- 기공 : 얇은 세포벽의 기공이 균일한 것이 좋다.
- 속색상 : 줄무늬가 없어야 하며 밝은 색이 좋다.
- 향 : 제품 특유의 향을 나타내야 하지만 은은한 향을 내는 것이 좋다.
- 맛 : 가장 중요한 항목으로 제품 고유의 맛을 잘 살린 것이 좋다.

3) 어린 반죽과 지친 반죽으로 만든 제품 비교

항목	어린 반죽(발효, 반죽이 덜 된 것)	지친 반죽(발효, 반죽이 많이 된 것)
부피	작다	크다→작다(너무 지치면 작아진다)
외형의 균형	예리한 모서리	거칠고 열린 얇은 세포벽→두꺼운 세포벽
터짐성	찢어짐과 터짐이 아주 작다	찢어짐과 터짐이 크다→작다
껍질색	어두운 적갈색(잔당이 많기 때문)	밝은 색
구운 상태	어둡다	연하다
껍질 특성	두껍고 질기다	두껍고 단단해서 잘 부서지기 쉽다
조직	거칠다	거칠다
기공	거칠고 열린 두꺼운 세포벽	거칠고 열린 얇은 세포벽→두꺼운 세포벽
속색상	무겁고 어둡다	색이 희고 윤기가 부족하다
향	생밀가루 냄새	신 냄새
맛	덜 발효된 맛	과발효된 맛

4) 재료에 따른 영향

① 설탕 : 설탕을 5% 이상 사용하면 가스 발생력이 약해져 발효시간이 길어진다. 이스트의 먹이로 식빵에서 3% 정도 사용하면 완제품의 부피가 커진다.
② 쇼트닝(유지) : 완제품의 보존성과 저장성을 증가시킨다. 3~4% 첨가 시 가스 보유력에 좋은 영향을 나타낸다. 과다 사용했을 때 껍질이 거칠고 두꺼워지며 브레이크와 슈레드가 작아진다.
③ 소금 : 일반적으로 2%가 평균적이나 과다 사용하면 발효시간이 길어지고 제품의 부피가 작아진다. 최저 사용량은 1.7%이고 소금을 넣지 않으면 반죽이 끈적거리고 쳐지게 된다.
④ 우유 : 우유 사용량이 많으면 발효시간이 길어지고 껍질색이 진해진다.

5) 제품의 결함과 원인

① 식빵류의 결함과 원인

결함	원인	
거친 기공	• 발효 부족 • 낮은 오븐 온도 • 된 반죽 • 알칼리성 물 사용 • 오븐에서 거칠게 다룸	• 부적당한 반죽 • 이스트푸드 사용량 부족 • 약한 밀가루 사용 • 경수 사용 • 진 반죽
껍질이 갈라짐	• 효소제 사용량 부족 • 너무 높은 2차 발효실 습도 • 지치거나 어린 반죽	• 오븐 윗불의 높은 온도 • 갓 구워낸 빵을 너무 빨리 식힘
껍질이 질김	• 약한 밀가루 사용 • 2차 발효 과다 • 성형 때 거칠게 반죽을 다룸 • 저배합 비율 • 낮은 오븐 온도	• 지친 반죽 • 발효 부족 • 저급 밀가루 사용 • 오븐 속 증기 과다 • 2차 발효실의 습도가 높음
부피가 작음	• 이스트 사용량 부족 • 오래된 이스트 사용 • 지나친 발효 • 소금, 설탕, 쇼트닝, 분유, 효소제 과다 • 오래된 밀가루 사용 • 약한 밀가루 사용 • 2차 발효 불충분, 부족한 믹싱 • 이스트푸드 사용량 부족 • 오븐에서 거칠게 다룸	• 작업실의 낮은 온도 • 팬의 크기에 비해 부족한 반죽량 • 미성숙 밀가루 사용 • 알칼리성 물 사용 • 물 흡수량이 적다 • 반죽이 지나치거나 부족할 때 • 너무 차가운 믹서 • 오븐의 온도가 초기에 높을 때 • 오븐의 증기가 많거나 적을 때
표피에 수포 발생	• 질은 반죽 • 발효 부족 • 2차 발효에서 과도한 습도	• 오븐의 윗불 온도가 높음 • 성형기의 취급 부주의
껍질에 반점 발생	• 배합 재료가 고루 섞이지 않음 • 분유가 녹지 않음 • 덧가루 사용 과다	• 2차 발효실의 수분 응축 • 굽기 전 설탕의 용출
빵의 바닥이 움푹 들어감	• 지나친 2차 발효 • 믹서의 회전 속도가 느릴 때 • 팬에 기름칠을 하지 않음 • 초기 굽기의 지나친 온도	• 부족한 굽기 • 취급자의 비위생 • 식품 용기의 비위생

곰팡이 발생	• 제품 냉각 부족 • 작업도구 오염 • 먼지에 의한 오염	• 부족한 굽기 • 취급자의 비위생 • 식품 용기의 비위생
껍질색이 옅음	• 설탕 사용량 부족 • 오븐에서 거칠게 다룸 • 2차 발효실의 습도가 낮음 • 부적당한 믹싱 • 효소제 사용량 과다	• 오래된 밀가루 사용 • 1차 발효 시간의 초과 • 굽기 시간의 부족 • 오븐 속의 습도와 온도가 낮음 • 단물(연수) 사용
껍질색이 짙음	• 설탕 사용량 과다 • 높은 오븐 온도 • 1차 발효 부족 • 과도한 굽기	• 오븐의 윗불 온도가 높음 • 지나친 반죽 • 분유 사용량 과다 • 2차 발효실의 습도가 높을 때
부피가 너무 큼	• 과다한 1차, 2차 발효 • 소금 사용량 부족 • 약간 지나친 발효 • 낮은 오븐 온도 • 팬의 크기에 비해 많은 반죽	• 부적합한 성형 • 스펀지의 양이 많음 • 저율배합 • 팬 기름 과다
두꺼운 껍질	• 설탕, 분유 사용량 부족 • 이스트푸드 사용량 과다 • 지친 반죽 • 과도한 굽기	• 오븐 스팀량 부족 • 너무 강한 밀가루 • 낮은 오븐 온도 • 2차 발효실 습도 부족
브레이크(터짐)· 슈레드(찢어짐) 부족	• 발효 부족하거나 과다 • 연수 사용 • 이스트푸드 사용량 부족 • 2차 발효 과다 • 너무 높은 오븐 온도	• 너무 높은 2차 발효실 온도 • 진 반죽 • 오븐 증기 부족 • 2차 발효 부족
윗면이 납작하고 모서리가 날카로움	• 미숙성한 밀가루 사용 • 소금 사용량이 정량보다 많음 • 지나친 믹싱	• 진 반죽 • 발효실의 높은 습도
빵 속의 줄무늬 발생	• 덧가루 사용량 과다 • 반죽 개량제의 과다 사용 • 건조한 중간 발효 • 밀가루를 체쳐 사용하지 않음	• 2차 발효실의 낮은 습도 • 된 반죽 • 과다한 기름 사용 • 잘못된 성형기의 롤러 조절
빵 속색깔의 어두움	• 지친 반죽 • 맥아 사용량 과다 • 저급 밀가루 사용 • 과다한 표백제가 사용된 밀가루 • 2차 발효 과다	• 낮은 오븐 온도 • 이스트푸드 사용 과다 • 단단한 반죽 • 높은 팬 온도
빵의 옆면이 찌그러진 (움푹 들어간) 경우	• 지친 반죽 • 오븐 열의 고르지 못함	• 팬의 용적에 넘치는 반죽량 • 2차 발효 과다

 개념 체크

빵 제품의 껍질 색이 여리고 부스러지기 쉬운 상태가 되는 경우에 가장 영향을 미치는 요인은?

① 지나친 발효
② 발효 부족
③ 지나친 반죽
④ 반죽 부족

①

② 과자빵류의 결함과 원인

구분	원인	
껍질에 반점 발생	• 낮은 반죽 온도 • 숙성이 덜 된 반죽	• 발효 중 식은 반죽 • 2차 발효 후 지나친 찬 공기
빵 옆면의 허리가 낮음	• 이스트 사용량 부족 • 반죽 정도가 지나침 • 오븐의 아랫불 온도가 낮음 • 오븐 온도가 낮음	• 발효가 덜 된 반죽 사용 • 2차 발효 시간이 길음 • 성형할 때 지나치게 누름
껍질색이 옅음	• 배합재료 부족 • 지나친 반죽 • 발효시간 과다	• 반죽의 수분 증발 • 덧가루 사용량 과다
껍질색이 짙음	• 저급 밀가루 사용 • 낮은 반죽 온도 • 식은 반죽	• 낮은 습도 • 어린 반죽
풍미 부족	• 부적절한 재료 배합 • 저율배합표 사용 • 낮은 반죽 온도	• 낮은 오븐 온도 • 과숙성반죽 사용 • 2차 발효실의 높은 온도
빵 바닥이 거침	• 과다한 이스트 사용 • 부족한 반죽 정도	• 2차 발효실의 높은 온도
빵 속이 건조함	• 설탕 사용량 부족 • 과다한 스펀지 발효시간	• 된 반죽 • 낮은 오븐 온도
노화가 빠름	• 박력 밀가루 사용 • 설탕과 유지 사용량 부족 • 반죽 정도 부족	• 물 사용량 부족 • 보관 중 바깥 공기와 접촉
껍질이 두껍고 탄력이 적음	• 박력 밀가루 사용 • 설탕과 유지 사용량 부족 • 된 반죽	• 반죽 정도 부족 • 낮은 오븐 온도

제품의 저장 및 유통

빈출 태그 ▶ 냉장 저장 • 노화 지연 방법 • 변질 구분

01 저장 방법의 종류와 특징

1) 실온 저장

① 실온 저장 온도는 10~20℃, 상대 습도는 50~60%를 유지하며, 채광과 통풍이 잘 되어야 한다.

② 방충, 방서 시설, 통풍 및 환기 시설을 구비하고, 저장 장소의 내부에 온도계와 습도계(상대습도)를 부착하여 주기적으로 확인한다.

2) 냉장 저장

① 냉장 저장 온도는 0~10℃, 보통 5℃ 이하의 저온에서 유지하고 저장 • 관리한다.

② 저온으로 미생물의 증식을 일시적으로 억제시켜 보관을 증진한다.

③ 빵을 냉장 보관하면 노화가 빨리 진행된다.

3) 냉동 저장

① 냉동 저장 온도는 −23~−18℃, 습도는 75~95%를 유지한다.

② 냉동은 식품에 함유된 수분을 불활성화 시키는 과정으로 식품의 저장 기간을 연장하기 위한 수단으로 이용하고 있으나 너무 오랜 기간 보관하게 되면 식품의 품질이 저하된다.

③ 빵은 노화를 방지하기 위하여 냉동 보관해야 한다.

02 빵류 제품의 저장 · 유통 중의 변질

1) 빵의 노화

① 노화의 개념

• 빵의 껍질과 속결에서 일어나는 물리 · 화학적 변화로서 제품의 맛과 향미가 변화하며 딱딱하게 굳어가는 현상이다.

• 빵류 제품의 저장과 유통 시 제품의 상품가치를 유지하기 위해 가장 중요한 것이 제품의 노화를 지연시키고 제품을 안전하게 운반, 보관, 진열하는 것이다.

• 냉장 온도(0~10℃)에서 노화가 빠르게 진행된다.

② 노화 현상
- 껍질의 노화
  - 빵 속 수분이 표면으로 이동하고 공기 중의 수분이 껍질에 흡수된다.
  - 표피는 눅눅하고 질겨진다.
- 빵 속의 노화
  - 빵 속의 수분이 껍질로 이동하며 계속적인 노화가 진행된다. 호화전분이 퇴화하여 베타-전분으로 변하는 데 주원인이 된다.
  - 빵 속이 건조해지고 탄력성을 잃어 부스러지기 쉽다.
  - 조직이 거칠고 건조해지며 풍미를 잃고 좋지 않은 냄새를 풍긴다.

③ 노화를 지연시키는 방법
- 저장 온도를 −18℃ 이하 또는 30~35℃로 유지한다.
- 물 사용량을 높여 반죽의 수분 함량을 증가시킨다.
- 모노-디-글리세리드 계통의 유화제를 첨가한다.
- 당류와 유지 제품을 첨가한다.
- 탈지분유와 달걀을 사용하여 단백질을 증가시킨다.
- 반죽에 알파-아밀라아제를 첨가한다.
- 방습 포장 재료로 포장한다.
- 질 좋은 재료 사용과 제조 공정을 정확히 지킨다.

2) 빵의 변질

① 변질의 정의 : 빵류 제품의 보관과 유통 과정에서 산소 · 광선 · 온도 · 습도 등에 의한 화학적 작용, 효소에 의한 생화학적 작용, 위생동물과 미생물에 의한 생물학적 작용으로 제품이 변질되는 현상이다.

② 변질의 구분
- 부패 : 빵류 제품을 구성하는 단백질에 혐기성 세균이 번식하여 악취와 유해물질을 생성한다.
- 변패 : 탄수화물, 지방이 미생물에 의해 분해되어 빵의 맛과 풍미를 저하시킨다.
- 산패 : 유지 등 지방의 산화 등에 의해 악취나 변색이 일어나는 현상이다.
- 발효 : 미생물이나 효소의 작용에 의해 인체에 유익한 균을 생성하는 현상이다.

③ 곰팡이 발생을 방지하는 방법
- 작업실, 작업도구, 작업자의 위생을 청결히 한다.
- 제품에 곰팡이의 발생을 촉진하는 물질을 제거한다.
- 프로피온산나트륨, 프로피온산칼슘, 젖산이나 초산 등의 보존료를 사용한다.
- 곰팡이가 피지 않는 환경에서 보관한다.

🅱 기적의 TIP

산패에 의한 식품의 변질에는 미생물이 관여하지 않는다.

✔ 개념 체크

노화를 방지하기 위해 빵에 넣는 것은?

① 탄산수소나트륨
② 중조
③ 모노-디-글리세리드
④ 주석산

③

03 오염원 관리 방법

① 부패 등의 변질이 발생하지 않도록 원료 구입부터 제조 · 저장 · 유통의 각 단계별로 철저하게 관리하여 오염을 방지한다.

② 냉장 · 냉동 · 실온에서 저장할 수 있는 제품을 적절한 온도, 습도, 통풍, 채광 등 조건에 맞게 저장한다.

③ 재료 개봉 후에는 밀폐용기에 담아 저장, 제품은 포장 상태로 저장하고 바닥으로부터 25cm 위에서 보관하여 벌레, 미생물에 의한 오염을 방지한다.

④ 위생동물의 침입을 막기 위해 방충, 방서용 금속망을 30메시(Mesh)로 설치한다.

⑤ 재료의 사용 시 선입선출 기준에 따라 관리한다.

⑥ 저장고 입구에 안전한 보안과 위생관리를 철저히 하기 위하여 저장 관리 점검표에 체크한다.

⑦ 가벼운 것보다 무거운 것은 낮은 곳에 보관하여 입 · 출고를 쉽게 한다.

⑧ 주 1회 이상 청소를 실시하여 청결을 유지한다.

⑨ 제품의 저장 및 유통 과정의 매뉴얼을 만들어 관리한다.

🅑 기적의 TIP

선입선출 기준

• 재료의 겉면에 수령 일자가 잘 보이도록 표시한다.

• 재료 보관 선반에 재료명을 표기하여 재료별로 분류하여 정리한다.

• 선입선출이 용이하도록 먼저 입고된 것을 앞에, 나중에 입고된 것을 뒤에 위치하도록 보관한다.

• 먼저 입고된 것부터 꺼내어 사용한다.

PART

04

해설과 따로 보는
최신 기출문제

CBT 온라인 문제집

시험장과 동일한
환경에서 문제 풀이
서비스

• QR 코드를 찍으면 원하는 시험에 응시할 수 있습니다.
• 풀이가 끝나면 자동 채점되며, 해설을 즉시 확인할 수 있습니다.
• 마이페이지에서 풀이 내역을 분석하여 드립니다.
• 모바일과 PC도 이용 가능합니다.

제과기능사
최신 기출문제

제과기능사	소요 시간	문항 수
	총 60분	총 60문항

수험번호 : _____

성 명 : _____

정답 & 해설 ▶ 1-194쪽

01 40g의 계량컵에 물을 가득 채웠더니 240g이었다. 과자 반죽을 넣고 재보니 220g이 되었다면 이 반죽의 비중은 얼마인가?

① 0.85
② 0.90
③ 0.92
④ 0.95

02 다음 중 쿠키의 과도한 퍼짐 원인이 아닌 것은?

① 반죽의 되기가 너무 묽을 때
② 유지 함량이 적을 때
③ 설탕 사용량이 많을 때
④ 굽는 온도가 너무 낮을 때

03 고율배합의 제품을 굽는 방법으로 옳은 것은?

① 저온단시간
② 고온단시간
③ 저온장시간
④ 고온장시간

04 케이크 제품의 굽기 후 제품 부피가 기준보다 작은 경우의 원인이 아닌 것은?

① 틀의 바닥에 공기나 물이 들어갔다.
② 반죽의 비중이 높았다.
③ 오븐의 굽기 온도가 높았다.
④ 반죽을 팬닝한 후 오래 방치했다.

05 반죽형 케이크의 반죽 제조법에 대한 설명으로 옳지 않은 것은?

① 크림법 : 유지와 설탕을 넣어 가벼운 크림 상태로 만든 후 계란을 넣는다.
② 블렌딩법 : 밀가루와 유지를 넣고 유지에 의해 밀가루를 가볍게 피복한 후 건조, 액체 재료를 넣는다.
③ 설탕/물법 : 건조 재료를 혼합한 후 설탕 전체를 넣어 포화용액을 만드는 방법이다.
④ 1단계법 : 모든 재료를 한꺼번에 넣고 믹싱하는 방법이다.

06 퍼프 페이스트리의 휴지가 종료되었을 때 손으로 살짝 누르면 다음 중 어떤 현상이 나타나는가?

① 누른 자국이 남아 있다.
② 누른 자국이 원상태로 올라온다.
③ 누른 자국이 유동성 있게 움직인다.
④ 내부의 유지가 흘러나온다.

07 다음 중 허가된 천연유화제는?

① 구연산
② 고시폴
③ 레시틴
④ 세사몰

08 거품형 제품 제조 시 가온법의 장점이 아닌 것은?

① 껍질색이 균일하다.
② 기포 시간이 단축된다.
③ 기공이 조밀하다.
④ 달걀의 비린내가 감소된다.

09 과자 반죽의 믹싱 완료 정도를 파악할 때 사용되는 항목으로 적합하지 않은 것은?

① 반죽의 비중
② 글루텐의 발전 정도
③ 반죽의 점도
④ 반죽의 색

10 밀가루 100%, 달걀 166%, 설탕 166%, 소금 2%인 배합률은 어떤 케이크 제조에 적당한가?

① 파운드 케이크
② 옐로우 레이어 케이크
③ 스펀지 케이크
④ 엔젤 푸드 케이크

11 거품형 케이크 반죽을 믹싱할 때 가장 적당한 믹싱법은?

① 중속 → 저속 → 고속
② 저속 → 고속 → 중속
③ 저속 → 중속 → 고속 → 저속
④ 고속 → 중속 → 저속 → 고속

12 노화를 지연시키는 방법으로 옳지 않은 것은?

① 방습포장재를 사용한다.
② 다량의 설탕을 첨가한다.
③ 냉장 보관시킨다.
④ 유화제를 사용한다.

13 파운드 케이크를 만들기 위해 사용하는 유지에서 가장 중요한 기능은?

① 쇼트닝가
② 유화성
③ 안정
④ 가소성

14 1인당 생산가치는 생산가치를 무엇으로 나누어 계산하는가?

① 인원수
② 시간
③ 임금
④ 원재료비

15 같은 조건의 반죽에 설탕, 포도당, 과당을 같은 농도로 첨가했다고 가정할 때 메일라드(Maillard) 반응 속도를 촉진시키는 순서대로 나열된 것은?

① 설탕 〉 포도당 〉 과당
② 과당 〉 설탕 〉 포도당
③ 과당 〉 포도당 〉 설탕
④ 포도당 〉 과당 〉 설탕

16 도넛 제조 시 수분이 적을 때 나타나는 결점이 아닌 것은?

① 팽창이 부족하다.
② 혹이 튀어 나온다.
③ 형태가 일정하지 않다.
④ 표면이 갈라진다.

17 롤 케이크를 말 때 표면이 터지는 결점을 방지하기 위한 조치 방법이 아닌 것은?

① 덱스트린을 적당량 첨가한다.
② 오버 베이킹이 되도록 한다.
③ 노른자를 줄이고 전란을 증가시킨다.
④ 설탕의 일부를 물엿으로 대체한다.

18 다음 중 케이크 제품의 부피 변화에 대한 설명으로 옳지 않은 것은?

① 계란은 혼합 중 공기를 보유하는 능력을 가지고 있으므로 계란이 부족한 반죽은 부피가 줄어든다.
② 크림법으로 만드는 반죽에 사용하는 유지의 크림성이 나쁘면 부피가 작아진다.
③ 오븐 온도가 높으면 껍질 형성이 빨라 팽창에 제한을 받아 부피가 작아진다.
④ 오븐 온도가 높으면 지나친 수분의 손실로 최종 부피가 커진다.

19 다음 중 건조 방지를 목적으로 나무틀을 사용하여 굽기를 하는 제품은?

① 슈
② 밀푀유
③ 카스테라
④ 퍼프 페이스트리

20 제과 공장 설계 시 환경에 대한 조건으로 알맞지 않은 것은?

① 바다 가까운 곳에 위치하여야 한다.
② 환경 및 주위가 깨끗한 곳이어야 한다.
③ 양질의 물을 충분히 얻을 수 있어야 한다.
④ 폐수 및 폐기물 처리에 편리한 곳이어야 한다.

21 거친 설탕 입자를 파쇄하여 고운 눈금을 가진 체로 통과시킨 후 덩어리 방지제를 첨가한 제품은?

① 액당
② 분당
③ 전화당
④ 포도당

22 장기간의 저장성을 지녀야 하는 건과자용 쇼트닝에서 가장 중요한 제품 특성은?

① 가소성
② 안정성
③ 신장성
④ 크림성

23 다음 유제품 중 일반적으로 100g당 열량을 가장 많이 내는 것은?

① 요구르트
② 탈지분유
③ 가공치즈
④ 시유

24 건조 이스트는 같은 중량을 사용할 생 이스트보다 활성이 약 몇 배 더 강한가?

① 2배
② 5배
③ 7배
④ 10배

25 믹싱 시간, 믹싱 내구성, 흡수율 등 반죽의 배합이나 혼합을 위한 기초 자료를 제공하는 것은?

① 아밀로그래프(Amylograph)
② 익스텐소그래프(Extensograph)
③ 패리노그래프(Farinograph)
④ 레오그래프(Rheograph)

26 과실이 익어감에 따라 어떤 효소의 작용에 의해 수용성 펙틴이 생성되는가?

① 펙틴리가아제
② 아밀라아제
③ 프로토펙틴 가수분해 효소
④ 브로멜린

27 구워낸 케이크 제품이 너무 딱딱한 경우 그 원인으로 옳지 않은 것은?

① 배합비에 설탕의 비율이 높을 때
② 밀가루의 단백질 함량이 너무 많을 때
③ 높은 오븐 온도에서 구웠을 때
④ 장시간 굽기 했을 때

28 생산 공장 시설의 효율적 배치에 대한 설명으로 적합하지 않은 것은?

① 작업용 바닥면적은 그 장소를 이용하는 사람들의 수에 따라 달라진다.
② 판매장소와 공장의 면적배분은 3:1의 비율로 구성되는 것이 바람직하다.
③ 공장의 소요면적은 주방설비의 설치면적과 기술자의 작업을 위한 공간면적으로 이루어진다.
④ 공장의 모든 업무의 효과적으로 진행되기 위한 기본은 주방의 위치와 규모에 대한 설계이다.

29 검류에 대한 설명으로 옳지 않은 것은?

① 유화제, 안정제, 점착제 등으로 사용된다.
② 낮은 온도에서도 높은 점성을 나타낸다.
③ 무기질과 단백질로 구성되어 있다.
④ 친수성 물질이다.

30 과자와 빵에서 우유가 미치는 영향으로 옳지 않은 것은?

① 우유에 함유되어 있는 단백질, 유지방, 무기질, 비타민으로 영양을 강화시킨다.
② 우유에 함유되어 있는 단백질은 이스트에 의해 생성된 향을 착향시킨다.
③ 우유에 함유되어 있는 유당은 겉껍질 색깔을 강하게 한다.
④ 우유에 함유되어 있는 단백질은 보수력이 없어서 쉽게 노화된다.

31 다음 중 밀가루 제품의 분류에 가장 크게 영향을 주는 것은?

① 글루텐의 함유량
② 빛깔, 맛, 향기
③ 비타민 함유량
④ 원산지

32 강력분과 박력분의 가장 중요한 차이점은?

① 단백질 함량의 차이
② 비타민 함량의 차이
③ 지방 함량의 차이
④ 전분 함량의 차이

33 달걀에 대한 설명으로 옳은 것은?

① 달걀 노른자에 가장 많은 것은 탄수화물이다.
② 달걀 흰자의 대부분은 지방질이다.
③ 달걀 껍데기는 대부분 탄산칼슘으로 이루어져 있다.
④ 달걀은 흰자보다 노른자 중량이 더 크다.

34 푸딩을 제조할 때 경도의 조절은 어떤 재료에 의하여 결정되는가?

① 우유
② 설탕
③ 달걀
④ 소금

35 미생물에 의해 주로 단백질이 변화되어 악취 및 유해 물질을 생성하는 현상은?

① 발효
② 부패
③ 변패
④ 산패

36 식품안전관리인증기준(HACCP)을 식품별로 정하여 고지하는 자는?

① 시장 · 군수 · 구청장
② 환경부장관
③ 식품의약품안전처장
④ 보건복지부장관

37 다음 중 채소를 통해 감염되는 기생충은?

① 회충
② 선모충
③ 광절열두조충
④ 폐흡충

38 과산화수소의 사용 목적으로 알맞은 것은?

① 보존료
② 발색제
③ 살균제
④ 산화방지제

39 경구감염병과 비교할 때 세균성 식중독의 특징은?

① 2차 감염이 잘 일어난다.
② 경구 감염병보다 잠복기가 길다.
③ 발병 후 면역이 매우 잘 생긴다.
④ 많은 양의 균으로 발생한다.

40 부패의 물리학적 판정에 이용되지 않는 것은?

① 냄새
② 점도
③ 색 및 전기 저항
④ 탄성

41 감염형 식중독에 해당되지 않는 것은?

① 살모넬라균 식중독
② 포도상구균 식중독
③ 병원성 대장균 식중독
④ 장염 비브리오균 식중독

42 제과제빵 재료 중 트리몰린(Trimolin)이라는 전화당에 대한 설명으로 옳지 않은 것은?

① 설탕의 1.3배의 감미를 갖는다.
② 상대적 감미도는 포도당보다 낮으나 쿠키의 광택과 촉감을 위해 사용한다.
③ 흡습성이 강해서 제품의 보존기간을 지속시킬 수 있다.
④ 설탕을 가수분해시켜 생긴 포도당과 과당의 혼합물이다.

43 다음 중 일상적으로 먹는 소금인 식염을 구성하는 대표적인 원소는?

① 마그네슘, 염소
② 칼슘, 탄소
③ 나트륨, 염소
④ 칼륨, 탄소

44 우유 1컵(200ml)에 지방이 6g이라면 지방으로부터 얻을 수 있는 열량은?

① 6kcal
② 24kcal
③ 54kcal
④ 120kcal

45 식자재의 교차오염을 예방하기 위한 보관 방법으로 옳지 않은 것은?

① 원재료와 완성품을 구분하여 보관한다.
② 식자재와 비식자재를 함께 식품창고에 보관한다.
③ 뚜껑이 있는 청결한 용기에 덮개를 덮어서 보관한다.
④ 바닥과 벽으로부터 일정거리를 띄워 보관한다.

46 식품첨가물의 사용에 대한 설명으로 옳지 않은 것은?

① 식품첨가물 공전에서 식품첨가물의 규격 및 사용기준을 제한하고 있다.
② 식품첨가물은 안전성이 입증된 것으로 최대 사용량의 원칙을 적용한다.
③ GRAS란 역사적으로 인체에 해가 없는 것이 인정된 화합물을 의미한다.
④ ADI란 일일 섭취허용량을 의미한다.

47 성인의 에너지 적정 비율로 옳은 것은?

① 탄수화물 : 30~55%
② 단백질 : 7~20%
③ 지질 : 5~10%
④ 비타민 : 30~40%

48 산화방지제로 쓰이는 물질이 아닌 것은?

① 중조
② BHT
③ BHA
④ 세사몰

49 동물에게 유산을 일으키며 사람에게는 열병을 나타내는 인수공통감염병은?

① 탄저병
② 리스테리아증
③ 돈단독
④ 브루셀라증

50 밀 단백질 1% 증가에 대한 흡수율 증가는?

① 0~1%
② 1.5~2%
③ 3~4%
④ 5~6%

51 제분에 대한 설명으로 옳지 않은 것은?

① 넓은 의미의 개념으로 제분이란 곡류를 가루로 만드는 것이지만 일반적으로 밀을 사용하여 밀가루를 제조하는 것을 제분이라고 한다.
② 밀은 배유부가 치밀하거나 단단하지 못하여 도정할 경우 싸라기가 많이 나오기 때문에 처음부터 분말화 하여 활용한다.
③ 제분 시 밀기울이 많이 들어가면 밀가루의 회분 함량이 낮아진다.
④ 제분율이란 밀을 제분하여 밀가루를 만들 때 밀에 대한 밀가루의 백분율을 말한다.

52 케이크 제품에서 계란의 기능이 아닌 것은?

① 영양가 증대
② 결합제 역할
③ 유화작용 저해
④ 수분증발 감소

53 비터 초콜릿(Bitter Chocolate) 원액 속에 포함된 코코아 버터의 함량은?

① 3/8
② 4/8
③ 5/8
④ 7/8

54 세균이 분비한 독소에 의해 감염을 일으키는 것은?

① 감염형 세균성 식중독
② 독소형 세균성 식중독
③ 화학성 식중독
④ 진균독 식중독

55 포도상구균에 의한 식중독 예방책으로 가장 부적당한 것은?

① 조리장을 청결하게 한다.
② 멸균된 기구를 반드시 사용한다.
③ 섭취 전에 60℃ 정도로 가열한다.
④ 화농성 질환자의 조리 업무를 금지한다.

56 메틸알코올의 중독 증상과 거리가 먼 것은?

① 두통
② 구토
③ 실명
④ 환각

57 일반적으로 반죽을 강화시키는 재료는?

① 유지, 탈지분유, 달걀
② 소금, 산화제, 탈지분유
③ 유지, 환원제, 설탕
④ 소금, 산화제, 설탕

58 계란이 오래되면 어떠한 현상이 나타나는가?

① 비중이 무거워진다.
② 점도가 감소한다.
③ pH가 떨어져 산패된다.
④ 껍질이 두꺼워진다.

59 가나슈 크림에 대한 설명으로 옳은 것은?

① 생크림은 절대 끓여서 사용하지 않는다.
② 초콜릿과 생크림의 배합 비율은 10:1이 원칙이다.
③ 초콜릿 종류는 달라도 카카오 성분은 같다.
④ 끓인 생크림에 초콜릿을 더한 크림이다.

60 흰자를 사용하는 제품에 주석산 크림과 같은 산을 넣는 이유가 아닌 것은?

① 흰자의 알칼리성을 중화한다.
② 흰자의 거품을 강하게 만든다.
③ 머랭의 색상을 희게 한다.
④ 전체 흡수율을 높여 노화를 지연시킨다.

해설과 따로 보는 **최신 기출문제 02회**

제과기능사	소요 시간	문항 수
	총 60분	총 60문항

수험번호 : _____

성 명 : _____

정답 & 해설 ▶ 1-197쪽

01 일반적으로 강력분으로 만드는 것은?

① 소프트 롤 케이크
② 스펀지 케이크
③ 엔젤 푸드 케이크
④ 식빵

02 흰자를 거품내면서 뜨겁게 끓인 시럽을 부어 만든 머랭은?

① 냉제 머랭
② 온제 머랭
③ 스위스 머랭
④ 이탈리안 머랭

03 반죽 비중에 대한 설명으로 옳지 않은 것은?

① 비중이 높으면 부피가 작아진다.
② 비중이 낮으면 부피가 커진다.
③ 비중이 낮으면 기공이 열려 조직이 거칠어진다.
④ 비중이 높으면 기공이 커지고 노화가 느리다.

04 다음 중 비중이 가장 낮은 제품은?

① 젤리 롤 케이크
② 버터 스펀지 케이크
③ 파운드 케이크
④ 옐로우 레이어 케이크

05 공장 주방설비 중 작업의 효율성을 높이기 위한 작업 테이블의 설치 위치로 가장 적당한 것은?

① 오븐 옆
② 냉장고 옆
③ 발효실 옆
④ 주방의 중앙부

06 굳어진 설탕 아이싱 크림을 여리게 하는 방법으로 옳지 않은 것은?

① 설탕 시럽을 더 넣는다.
② 중탕으로 가열한다.
③ 전분이나 밀가루를 넣는다.
④ 소량의 물을 넣고 중탕으로 가온한다.

07 다음 중 반죽의 pH가 가장 낮아야 좋은 제품은?

① 화이트 레이어 케이크
② 스펀지 케이크
③ 엔젤 푸드 케이크
④ 파운드 케이크

08 푸딩에 대한 설명으로 옳은 것은?

① 우유와 설탕을 120℃로 데운 후 계란과 소금을 넣어 혼합한다.
② 우유와 소금의 혼합 비율은 100:1이다.
③ 계란의 열변성에 의한 농후화 작용을 이용한 제품이다.
④ 육류, 과일, 야채, 빵을 섞어 만들지는 않는다.

09 물엿을 계량할 때 바람직하지 않은 방법은?

① 설탕 계량 후 그 위에 계량한다.
② 스테인리스 그릇 혹은 플라스틱 그릇을 사용하는 것이 좋다.
③ 살짝 데워서 계량하면 수월할 수 있다.
④ 종이를 잘라서 그 위에 계량하는 것이 좋다.

10 설탕이 들어간 슈 껍질을 구울 때의 현상이 아닌 것은?

① 껍질의 팽창이 좋아진다.
② 상부가 둥글게 된다.
③ 내부에 구멍 형성이 좋지 않다.
④ 표면에 균열이 생기지 않는다.

11 고율배합에 대한 설명으로 옳지 않은 것은?

① 화학팽창제를 적게 쓴다.
② 굽는 온도를 낮춘다.
③ 반죽 시 공기 혼입이 많다.
④ 비중이 높다.

12 케이크 도넛의 제조 방법으로 옳지 않은 것은?

① 정형기로 찍을 때 반죽 손실이 적도록 찍는다.
② 정형 후 곧바로 튀긴다.
③ 덧가루를 얇게 사용한다.
④ 튀긴 후 그물망에 올려놓고 여분의 기름을 배출시킨다.

13 케이크 제품 평가 시 외부적 특성이 아닌 것은?

① 부피
② 껍질
③ 균형
④ 냄새

14 언더 베이킹(Under Baking)이란?

① 낮은 온도에서 장시간 굽는 방법
② 높은 온도에서 단시간 굽는 방법
③ 윗불을 낮게 밑불을 높게 굽는 방법
④ 윗불을 낮게 밑불을 낮게 굽는 방법

15 캐러멜 커스터드 푸딩에서 캐러멜 소스는 푸딩 컵의 어느 정도 깊이로 붓는 것이 적합한가?

① 0.2cm
② 0.4cm
③ 0.6cm
④ 0.8cm

16 다음 중 팬닝에 대한 설명으로 옳지 않은 것은?

① 반죽의 이음매가 틀의 바닥으로 놓이게 한다.
② 철판의 온도를 60℃로 맞춘다.
③ 반죽은 적정 분할량을 넣는다.
④ 비용적의 단위는 cm^3/g이다.

17 다음 중 산 사전 처리법에 의한 엔젤 푸드 케이크 제조공정에 대한 설명으로 옳지 않은 것은?

① 흰자에 산을 넣어 머랭을 만든다.
② 설탕 일부를 머랭에 투입하여 튼튼한 머랭을 만든다.
③ 밀가루와 분당을 넣어 믹싱을 완료한다.
④ 기름칠이 균일하게 된 팬에 넣어 굽는다.

18 다음 중 비용적이 가장 큰 제품은?

① 파운드 케이크
② 레이어 케이크
③ 스펀지 케이크
④ 식빵

19 냉동 페이스트리를 구운 후 옆면이 주저앉는 원인으로 옳지 않은 것은?

① 토핑물이 많은 경우
② 잘 구워지지 않은 경우
③ 2차 발효가 과다한 경우
④ 해동 온도가 2~5℃로 낮은 경우

20 포장된 제과 제품의 품질 변화 현상이 아닌 것은?

① 전분의 호화
② 향의 변화
③ 촉감의 변화
④ 수분의 이동

21 다음 중 쿠키의 퍼짐성이 작은 이유가 아닌 것은?

① 믹싱이 지나침
② 높은 온도의 오븐
③ 너무 진 반죽
④ 너무 고운 입자의 설탕 사용

22 파이를 만들 때 충전물이 흘러나왔을 경우, 그 원인이 아닌 것은?

① 충전물 양이 너무 많다.
② 충전물에 설탕이 부족하다.
③ 껍질에 구멍을 뚫어 놓지 않았다.
④ 오븐 온도가 낮다.

23 튀김기름의 품질을 저하시키는 요인으로만 나열한 것은?

① 수분, 공기, 반복 가열
② 수분, 탄소, 질소
③ 공기, 금속, 토코페롤
④ 공기, 탄소, 사사몰

24 밀가루 반죽에 관여하는 단백질은?

① 라이소자임
② 글루텐
③ 알부민
④ 글로불린

25 베이킹파우더 성분 중 이산화탄소를 발생시키지 않는 것은?

① 전분
② 탄산수소나트륨
③ 주석산
④ 인산칼슘

26 스펀지에서 드롭 또는 브레이크 현상이 일어나는 가장 적당한 시기는?

① 반죽이 약 1.5배 정도 부푼 후
② 반죽이 약 2~3배 정도 부푼 후
③ 반죽이 약 4~5배 정도 부푼 후
④ 반죽이 약 6~7배 정도 부푼 후

27 오븐에서 구워 나온 빵을 냉각할 때 적정한 수분 함유량은?

① 15%
② 20%
③ 38%
④ 45%

28 이형유에 관한 설명으로 옳지 않은 것은?

① 틀을 실리콘으로 코팅하면 이형유 사용을 줄일 수 있다.
② 이형유는 발연점이 높은 기름을 사용한다.
③ 이형유 사용량은 반죽 무게에 대하여 0.1 ~0.2% 정도이다.
④ 이형유 사용량이 많으면 밑 껍질이 얇아지고 색상이 밝아진다.

29 주로 소매점에서 자주 사용하는 믹서로서, 거품형 케이크 및 빵 반죽에 모두 가능한 믹서는?

① 수직 믹서
② 스파이럴 믹서
③ 수평 믹서
④ 핀 믹서

30 반죽 온도 조절에 대한 설명으로 옳지 않은 것은?

① 파운드 케이크의 반죽 온도는 23℃가 적당하다.
② 버터 스펀지 케이크(공립법)의 반죽 온도는 23℃가 적당하다.
③ 사과파이 반죽의 물 온도는 38℃가 적당하다.
④ 퍼프 페이스트리의 반죽 온도는 20℃가 적당하다.

31 믹싱의 효과로 거리가 먼 것은?

① 원료의 균일한 분산
② 반죽의 글루텐 형성
③ 이물질 제거
④ 반죽에 공기 혼입

32 다음 중 익히는 방법이 나머지 셋과 다른 것은?

① 찐빵
② 엔젤 푸드 케이크
③ 스펀지 케이크
④ 파운드 케이크

33 케이크 제조에 사용되는 달걀의 역할이 아닌 것은?

① 팽창 작용
② 결합제 역할
③ 유화력 보유
④ 글루텐 형성 작용

34 파운드 케이크를 구운 직후 노른자에 설탕을 넣어 칠할 때 설탕의 역할이 아닌 것은?

① 광택제 효과
② 보존기간 개선
③ 탈색 효과
④ 맛의 개선

35 연수의 광물질 함량 범위는?

① 280~340ppm
② 180~190ppm
③ 120~180ppm
④ 0~60ppm

36 다음 중 캐러멜화가 가장 높은 온도에서 일어나는 당은?

① 과당
② 벌꿀
③ 설탕
④ 전화당

37 다음 호르몬 중 칼슘과 관계가 있는 것은?

① 갑상선 호르몬
② 부산수질 호르몬
③ 부갑상선 호르몬
④ 인슐린

38 식품위생의 대상범위는 식품, 식품첨가물, 기구, 용기, 포장 등에서 발생하는 오염을 대상범위로 한다. 다음 중 식품위생의 대상과 가장 거리가 먼 것은?

① 영양결핍증 환자
② 세균성 식중독
③ 농약에 의한 식품 오염
④ 방사능에 의한 식품 오염

39 생체 내에서의 지방의 기능으로 옳지 않은 것은?

① 생체기관을 보호한다.
② 체온을 유지한다.
③ 효소의 주요 구성성분이다.
④ 주요한 에너지원이다.

40 계란의 특징적 성분으로 지방의 유화력이 강한 것은?

① 레시틴(Lecithin)
② 스테롤(Sterol)
③ 세팔린(Cephalin)
④ 아비딘(Avidin)

41 수용성 향료의 특징으로 옳은 것은?

① 제조 시 계면활성제가 반드시 필요하다.
② 기름에 쉽게 용해된다.
③ 휘발성이 크다.
④ 고농도의 제품을 만들기 어렵다.

42 반죽의 신장성과 신장 저항성을 측정하는 데 알맞은 기기는?

① 패리노 그래프
② 익스텐소 그래프
③ 아밀로 그래프
④ 레오메터

43 우유의 단백질 중 열에 응고되기 쉬운 물질은?

① 카세인
② 락토알부민
③ 리포프로테인
④ 글리아딘

44 머랭을 만드는 데 1kg의 흰자가 필요하다고 한다면 껍질을 포함한 평균 무게가 60g인 달걀은 약 몇 개가 필요한가?

① 20개
② 24개
③ 28개
④ 32개

45 일시적 경수에 대한 설명으로 옳은 것은?

① 가열 시 탄산염으로 되어 침전된다.
② 끓여도 경도가 제거되지 않는다.
③ 황산염에 기인한다.
④ 제빵에 사용하기에 가장 좋다.

46 감미도가 가장 높은 당은?

① 유당(Lactose)
② 포도당(Glucose)
③ 설탕(Sucrose)
④ 과당(Fructose)

47 반죽의 비중과 관계가 가장 적은 것은?

① 제품의 부피
② 제품의 기공
③ 제품의 조직
④ 제품의 점도

48 다음 중 튀김용 기름으로 사용할 수 있는 것은?

① 거품이 일지 않는 것
② 색깔이 있고, 자극적인 냄새가 나는 것
③ 점도의 변화가 높은 것
④ 발연점이 낮은 것

49 다음 중 신선한 달걀의 특징은?

① 난각 표면에 광택이 없고 선명하다.
② 난각 표면이 매끈하다.
③ 난각 표면에 광택이 있다.
④ 난각 표면에 기름기가 있다.

50 비중과 관련이 없는 것은?

① 완제품의 조직
② 기공의 크기
③ 완제품의 크기
④ 팬 용적

51 식중독의 원인 세균은 대체로 중온균이다. 다음 중 중온균의 발육 최적 온도는?

① 10~20℃
② 15~25℃
③ 25~37℃
④ 50~60℃

52 환경오염 물질을 일으키는 화학성 식중독의 원인이 될 수 있는 것과 거리가 먼 것은?

① 납(Pb)
② 칼슘(Ca)
③ 수은(Hg)
④ 카드뮴(Cd)

53 감염병 및 질병 발생의 3대 요소가 아닌 것은?

① 병인(병원체)
② 환경
③ 숙주(인간)
④ 항생제

54 신체 내에서 물의 주요 기능은?

① 연소 작용
② 체온 조절 작용
③ 신경계 조절 작용
④ 열량 생산 작용

55 다음 중 식중독 원인균과 원인식품을 잘못 연결한 것은?

① 장염비브리오균 : 감자
② 살모넬라균 : 달걀
③ 고시폴 : 면실유
④ 포도상구균 : 도시락

56 우리나라 식중독 월별 발생 상황 중 환자의 수가 92% 이상을 차지하는 계절은?

① 1~2월
② 3~4월
③ 5~9월
④ 10~12월

57 보존료의 이상적인 조건과 거리가 먼 것은?

① 독성이 없거나 매우 적을 것
② 저렴한 가격일 것
③ 사용 방법이 간편할 것
④ 다량으로 효력이 있을 것

58 다음 중 유해 표백제는?

① 페닐라틴
② 롱가리트
③ 아우라민
④ 둘신

59 일반적으로 식품의 저온 살균 온도로 가장 적합한 것은?

① 20~30℃
② 60~70℃
③ 95~110℃
④ 130~140℃

60 폐디스토마의 제1중간숙주는?

① 쇠고기
② 배추
③ 다슬기
④ 붕어

해설과 따로 보는 최신 기출문제 03회

제과기능사	소요 시간	문항 수
	총 60분	총 60문항

수험번호 : _____

성 명 : _____

정답 & 해설 ▶ 1-199쪽

01 도넛 설탕 아이싱을 사용할 때의 온도로 적합한 것은?

① 20℃ 전후
② 25℃ 전후
③ 40℃ 전후
④ 60℃ 전후

02 유지에 알칼리를 가할 때 일어나는 반응은?

① 가수분해
② 비누화
③ 에스테르화
④ 산화

03 비스킷을 제조할 때 유지보다 설탕을 많이 사용하면 어떤 결과가 나타나는가?

① 제품의 촉감이 단단해진다.
② 제품이 부드러워진다.
③ 제품의 퍼짐이 작아진다.
④ 제품의 색깔이 엷어진다.

04 포장된 제과 제품의 외부 품질 변화 현상이 아닌 것은?

① 전분의 호화
② 향의 변화
③ 촉감의 변화
④ 수분의 이동

05 반죽 무게를 이용하여 반죽의 비중 측정 시 필요한 것은?

① 밀가루 무게
② 물 무게
③ 용기 무게
④ 설탕 무게

06 스펀지 케이크에서 계란 사용량을 감소시킬 때의 조치로 잘못된 것은?

① 베이킹파우더를 사용한다.
② 물 사용량을 추가한다.
③ 쇼트닝을 첨가한다.
④ 양질의 유화제를 병용한다.

07 도넛 글레이즈의 사용 온도로 가장 적합한 것은?

① 49℃
② 39℃
③ 29℃
④ 19℃

08 쿠키 포장지의 특성으로 적합하지 않은 것은?

① 내용물의 색, 향이 변하지 않아야 한다.
② 독성 물질이 생성되지 않아야 한다.
③ 통기성이 있어야 한다.
④ 방습성이 있어야 한다.

09 파운드 케이크의 팬닝은 틀 높이의 몇 % 정도까지 반죽을 채우는 것이 가장 적당한가?

① 50%
② 70%
③ 90%
④ 100%

10 스펀지 케이크 제조 시 더운 믹싱 방법을 사용할 때 달걀과 설탕의 중탕 온도로 가장 적합한 것은?

① 23℃
② 43℃
③ 63℃
④ 83℃

11 아이스크림 제조에서 오버런이란?

① 교반에 의해 크림의 체적이 몇 % 증가하는 가를 나타내는 수치
② 생크림 안에 들어있는 유지방이 응집해서 완전히 액체로부터 분리된 것
③ 살균 등의 가열조작에 의해 불안정하게 된 유지의 결정을 적온으로 해서 안정화시키는 숙성 조작
④ 생유 안에 들어있는 큰 지방구를 미세하게 해서 안정화하는 공정

12 일반적인 제과작업장의 시설 설명으로 잘못된 것은?

① 조명은 50Lux 이하가 좋다.
② 방충·방서용 금속망은 30메쉬(mesh)가 적당하다.
③ 벽면은 매끄럽고 청소하기 편리하여야 한다.
④ 창의 면적은 바닥면적을 기준으로 하여 30% 정도가 좋다.

13 다음 중 단백질 구조와 관계없는 것은?

① 펩타이드 결합
② S-S 결합
③ 수소 결합
④ 이중 결합

14 슈의 제조 공정상 주의할 사항으로 잘못된 것은?

① 220℃ 정도의 오븐에서 바삭한 상태로 굽는다.
② 너무 빠른 껍질 형성을 막기 위해 처음에 윗불을 약하게 한다.
③ 굽는 중간에 오븐 문을 자주 여닫아 수증기를 제거한다.
④ 너무 빨리 오븐에서 꺼내면 찌그러지거나 주저앉기 쉽다.

15 파운드 케이크를 팬닝할 때 밑면의 껍질 형성을 방지하기 위한 팬으로 가장 적합한 것은?

① 일반 팬
② 이중 팬
③ 은박 팬
④ 종이 팬

16 도넛의 흡유량이 높았을 때 그 원인은?

① 고율배합 제품이다.
② 튀김 시간이 짧다.
③ 튀김 온도가 높았다.
④ 휴지 시간이 짧다.

17 유당에 대한 설명으로 옳지 않은 것은?

① 포유동물의 젖에 많이 함유되어 있다.
② 사람마다 유당을 분해하는 효소가 부족하여 잘 소화시키지 못하는 경우가 있다.
③ 비환원당이다.
④ 유산균에 의하여 유산을 생성한다.

18 튀김 횟수 증가 시 튀김기름의 변화가 아닌 것은?

① 중합도 증가
② 점도의 감소
③ 산가 증가
④ 과산화물가 증가

19 파이 제조에 대한 설명으로 옳지 않은 것은?

① 아래 껍질을 위 껍질보다 얇게 한다.
② 껍질 가장자리에 물칠을 한 뒤 위 껍질을 얹는다.
③ 위, 아래의 껍질을 잘 붙인 뒤 남은 반죽을 잘라낸다.
④ 덧가루를 뿌린 면보 위에서 반죽을 밀어 편 뒤 크기에 맞게 자른다.

20 마카롱 쿠키는 주로 아몬드를 사용하는 쿠키로 밀가루를 사용하지 않는 경우도 있다. 이 쿠키는 무엇에 해당하는가?

① 드롭 쿠키
② 스냅 쿠키
③ 스펀지 쿠키
④ 머랭 쿠키

21 직접배합에 사용하는 물의 온도로 반죽의 온도를 조절하는 것이 편리한 제품은?

① 젤리 롤 케이크
② 과일 케이크
③ 퍼프 페이스트리
④ 버터 스펀지 케이크

22 일반 파운드 케이크와는 달리 마블 파운드 케이크에 첨가하여 색상을 나타내는 재료는?

① 코코아
② 버터
③ 밀가루
④ 계란

23 케이크 반죽의 혼합 완료 정도는 무엇으로 알 수 있는가?

① 반죽의 온도
② 반죽의 점도
③ 반죽의 비중
④ 반죽의 색상

24 제품이 오븐에서 갑자기 팽창하는 오븐 스프링의 결과로 생성되는 것이 아닌 것은?

① 탄산가스
② 알코올
③ 가스압
④ 단백질

25 파운드 케이크의 표피를 터지지 않게 하려고 할 때 오븐의 조작 중 가장 좋은 방법은?

① 뚜껑은 처음부터 덮어 굽는다.
② 10분간 굽기를 한 후 뚜껑을 덮는다.
③ 20분간 굽기를 한 후 뚜껑을 덮는다.
④ 뚜껑을 덮지 않고 굽는다.

26 캐러멜화를 일으키는 것은?

① 비타민

② 지방

③ 단백질

④ 당류

27 모노-글리세리드(Monoglyceride)와 디글리세리드(Diglyceride)는 제과에 있어 주로 어떤 역할을 하는가?

① 유화제

② 항산화제

③ 감미제

④ 필수영양제

28 젤라틴(Gelatin)에 대한 설명으로 옳지 않은 것은?

① 동물성 단백질이다.

② 응고제로 주로 이용한다.

③ 물과 섞으면 용해된다.

④ 콜로이드 용액의 젤 형성 과정은 비가역적인 과정이다.

29 바닐라 에센스가 우유에 미치는 영향은?

① 생취를 감취시킨다.

② 마일드한 감을 감소시킨다.

③ 단백질의 영양가를 증가시키는 강화제 역할을 한다.

④ 색감을 좋게 하는 착색료 역할을 한다.

30 좋은 튀김기름의 조건이 아닌 것은?

① 천연의 항산화제가 있다.

② 발연점이 높다.

③ 수분이 10% 정도이다.

④ 저장성과 안정성이 높다.

31 이스트푸드의 구성성분 중 칼슘염의 주기능은?

① 이스트의 성장에 필요하다.

② 반죽에 탄성을 준다.

③ 오븐 팽창이 커진다.

④ 물 조절제의 역할을 한다.

32 젤리를 만드는 데 사용되는 재료가 아닌 것은?

① 젤라틴

② 한천

③ 레시틴

④ 알긴산

33 글루테닌과 글리아딘이 혼합된 단백질은?

① 알부민

② 글루텐

③ 글로불린

④ 프로테오스

34 다음 중 제과 생산관리에서 제1차 관리의 3대 요소가 아닌 것은?

① 사람

② 재료

③ 방법

④ 자금

35 버터를 구성하는 성분에는 소금, 수분, 우유지방, 무기질 등이 있다. 다음 중 버터의 지방 함량으로 옳은 것은?

① 1~3%

② 80~85%

③ 14~17%

④ 40~45%

36 빈 컵의 무게가 120g이었고, 이 컵에 물을 가득 넣었더니 250g이 되었다. 물을 빼고 우유를 넣었더니 254g이 되었을 때 우유의 비중은 약 얼마인가?

① 1.03
② 1.07
③ 2.15
④ 3.05

37 전통적인 스펀지 케이크 반죽과 제노와즈 반죽의 가장 큰 차이점은?

① 유지 함량
② 설탕 함량
③ 달걀 함량
④ 밀가루 함량

38 체내에서 물의 역할에 대한 설명으로 옳지 않은 것은?

① 물은 영양소와 대사산물을 운반한다.
② 땀이나 소변으로 배설되며 체온 조절을 한다.
③ 영양소 흡수로 세포막에 농도차가 생기면 물이 바로 이동한다.
④ 변으로 배설될 때는 물의 영향을 받지 않는다.

39 다음 중 식품접객업에 해당되지 않는 것은?

① 식품냉동냉장업
② 유흥주점영업
③ 위탁급식영업
④ 일반음식점영업

40 다음 중 허가된 천연유화제는?

① 구연산
② 고시폴
③ 레시틴
④ 세사몰

41 다음 중 아플라톡신을 생산하는 미생물은?

① 효모
② 세균
③ 바이러스
④ 곰팡이

42 다음 중 유지의 경화 공정과 관계가 없는 물질은?

① 불포화 지방산
② 수소
③ 콜레스테롤
④ 촉매제

43 퐁당 크림을 부드럽게 하고 수분 보유력을 높이기 위해 일반적으로 첨가하는 것은?

① 한천, 젤라틴
② 물, 레몬
③ 소금, 크림
④ 물엿, 전화당 시럽

44 체내에서 사용한 단백질은 주로 어떤 경로를 통해 배설되는가?

① 호흡
② 소변
③ 대변
④ 피부

45 쿠키를 만들 때 가장 정상적인 반죽 온도는?

① 4~10℃

② 18~24℃

③ 28~32℃

④ 35~40℃

46 유용한 장내세균의 발육을 도와 정장작용을 하는 이당류는?

① 설탕

② 유당

③ 맥아당

④ 셀로비오스

47 패리노그래프 커브의 윗부분이 500B.U.에 닿는 시간을 무엇이라고 하는가?

① 도달시간

② 반죽형성시간

③ 반죽시간

④ 이탈시간

48 팥앙금류, 잼, 케첩, 식육 가공품에 사용하는 보존료는?

① 소르빈산

② 데히드로초산

③ 프로피온산

④ 파라옥시 안식향산 부틸

49 식중독과 이에 대한 설명을 바르게 연결한 것은?

① 포도상구균 식중독 : 심한 고열을 수반

② 살모넬라 식중독 : 높은 치사율

③ 클로스트리디움 보툴리늄 식중독 : 독소형 식중독

④ 장염비브리오 식중독 : 주요 원인은 민물고기 생식

50 밀가루의 표백과 숙성을 위하여 사용하는 첨가물은?

① 개량제

② 유화제

③ 점착제

④ 팽창제

51 소독력이 강한 양이온 계면활성제로서 종업원의 손을 소독할 때나 용기 및 기구의 소독제로 쓰이는 것은?

① 석탄산

② 과산화수소

③ 역성비누

④ 크레졸

52 알레르기성 식중독의 원인이 될 수 있는 가능성이 가장 높은 식품은?

① 오징어

② 꽁치

③ 갈치

④ 광어

53 다음 법정 감염병 중 제2급 감염병이 아닌 것은?

① 파라티푸스

② 풍진

③ 발진티푸스

④ 한센병

54 식중독의 예방 원칙으로 올바른 것은?

① 장기간 냉장보관

② 주방의 바닥 및 벽면의 충분한 수분 유지

③ 잔여 음식의 폐기

④ 날 음식, 특히 어패류는 생식할 것

55 대장균의 일반적인 특성에 대한 설명으로 옳은 것은?

① 분변 오염의 지표가 된다.
② 경피 감염병을 일으킨다.
③ 독소형 식중독을 일으킨다.
④ 발효식품 제조에 유용한 세균이다.

56 부패 미생물이 번식할 수 있는 최저의 수분활성도(Aw)의 순서가 바르게 나열된 것은?

① 세균 > 효모 > 곰팡이
② 세균 > 곰팡이 > 효모
③ 효모 > 곰팡이 > 세균
④ 효모 > 세균 > 곰팡이

57 다음 중 만드는 방법이 나머지 셋과 다른 것은?

① 쇼트브레드 쿠키
② 오렌지 쿠키
③ 핑거 쿠키
④ 버터 스카치 쿠키

58 파이 롤러의 사용에 가장 적합한 제품은?

① 식빵
② 앙금빵
③ 크루아상
④ 모카빵

59 다음 제품 중 오븐에 넣기 전에 약한 충격을 가하여 굽는 제품은?

① 파운드 케이크
② 젤리 롤 케이크
③ 슈
④ 피칸 파이

60 연속식 제빵법을 사용하는 장점으로 옳지 않은 것은?

① 발효 향의 증가
② 인력의 감소
③ 공장 면적과 믹서 등 설비의 감소
④ 발효 손실의 감소

제과기능사	소요 시간	문항 수
	총 60분	총 60문항

수험번호 : _____

성   명 : _____

정답 & 해설 ▶ 1-202쪽

01 다음 설명 중 맛과 향이 떨어지는 원인이 아닌 것은?

① 설탕을 넣지 않는 제품은 맛과 향이 제대로 나지 않는다.
② 저장 중 산패된 유지, 오래된 달걀로 인한 냄새를 흡수한 재료는 품질이 떨어진다.
③ 탈향의 원인이 되는 불결한 팬의 사용과 탄화된 물질이 제품에 붙으면 맛과 외양을 악화시킨다.
④ 굽기 상태가 부적절하면 생 재료 맛이나 탄 맛이 남는다.

02 일반적인 과자 반죽의 팬닝 시 주의점이 아닌 것은?

① 종이 깔개를 사용한다.
② 철판에 넣은 반죽은 두께가 일정하게 되도록 펴준다.
③ 팬 기름을 많이 바른다.
④ 팬닝 후 즉시 굽는다.

03 고속으로 믹싱하여 만드는 아이싱은?

① 마시멜로 아이싱
② 콤비네이션 아이싱
③ 초콜릿 아이싱
④ 로얄 아이싱

04 베이킹파우더의 사용 방법으로 옳지 않은 것은?

① 굽는 시간이 긴 제품에는 지효성 제품을 사용한다.
② 굽는 시간이 짧은 제품에는 속효성 제품을 사용한다.
③ 색깔을 진하게 해야 할 제품에는 산성 팽창제를 사용한다.
④ 낮은 온도에서 오래 구워야 하는 제품에는 속효성과 지효성 산성염을 잘 배합한 제품을 사용한다.

05 도넛에 묻힌 설탕이 녹는 현상(발한)을 감소시키기 위한 조치로 옳지 않은 것은?

① 도넛에 묻히는 설탕의 양을 증가시킨다.
② 충분히 냉각시킨다.
③ 냉각 중 환기를 많이 시킨다.
④ 가급적 짧은 시간 동안 튀긴다.

06 다음 중 유지의 발연점에 영향을 주는 요인과 거리가 먼 것은?

① 유리지방산의 함량
② 외부에서 들어온 미세한 입자상의 물질
③ 노출된 유지의 표면적
④ 이중 결합의 위치

07 데커레이션 케이크의 장식에 사용되는 분당의 성분은?

① 포도당
② 설탕
③ 과당
④ 전화당

08 구워 낸 케이크 제품이 너무 딱딱하다면, 그 원인으로 옳지 않은 것은?

① 배합비에서 설탕의 비율이 높을 때
② 소맥분의 단백질 함량이 너무 많을 때
③ 지나친 믹싱
④ 온도가 낮은 오븐에서 장시간 굽기했을 때

09 카스테라의 굽기 온도로 가장 적합한 것은?

① 140~150℃
② 180~190℃
③ 220~240℃
④ 250~270℃

10 제과에서 설탕의 기능이 아닌 것은?

① 감미제
② 수분 보유력으로 노화 지연
③ 밀가루 단백질의 연화
④ 알코올 발효의 탄수화물 급원

11 핑거 쿠키 성형 시 가장 적정한 길이는?

① 3cm
② 5cm
③ 9cm
④ 12cm

12 과일 케이크를 구울 때 증기를 분사하는 목적과 거리가 먼 것은?

① 향의 손실을 막는다.
② 껍질을 두껍게 만든다.
③ 표피의 캐러멜화 반응을 연장한다.
④ 수분의 손실을 막는다.

13 원가관리 개념에서 식품을 저장하고자 할 때 저장 온도로 부적합한 것은?

① 상온식품은 15~20℃에서 저장한다.
② 보냉식품은 10~15℃에서 저장한다.
③ 냉장식품은 5℃ 전후에서 저장한다.
④ 냉동식품은 −40℃ 이하로 저장한다.

14 로−마지팬에서 '아몬드:설탕'의 적합한 혼합 비율은?

① 1:0.5
② 1:1.5
③ 1:2.5
④ 1:3.5

15 파운드 케이크 제조 시 이중 팬을 사용하는 목적이 아닌 것은?

① 제품 바닥의 두꺼운 껍질 형성을 방지하기 위해
② 제품 옆면의 두꺼운 껍질 형성을 방지하기 위해
③ 제품의 조직과 맛을 좋게 하기 위해
④ 오븐에서의 열전도 효율을 높이기 위해

16 케이크 도넛의 가장 적합한 튀김 온도는?

① 140~150℃
② 160~170℃
③ 180~196℃
④ 200~210℃

17 다음 중 케이크의 아이싱에 주로 사용되는 것은?

① 마지팬
② 프랄린
③ 글레이즈
④ 휘핑크림

18 공장 설비 중 제품의 생산능력은 어떤 설비가 가장 중요한 기준이 되는가?

① 작업테이블
② 발효기
③ 믹서
④ 오븐

19 설탕 공예용 당액 제조 시 설탕의 재결정을 막기 위해 첨가하는 재료는?

① 중조
② 주석산
③ 포도당
④ 베이킹파우더

20 다음 중 성형 시 둥글리기의 목적이 될 수 없는 것은?

① 표피를 형성시킨다.
② 가스 포집을 돕는다.
③ 끈적거림을 제거한다.
④ 껍질색을 좋게 한다.

21 식품향료에 대한 설명으로 옳지 않은 것은?

① 천연향료는 자연에서 채취한 후 추출, 정제, 농축, 분리 과정을 거쳐 얻는다.
② 합성향료는 석유 및 석탄류에 포함되어 있는 방향성 유기물질로부터 합성하여 만든다.
③ 조합향료는 천연 향료과 합성향료를 조합하여 양자 간의 문제점을 보완한 것이다.
④ 식품에 사용하는 향료는 첨가물이지만 품질, 규격 및 사용법을 준수하지 않아도 된다.

22 팬닝 시 주의할 사항으로 적합하지 않은 것은?

① 틀이나 철판의 온도를 25℃로 맞춘다.
② 팬에 적정량의 팬 오일을 바른다.
③ 반죽의 이음매가 틀의 바닥에 놓이도록 팬닝한다.
④ 반죽의 무게와 상태를 정하여 비용적에 맞추어 적당한 반죽량을 넣는다.

23 다음 중 소프트 롤에 속하지 않는 것은?

① 디너 롤
② 브리오슈
③ 프렌치 롤
④ 치즈 롤

24 우유에 함유되어 있는 당으로 제빵용 효모에 의하여 발효되지 않는 것은?

① 포도당
② 유당
③ 설탕
④ 과당

25 다음 중 pH가 중성인 것은?

① 식초
② 수산화나트륨용액
③ 중조
④ 증류수

26 단순 아이싱을 만드는 데 들어가는 재료가 아닌 것은?

① 분당
② 달걀
③ 물
④ 물엿

27 내부에 팬이 부착되어 열풍을 강제 순환시키면서 굽는 타입으로 굽기의 편차가 극히 적은 오븐은?

① 컨벡션 오븐
② 터널 오븐
③ 밴드 오븐
④ 데크 오븐

28 달걀 중에서 껍질을 제외한 고형질은 약 몇 %인가?

① 15%
② 25%
③ 35%
④ 45%

29 퍼프 페이스트리 반죽의 휴지 효과에 대한 설명으로 옳지 않은 것은?

① 글루텐을 재정돈시킨다.
② 밀어펴기가 용이해진다.
③ CO_2 가스를 최대한 발생시킨다.
④ 절단 시 수축을 방지한다.

30 초콜릿을 템퍼링한 효과에 대한 설명으로 옳지 않은 것은?

① 입 안에서의 용해성이 나쁘다.
② 광택이 좋고 내부 조직이 조밀하다.
③ 팻 블룸(Fat Bloom)이 일어나지 않는다.
④ 안정한 결정이 많고 결정형이 일정하다.

31 제과에 많이 쓰이는 럼주의 원료는?

① 옥수수 전분
② 포도당
③ 당밀
④ 타피오카

32 아래의 쌀과 콩에 대한 설명 중 (   )에 들어갈 용어로 알맞은 것은?

> 쌀에는 라이신(Lysine)이 부족하고 콩에는 메티오닌(Methionine)이 부족하다. 이것을 쌀과 콩 단백질의 (   )이라 한다.

① 제한 아미노산
② 필수 아미노산
③ 불필수 아미노산
④ 아미노산 불균형

33 어떤 첨가물의 LD50의 값이 작을 때의 의미로 옳은 것은?

① 독성이 많다.
② 독성이 적다.
③ 저장성이 나쁘다.
④ 저장성이 좋다.

34 식품위생 검사의 종류로 옳지 않은 것은?

① 화학적 검사
② 관능검사
③ 혈청학적 검사
④ 물리학적 검사

35 유지의 산화방지에 주로 사용되는 방법은?

① 수분 첨가
② 비타민 E 첨가
③ 단백질 제거
④ 가열 후 냉각

36 다음 중 캔디의 재결정을 막기 위해 사용되는 원료가 아닌 것은?

① 물엿
② 과당
③ 설탕
④ 전화당

37 밀가루가 70%의 탄수화물, 20%의 단백질, 1%의 지방을 함유하고 있다면 100g의 밀가루를 섭취하였을 때 얻을 수 있는 열량(kcal)은?

① 386kcal
② 369kcal
③ 317kcal
④ 307kcal

38 올리고당류의 특징으로 가장 거리가 먼 것은?

① 청량감이 있다.
② 감미도가 설탕의 20~30% 정도이다.
③ 설탕에 비해 항 충치성이 있다.
④ 장내 비피더스균의 증식을 억제한다.

39 맥아당을 분해하는 효소는?

① 말타아제
② 락타아제
③ 리파아제
④ 프로테아제

40 피자 제조 시 많이 사용하는 향신료는?

① 넛메그
② 오레가노
③ 박하
④ 계피

41 지방의 기능이 아닌 것은?

① 지용성 비타민의 흡수를 돕는다.
② 외부의 충격으로부터 장기를 보호한다.
③ 높은 열량을 제공한다.
④ 변의 크기를 증대시켜 장관 내 체류시간을 단축시킨다.

42 대장균에 대한 설명으로 옳지 않은 것은?

① 유당을 분해한다.
② 그람(Gram) 양성이다.
③ 호기성 또는 통성 혐기성이다.
④ 무 아포 간균이다.

43 산양, 양, 돼지, 소에게 감염되면 유산을 일으키고, 인체 감염 시 고열이 주기적으로 일어나는 인수공통감염병은?

① 광우병
② 공수병
③ 브루셀라증
④ 신증후군 출혈열

44 테트로도톡신은 어떤 식중독의 원인 물질인가?

① 조개 식중독
② 버섯 식중독
③ 복어 식중독
④ 감자 식중독

45 다음 유지 중 성질이 다른 것은?

① 샐러드유
② 마가린
③ 버터
④ 쇼트닝

46 제품의 유통기간 연장을 위해서 포장에 이용되는 불활성 가스는?

① 산소
② 질소
③ 수소
④ 염소

47 다음 중 HACCP 적용의 7가지 원칙에 해당하지 않는 것은?

① 위해요소분석
② HACCP 팀 구성
③ 한계기준설정
④ 기록유지 및 문서관리

48 정제가 불충분한 면실유에 들어 있을 수 있는 독성분은?

① 듀린(Dhurrin)
② 테무린(Temuline)
③ 고시폴(Gossypol)
④ 브렉큰 펀 톡신(Bracken fern toxin)

49 조리사의 면허를 받으려는 자는 조리사 면허증 발급 신청서를 누구에게 제출하여야 하는가?

① 고용노동부장관
② 보건복지부장관
③ 식품의약품안전처장
④ 특별자치도지사, 시장, 군수

50 다음과 같은 조건에서 나타나는 현상과 그와 관련한 물질을 바르게 연결한 것은?

> 초콜릿의 보관 방법이 적절치 않아 공기 중의 수분이 표면에 부착한 뒤 그 수분이 증발해 버려 어떤 물질이 결정 형태로 남아 흰색이 나타났다.

① 팻 블룸(Fat Bloom) : 카카오 메스
② 팻 블룸(Fat Bloom) : 글리세린
③ 슈가 블룸(Sugar Bloom) : 카카오 버터
④ 슈가 블룸(Sugar Bloom) : 설탕

51 과자 중에 많이 함유된 탄수화물이 소화, 흡수되어 수행하는 기능이 아닌 것은?

① 에너지를 공급한다.
② 단백질 절약 작용을 한다.
③ 뼈를 자라게 한다.
④ 분해되면 포도당이 생성된다.

52 유지의 경화란?

① 포화지방산의 수증기 증류를 말한다.
② 불포화지방산에 수소를 첨가하는 것이다.
③ 규조토를 경화제로 하는 것이다.
④ 알칼리 정제를 말한다.

53 술에 대한 설명으로 옳지 않은 것은?

① 달걀 비린내, 생크림의 비린 맛 등을 완화시켜 풍미를 좋게 한다.
② 양조주란 곡물이나 과실을 원료로 하여 효모로 발효시킨 것이다.
③ 증류주란 발효시킨 양조주를 증류한 것이다.
④ 혼성주란 증류주를 기본으로 하여 정제당을 넣고 과실 등의 추출물로 향미를 낸 것으로 대부분 알코올 농도가 낮다.

54 제품의 중앙부가 오목하게 생산되었을 때 조치하여야 할 사항이 아닌 것은?

① 단백질 함량이 높은 밀가루를 사용한다.
② 수분의 양을 줄인다.
③ 오븐의 온도를 낮추어 굽는다.
④ 우유를 증가시킨다.

55 공립법, 더운 방법으로 제조하는 스펀지 케이크의 배합 방법으로 옳지 않은 것은?

① 버터는 배합 전 중탕으로 녹인다.
② 밀가루, 베이킹파우더는 체질하여 준비한다.
③ 달걀은 흰자와 노른자로 분리한다.
④ 거품 올리기의 마지막은 중속으로 믹싱한다.

56 다음 중 케이크용 포장 재료의 구비조건이 아닌 것은?

① 통기성(투과성)이 있을 것
② 상품 가치를 높일 수 있을 것
③ 원가가 낮을 것
④ 방수성이 있을 것

57 포장재인 포화폴리에스터(PET) 재료의 특징이 아닌 것은?

① 보향성이 매우 좋다.
② 기계적성이 매우 나쁘다.
③ 투명하고 내열, 내수성이 대단히 좋다.
④ 질기며 기름, 약품에 대한 내성이 우수하다.

58 제조원가를 파악할 수 있는 제과 제조공정은?

① 배합표와 재료계량
② 생산기기와 도구준비
③ 반죽성형
④ 반죽 익힘

59 포장용기 재료로도 쓰이는 합성 플라스틱에서 발생할 수 있는 화학적 식중독 물질은?

① 포름알데히드(Formaldehyde)
② 둘신(Dulcin)
③ 베타나프톨(β-naphthol)
④ 겔티아나바이올렛(Gertiana Violet)

60 식품제조 용기에 관한 설명으로 옳은 것은?

① 법랑 제품은 내열성이 강하다.
② 유리 제품은 건열과 충격에 강하다.
③ 스테인리스 스틸은 알루미늄보다 열전도율이 낮다.
④ 고무 제품은 색소와 형광표백제가 용출되기 쉽다.

제과기능사	소요 시간	문항 수
	총 60분	총 60문항

수험번호 : _____

성   명 : _____

정답 & 해설 ▶ 1-204쪽

01 다음 중 반죽의 얼음 사용량 계산 공식으로 옳은 것은?

① $\dfrac{\text{물 사용량} \times (\text{수돗물 온도} - \text{사용수 온도})}{80 + \text{수돗물 온도}}$

② $\dfrac{\text{물 사용량} \times (\text{수돗물 온도} + \text{사용수 온도})}{80 + \text{수돗물 온도}}$

③ $\dfrac{\text{물 사용량} \times (\text{수돗물 온도} \times \text{사용수 온도})}{80 + \text{수돗물 온도}}$

④ $\dfrac{\text{물 사용량} \times (\text{계산된 물 온도} - \text{사용수 온도})}{80 + \text{수돗물 온도}}$

02 쇼트브레드 쿠키 성형 시 주의할 점이 아닌 것은?

① 글루텐 형성 방지를 위해 가볍게 뭉쳐서 밀어편다.
② 반죽의 휴지를 위해 성형 전 냉동고에 동결시킨다.
③ 반죽을 일정한 두께로 밀어펴서 원형 또는 주름커터로 찍어낸다.
④ 달걀 노른자를 바르고 조금 지난 뒤 포크로 무늬를 그려낸다.

03 도넛 튀김기에 붓는 기름의 평균 깊이로 가장 적당한 것은?

① 5~8cm
② 9~12cm
③ 12~15cm
④ 16~19cm

04 반죽형 쿠키 중 전란의 사용량이 많아 부드럽고 수분이 가장 많은 쿠키는?

① 스냅 쿠키
② 머랭 쿠키
③ 드롭 쿠키
④ 스펀지 쿠키

05 계란의 기포성과 포집성이 가장 좋은 온도는?

① 50℃
② 30℃
③ 43℃
④ 20℃

06 파운드 케이크 제조 시 윗면이 터지는 경우가 아닌 것은?

① 굽기 중 껍질의 형성이 느릴 때
② 반죽 내의 수분이 불충분할 때
③ 설탕 입자가 용해되지 않고 남아있을 때
④ 반죽을 팬에 넣은 후 굽기까지 장시간 방치할 때

07 찜을 이용한 제품에 사용되는 팽창제의 특성은?

① 지속성
② 속효성
③ 지효성
④ 이중 팽창

08 커스터드 크림의 재료에 속하지 않는 것은?

① 우유
② 달걀
③ 설탕
④ 생크림

09 원가의 구성에서 직접원가에 해당되지 않는 것은?

① 직접재료비
② 직접노무비
③ 직접판매비
④ 직접경비

10 블렌딩법에 대한 설명으로 옳은 것은?

① 건조재료와 달걀, 물을 가볍게 믹싱하다가 유지를 넣어 반죽하는 방법이다.
② 유지와 밀가루를 먼저 믹싱하는 방법이며, 제품의 유연성이 좋다.
③ 부피를 우선으로 하는 제품에 이용하는 방법이다.
④ 설탕입자가 고와 스크래핑이 필요 없고 대규모 생산 회사에서 이용하는 방법이다.

11 과일 케이크를 만들 때 과일이 가라앉는 이유가 아닌 것은?

① 강도가 약한 밀가루를 사용한 경우
② 믹싱이 지나치고 큰 공기방울이 반죽에 남는 경우
③ 시럽에 담근 과일의 시럽을 배수시켜 사용한 경우
④ 진한 속색을 위한 탄산수소나트륨을 과다로 사용한 경우

12 메이스(Mace)와 같은 나무에서 생산되는 것으로 단맛의 향기가 있는 향신료는?

① 넛메그
② 시나몬
③ 클로브
④ 오레가노

13 다음 중 산성 식품은?

① 빵
② 오이
③ 사과
④ 양상추

14 완충작용으로 발효를 조절하는 기능을 가진 재료는?

① 설탕
② 물
③ 맥아
④ 분유

15 다음 중 성형하여 팬닝할 때 반죽의 간격을 가장 충분히 유지하여야 하는 제품은?

① 오믈렛
② 쇼트브레드 쿠키
③ 핑거쿠키
④ 슈

16 케이크 제품의 기공이 조밀하고 속이 촉촉한 결점의 원인이 아닌 것은?

① 액체 재료 사용량 과다
② 계란 함량의 부족
③ 너무 높은 오븐 온도
④ 과도한 액체당 사용

17 냉동제법에서 혼합(Mixing) 다음 단계의 공정은?

① 해동
② 1차 발효
③ 2차 발효
④ 분할

18 식품의 열량(kcal) 계산 공식으로 옳은 것은? (단, 각 영양소 양의 기준은 g 단위로 한다.)

① (탄수화물의 양 + 단백질의 양)×4 + (지방의 양×9)
② (탄수화물의 양 + 지방의 양)×4 + (지방의 양×9)
③ (지방의 양 + 단백질의 양)×4 + (탄수화물의 양×9)
④ (탄수화물의 양 + 지방의 양)×9 + (지방의 양×4)

19 포화지방산과 불포화지방산에 대한 설명으로 옳은 것은?

① 포화지방산은 이중결합을 함유하고 있다.
② 포화지방산은 할로겐이나 수소 첨가에 따라 불포화될 수 있다.
③ 코코넛 기름에는 불포화지방산이 더 높은 비율로 들어있다.
④ 식물성 유지에는 불포화지방산이 더 높은 비율로 들어있다.

20 균체의 독소 중 뉴로톡신(Neurotoxin)을 생산하는 식중독균은?

① 포도상구균
② 클로스트리디움 보툴리누스균
③ 장염 비브리오균
④ 병원성 대장균

21 우리나라에서 지정된 식품첨가물 중 버터류에 사용할 수 없는 것은?

① 터셔리부틸히드로퀴논(TBHQ)
② 디부틸히드록시틀루엔(BHT)
③ 부틸히드록시아니솔(BHA)
④ 식용색소 황색4호

22 다음 중 병원체가 바이러스(Virus)인 질병은?

① 유행성 간염
② 결핵
③ 발진티푸스
④ 말라리아

23 화학적 식중독을 유발하는 원인이 아닌 것은?

① 복어독
② 불량한 포장 용기
③ 유해한 식품첨가물
④ 농약에 오염된 식품

24 설탕의 구성성분은?

① 포도당 2분자
② 포도당과 갈락토오스
③ 포도당과 과당
④ 포도당과 맥아당

25 식품위생법상 식품위생의 대상이 아닌 것은?

① 식품
② 식품첨가물
③ 기구와 용기, 포장
④ 조리 방법

26 위생동물의 일반적인 특성이 아닌 것은?

① 식성 범위가 넓다.
② 음식물과 농작물에 피해를 준다.
③ 병원미생물을 식품에 감염시키는 것도 있다.
④ 발육기간이 길다.

27 포도상구균에 의한 식중독 예방책으로 부적합한 것은?

① 조리장을 깨끗이 한다.
② 섭취 전에 60℃ 정도로 가열한다.
③ 멸균된 기구를 사용한다.
④ 화농성 질환자의 조리업무를 금지한다.

28 다음 혼성주 중 오렌지 성분을 원료로 하여 만들지 않는 것은?

① 그랑 마르니에(Grand Marnier)
② 마라스키노(Maraschino)
③ 쿠앵트로(Cointreau)
④ 큐라소(Curacao)

29 노무비를 절감하는 방법으로 옳지 않은 것은?

① 표준화
② 단순화
③ 설비 휴무
④ 공정시간 단축

30 아래에서 설명하는 식중독 원인균은?

· 미호기성 세균이다.
· 발육 온도는 약 30~40℃ 정도이다.
· 원인식품은 오염된 식육 및 식육가공품, 우유 등이다.
· 소아에서는 이질과 같은 설사 증세를 보인다.

① 캄필로박터 제주니
② 바실러스 세레우스
③ 장염비브리오
④ 병원성 대장균

31 산화방지제와 거리가 먼 것은?

① 부틸히드록시아니솔(BHA)
② 디부틸히드록시톨루엔(BHT)
③ 몰식자산프로필
④ 비타민 A

32 오염된 우유를 먹었을 때 발생할 수 있는 인수공통감염병이 아닌 것은?

① 브루셀라증(파상열)
② 결핵
③ Q-열
④ 야토병

33 카카오 버터는 초콜릿에 함유된 유지이며 그 안정성이 떨어져 초콜릿의 블룸 현상의 원인이 되고 있다. 이를 방지하기 위한 공정을 무엇이라 하는가?

① 콘칭
② 템퍼링
③ 발효
④ 선별

34 반죽 무게를 구하는 식은?

① 틀 부피 × 비용적
② 틀 부피 + 비용적
③ 틀 부피 ÷ 비용적
④ 틀 부피 − 비용적

35 소프트 롤을 말 때 겉면이 터지는 경우 조치사항이 아닌 것은?

① 팽창이 과도한 경우 팽창제 사용량을 감소시킨다.
② 설탕의 일부를 물엿으로 대치한다.
③ 저온 처리하여 말기를 한다.
④ 덱스트린의 점착성을 이용한다.

36 식품첨가물의 안전성 시험과 가장 거리가 먼 것은?

① 아급성 독성 시험법
② 만성 독성 시험법
③ 맹독성 시험법
④ 급성 독성 시험법

37 빵이나 카스테라 등을 부풀게 하기 위하여 첨가하는 합성팽창제의 주성분은?

① 염화나트륨
② 탄산나트륨
③ 탄산수소나트륨
④ 탄산칼슘

38 자연독 식중독과 그 독성물질을 잘못 연결한 것은?

① 무스카린−버섯중독
② 베네루핀−모시조개중독
③ 솔라닌−맥각중독
④ 테트로도톡신−복어중독

39 파리 및 모기 구제의 가장 이상적인 방법은?

① 발생원을 제거한다.
② 유충을 구제한다.
③ 살충제를 뿌린다.
④ 음식물을 잘 보관한다.

40 일본에서 공장폐수로 인해 오염된 식품을 섭취하고 이타이이타이병이 발생하여 식품공해를 일으킨 사건이 있다. 이와 관계되는 유해성 금속화합물은?

① 카드뮴(Cd)
② 수은(Hg)
③ 납(Pb)
④ 비소(As)

41 다음 보기에서 설명하는 감염병의 가장 적절한 예방법은?

> • 처음에는 감기 증상으로 시작해 열이 내릴 때 사지마비가 시작됨
> • 감염되기 쉬운 연령은 1~2세, 잠복기는 7~12일
> • 소아의 척수신경계를 손상하여 영구적인 마비를 일으킴

① 음식물의 오염 방지
② 항생제 투여
③ 예방접종
④ 쥐, 진드기, 바퀴벌레 박멸

42 투베르쿨린(Tuberculin)의 반응검사 및 X선 촬영으로 감염 여부를 조기에 알 수 있는 인축공통감염병은?

① 탄저
② 결핵
③ 야토병
④ 돈단독

43 부패세균의 부패 진행 과정을 순서대로 설명한 것 중 잘못된 것은?

① 초기에 호기성 세균이 표면에 오염되어 증식한다.
② 호기성 세균이 증식하면서 분비하는 효소에 의해 식품 성분의 변화를 가져온다.
③ 부패에 관여하는 세균은 대개 한 가지 종류이다.
④ 혐기성 세균이 식품 내부 깊이 침입하여 부패가 완성된다.

44 세균, 곰팡이, 효모, 바이러스의 일반적 성질에 대한 설명으로 옳은 것은?

① 세균은 주로 출아법으로 그 수를 늘리며 술 제조에 많이 사용한다.
② 효모는 주로 분열법으로 그 수를 늘리며 식품 부패에 가장 많이 관여하는 미생물이다.
③ 곰팡이는 주로 포자에 의하여 그 수를 늘리며 빵, 밥 등의 부패에 많이 관여하는 미생물이다.
④ 바이러스는 주로 출아법으로 그 수를 늘리며 효모와 유사하게 식품 부패에 관여하는 미생물이다.

45 다음 중 식중독 관련 세균의 생육에 최적인 식품의 수분활성도는?

① 0.30~0.39
② 0.50~0.59
③ 0.70~0.79
④ 0.90~1.00

46 식품의 부패 초기에 나타나는 현상으로 가장 알맞은 것은?

① 아민, 암모니아 생성
② 알코올, 에스테르 냄새
③ 광택 소실, 변색, 퇴색
④ 산패, 자극취

47 소독에 대한 설명으로 가장 적절한 것은?

① 비병원성 미생물을 사멸시키는 것
② 미생물의 증식을 억제하여 부패의 진행을 완전히 중단시키는 것
③ 미생물이 시설물에 부착하지 않도록 청결하게 하는 것
④ 미생물을 죽이거나 약화시켜 감염력을 없애는 것

48 다음 중 작업공간의 살균에 가장 적당한 것은?

① 자외선 살균
② 적외선 살균
③ 가시광선 살균
④ 자비 살균

49 기름 및 지방에 대한 설명 중 옳은 것은?

① 모노글리세라이드는 글리세롤의 −OH기 3개 중 하나에만 지방산이 결합된 것이다.
② 기름의 가수분해는 온도와 별로 상관이 없다.
③ 기름의 비누화는 가성소다에 의해 낮은 온도에서 진행 속도가 빠르다.
④ 기름의 산패는 기름 자체의 이중결합과 무관하다.

50 곰팡이의 생성을 방지하기 위해 포장 시 충전하는 가스로 알맞은 것은?

① 질소와 탄산가스
② 산소와 탄산가스
③ 질소와 염소가스
④ 산소와 염소가스

51 베이킹파우더에 전분을 사용하는 목적과 가장 거리가 먼 것은?

① 격리 효과
② 흡수제
③ 중화 작용
④ 취급과 계량이 용이

52 제과·제빵 공장에서 생산관리 시 매일 점검할 사항이 아닌 것은?

① 제품당 평균 단가
② 설비 가동률
③ 원재료율
④ 출근율

53 열원으로 찜(수증기)을 이용했을 때의 주열전달 방식은?

① 대류
② 전도
③ 초음파
④ 복사

54 제품의 팽창 형태가 화학적 팽창에 해당하지 않는 것은?

① 와플
② 팬케이크
③ 비스킷
④ 잉글리시 머핀

55 간이시험법으로 밀가루의 색상을 알아보는 시험법은?

① 페카시험
② 켄달법
③ 침강시험
④ 압력계시험

56 물 중의 기름을 분산시키고 또 분산된 입자가 응집하지 않도록 안정화시키는 작용을 하는 것은?

① 팽창제
② 유화제
③ 강화제
④ 개량제

57 흰자가 교반에 의해 머랭으로 변하는 현상을 무엇이라고 하는가?

① 단백질 변성
② 단백질 평형
③ 단백질 강화
④ 단백질 변패

58 다음 중 비교적 스크래핑을 가장 많이 해야 하는 제법은?

① 공립법
② 별립법
③ 설탕/물법
④ 크림법

59 유지산패도를 측정하는 방법이 아닌 것은?

① 과산화물가(POV)
② 휘발성 염기질소(VBN)
③ 카프보닐가(CV)
④ 관능검사

60 인체의 수분 소요량에 영향을 주는 요인과 가장 거리가 먼 것은?

① 기온
② 신장의 기능
③ 활동력
④ 염분의 섭취량

제과기능사
최신 기출문제
정답 & 해설

해설과 따로 보는 최신 기출문제 01회

1~156쪽

01 ②	02 ②	03 ③	04 ①	05 ③
06 ①	07 ③	08 ③	09 ②	10 ③
11 ③	12 ③	13 ②	14 ①	15 ③
16 ②	17 ②	18 ④	19 ③	20 ①
21 ②	22 ②	23 ③	24 ①	25 ③
26 ③	27 ①	28 ②	29 ③	30 ④
31 ②	32 ③	33 ③	34 ③	35 ②
36 ③	37 ③	38 ③	39 ④	40 ①
41 ④	42 ②	43 ③	44 ③	45 ②
46 ②	47 ②	48 ①	49 ③	50 ②
51 ③	52 ③	53 ③	54 ③	55 ③
56 ④	57 ②	58 ②	59 ④	60 ④

01 ②

$$비중 = \frac{반죽\ 무게 - 컵\ 무게}{물\ 무게 - 컵\ 무게} = \frac{220 - 40}{240 - 40} = 0.9$$

02 ②

유지, 설탕, 화학 팽창제의 사용량이 증가하면 쿠키의 과도한 퍼짐 원인이
된다.

03 ③

고율배합과 발효 부족인 반죽, 분할중량이 큰 것은 저온에서 장시간 굽는다.

오답 피하기

저율배합과 지나치게 발효된 반죽, 분할중량이 작은 것은 고온에서 단시
간 굽는다.

04 ①

틀의 바닥에 공기나 물이 들어가면 완제품의 바닥면이 오목하게 들어가
는 현상이 생긴다.

05 ③

설탕/물법 : 유지에 설탕물을 넣고 균일하게 혼합한 후 건조 재료를 넣고
섞은 다음 계란을 넣고 반죽한다.

06 ①

퍼프 페이스트리 반죽의 휴지가 끝나면 손으로 살짝 눌렸을 때 누른 흔적
이 남아 있다.

07 ③

천연 성분인 레시틴은 계란 노른자, 옥수수, 대두유 등에 들어 있고 유화
제로도 쓰인다.

08 ③

• 가온법의 장점 : 고율배합에 사용하면 기포성이 양호, 휘핑시간 단축,
  균일한 껍질색
• 가온법의 단점 : 공기 포집으로 인해 기공이 거칠어짐

09 ②

글루텐의 발전 정도(발전 단계)는 제빵의 반죽 단계에서 확인한다.

10 ③

스펀지 케이크는 고율배합 제품으로 밀가루 100%, 달걀 166%, 설탕
166%, 소금 2%를 기본배합으로 한다.

11 ③

거품형 케이크를 공립법으로 반죽할 때에는 우선 달걀, 설탕, 소금을 넣고
저속으로 풀어준 후, 중속으로 달걀에 유연성을 주며 고속으로 공기 포집
을 하고 다시 저속으로 균일한 기포를 마무리한다.

12 ③

노화를 지연시키는 방법

• 저장 온도를 −18℃ 이하 또는 25~35℃로 보관
• 모노-디-글리세리드 계통의 유화제 사용
• 탈지분유와 달걀을 사용하여 단백질 증대
• 물의 사용량을 높여 반죽의 수분 함량 증대
• 방습포장 재료로 포장
• 유지 제품을 사용하거나 당류 첨가
• 반죽에 α-아밀라아제 첨가

13 ②

파운드 케이크와 같이 많은 유지와 액제를 이용하여 만든 제품은 유화성
이 중요한 기능을 한다.

14 ①

1인당 생산가치 = 생산가치 ÷ 인원수

15 ③

메일라드 반응은 아미노산과 환원당에서 가열 시 반응하여 갈색으로 변
하는 현상으로, 설탕은 비환원당이다.

16 ②

도넛 제조 시 수분이 많으면 완제품에 혹 모양이 나타난다.

17 ②

오버 베이킹(저온 장시간)이 되면 완제품의 수분 함량이 적어져 말기를
하면 롤 케이크의 표면이 터진다.

18 ④

굽기 시 오븐 온도가 높으면 제품 내에 잔유수분 함량이 많아 주저앉기
쉽다.

19 ③

카스테라를 제조할 때 사각 나무틀을 이용하면 건조 방지, 일정한 열 전달, 고른 기공과 색을 낼 수 있다.

20 ①

제과 공장이 바다 근처에 위치하면 기온차가 커서 온도와 습도를 맞추기가 어려워진다.

21 ②

분당은 설탕을 곱게 빻아 가루로 만든 가공 당으로 덩어리가 생기는 것을 방지하기 위해 3% 전분과 인산칼슘 1% 정도를 혼합한 것이다.

22 ②

안정성은 유통 기간이 긴 쿠키와 크래커, 높은 온도에 노출되는 튀김물의 중요한 제품 특성이다.

23 ③

가공치즈는 우유의 단백질에 레닌을 넣어 카세인을 응고시켜 만든 제품으로 100g당 열량이 가장 높다.

24 ①

건조 이스트의 사용량은 생 이스트 양의 50%의 활성을 가지고 있다.

25 ③

패리노그래프 : 반죽 내구성 및 시간 등을 측정

오답 피하기

① 아밀로그래프 : 밀가루의 호화 정도 등 밀가루 전분의 질을 측정
② 익스텐소그래프 : 반죽의 신장성에 대한 저항 측정
④ 레오그래프 : 반죽이 기계적 발달을 할 때 일어나는 변화를 측정

26 ③

과실의 경우 익어가는 단계에서 프로토펙틴이 많이 함유되어 있고, 숙성 과정에서 프로토펙틴이 가수분해 효소에 의해 수용성 펙틴으로 변화되는 것이다.

27 ①

설탕의 비율이 많으면 글루텐을 연화시켜 제품의 질감이 부드러워진다.

28 ②

판매장소와 공장의 면적배분은 1:1이 이상적이다.

29 ③

검류는 탄수화물의 구성성분이다.

30 ④

과자와 빵에서 우유가 미치는 영향
• 영양을 강화시키고, 겉껍질 색깔을 나게 한다.
• 보수력이 있어서 과자와 빵의 노화를 지연, 선도를 연장시킨다.
• 이스트에 의해 생성된 향을 착향시킨다.

31 ①

밀가루 제품별 분류기준은 단백질 함량이며, 등급별 분류기준은 회분 함량이다.

32 ①

밀가루는 단백질 함량에 따라 강력분과 박력분을 구분할 수 있다.

33 ③

달걀 껍데기의 대부분은 탄산칼슘이고, 노른자는 고형질 중 약 70%가 지방이며, 흰자는 지방이 거의 없다.

34 ③

푸딩 제조 시 경도 조절은 달걀로 하며 달걀에는 단백질이 많아 구조력을 강하게 한다.

35 ②

부패는 단백질 식품이 혐기성 미생물에 의해 분해되어 저분자의 물질로 변화하는 현상이다.

오답 피하기

① 발효 : 미생물이 번식하여 식품의 성질이 변화를 일으키는 현상
③ 변패 : 탄수화물 식품이 미생물의 분해작용으로 냄새, 맛이 변하는 현상
④ 산패 : 지방 식품이 미생물의 분해작용으로 악취나 변색이 되는 현상

36 ③

식품 등의 표시 중 표시 의무자, 표시 대상 및 표시 방법 등 식품안전관리인증기준(HACCP)은 식품의약품안전처장이 고지한다.

37 ①

회충 : 채소를 통한 경구 감염

오답 피하기

② 선모충 : 돼지고기
③ 광절열두조충 : 민물고기
④ 폐흡충 : 민물 게, 가재

38 ③

살균제 : 식품의 부패 원인균이나 병원균을 사멸시키기 위해 사용

오답 피하기

① 보존료(방부제) : 미생물의 발육을 억제하는 정균 작용과 살균 작용
② 발색제 : 식품 중 색소와 작용하여 고정시켜 발색을 촉진시킬 때 사용
④ 산화방지제(항산화제) : 식품의 산화 변질 현상을 방지할 목적으로 사용

39 ④

세균성 식중독과 경구 감염병의 비교

특징	세균성 식중독	경구 감염병
필요한 균수	대량의 생균에 생성된 독소에 의해 발병	소량의 균이라도 숙주 체내에서 발병
잠복기	경구 감염병에 비해 짧음	일반적으로 긺
감염	원인식품에 의해서만 감염되므로 2차 감염이 거의 없음	원인 병원균에 의해 오염된 물질에 의한 2차 감염이 있음
면역	면역성이 없음	면역이 성립되는 것이 많음
독성	약함	강함

40 ①

냄새(향)는 화학적 측정 방법이다.

41 ②

포도상구균 식중독, 보툴리누스균 식중독, 웰치균 식중독, 바실러스 세레우스균은 독소형 식중독이다.

42 ②

- 전화당의 상대적 감미도는 130으로 2번째로 높다.
- 상대적 감미도 : 과당(175) 〉 전화당(130) 〉 자당(100) 〉 포도당(75) 〉 맥아당(32) 〉 갈락토오스(32) 〉 유당(16)

43 ③

소금은 나트륨과 염소의 화합물로 화학명은 염화나트륨이다.

44 ③

6g × 9kcal = 54kcal

45 ②

식자재와 비식자재를 구분하여 창고에 보관해야 한다.

46 ②

식품첨가물은 최소 사용량의 원칙을 적용한다.

47 ②

성인의 단백질 적정 비율은 7~20%이다.

> **오답 피하기**
> ① 탄수화물 : 60~70%
> ③ 지질 : 15~20%
> ④ 비타민 : 4~5%

48 ①

중조는 탄산수소나트륨을 말하며, 주로 팽창제로 사용한다.

> **오답 피하기**
> ②③④ 비타민 E(토코페롤)는 산화방지제이다.

49 ④

브루셀라증(파상열)은 사람에게는 열성 질환, 동물에게는 유산을 일으키는 질환이다.

50 ②

단백질 1% 증가 시 흡수율은 1.5~2% 증가한다.

51 ③

밀기울 부분에는 무기질이 많이 함유되어 있기 때문에 제분 시 밀기울이 많이 들어가면 밀가루의 회분(무기질) 함량이 높아진다.

52 ③

계란의 기능은 구조 형성, 수분 공급, 농후화제, 팽창제, 천연 유화작용을 한다.

53 ①

비터 초콜릿 원액 속에 포함된 코코아 버터의 함량은 37.5%(3/8)이다.

54 ②

세균이 분비한 독소에 의해 발병하면 독소형 세균성 식중독을 의미한다.

55 ③

포도상구균인 엔테로톡신은 열에 강하여 가열하여도 파괴되지 않는다.

56 ④

환각은 에틸알코올의 중독 증상이다.

> **오답 피하기**
> ①②③ 호흡장애는 메틸알코올의 중독 증상이다.

57 ②

소금, 산화제, 탈지분유는 밀가루의 단백질을 강화시키는 재료이다.

58 ②

계란이 오래되면 점도가 감소하고 비중이 가벼워지며, 알칼리화로 pH가 올라가고 껍질이 얇아진다.

59 ④

가나슈 크림은 끓인 생크림(1)에 초콜릿(1)을 섞어 만든 크림이다.

60 ④

주석산 크림과 같은 산은 흰자의 알칼리성을 중화하고 흰자의 거품을 강하게 하며, 머랭 색상을 희게 한다.

01	④	02	④	03	④	04	①	05	④
06	③	07	③	08	③	09	④	10	①
11	④	12	②	13	④	14	②	15	①
16	②	17	④	18	③	19	④	20	①
21	③	22	②	23	①	24	②	25	①
26	③	27	③	28	④	29	①	30	③
31	②	32	①	33	④	34	③	35	④
36	③	37	③	38	①	39	④	40	①
41	③	42	②	43	②	44	③	45	①
46	④	47	④	48	①	49	①	50	④
51	③	52	②	53	④	54	②	55	①
56	③	57	④	58	②	59	②	60	③

01 ④

강력분(단백질 함량 12~13%)은 제빵에 사용한다.

02 ④

이탈리안 머랭 : 흰자를 거품내면서 뜨겁게 끓인 설탕 시럽(114℃~118℃)을 부어 만든 머랭

오답 피하기

① 냉제 머랭 : 실온 상태의 흰자를 거품내면서 설탕을 조금씩 넣으며 만든 머랭
② 온제 머랭 : 흰자와 설탕을 섞어 43℃로 데운 뒤 거품내는 머랭
③ 스위스 머랭 : 흰자(100)와 설탕(180)을 섞어 43℃로 데운 뒤 레몬즙을 첨가해서 만든 머랭

03 ④

비중이 높으면 부피가 작고 기공이 작아 조직이 조밀하며, 비중이 낮으면 부피가 커지고 기공이 열려 조직이 거칠어진다.

04 ①

젤리 롤 케이크 : 0.4~0.45

오답 피하기

② 버터 스펀지 케이크 : 0.55 전후
③ 파운드 케이크 : 0.75 전후
④ 옐로우 레이어 케이크 : 0.85 전후

05 ④

작업 테이블은 주방의 중앙에 설치하는 것이 사용에 용이하다.

06 ③

전분이나 밀가루 같은 흡수제는 아이싱의 끈적거림을 막기 위해 사용한다.

07 ③

엔젤 푸드 케이크 : pH5.0~6.5

오답 피하기

① 화이트 레이어 케이크 : pH7.2~7.8
② 스펀지 케이크 : pH7.3~7.6
④ 파운드 케이크 : pH6.6~7.1

08 ③

푸딩은 우유와 설탕을 80℃로 데운 후 계란과 소금을 넣어 혼합하며 취향에 따라 육류, 과일, 채소, 빵 등을 혼합하여 만드는 제품이다.

09 ④

종이 위에 계량을 하면 물엿이 달라붙어 재료 손실이 많아진다.

10 ①

슈 반죽에 설탕이 들어가면 단백질의 구조가 안 좋아져 껍질의 팽창이 나빠진다.

11 ④

고율배합 반죽은 공기 혼입량이 많기 때문에 비중이 낮아진다.

12 ②

케이크 도넛은 정형 후 10분 휴지시킨 후 튀긴다.

13 ④

냄새는 제품의 내부적 특성으로 내부 평가 항목이다.

14 ②

언더 베이킹은 높은 온도에서 단시간 굽는 방법으로 속이 설익어 주저앉기 쉽다.

15 ①

캐러멜 소스는 컵의 0.2cm 정도 붓고, 커스터드 소스는 컵에 95%까지 채운다.

16 ②

철판의 온도는 30~35℃가 적당하며, 반죽의 온도와 같거나 약간 높게 맞춘다.

17 ④

엔젤 푸드 케이크 팬에 이형제로는 물을 사용한다.

18 ③

비용적은 반죽 1g이 차지하는 부피를 말하며, 비용적이 가장 큰 것은 스펀지 케이크(5.08cm³/g)이다.

19 ④

2~5℃의 낮은 온도에서 해동시키는 것이 좋다.

20 ①

전분의 호화는 굽기 공정에서 일어나는 화학반응이다.

21 ③

쿠키가 잘 퍼지지 않는 이유

- 입자가 고운 설탕을 사용할 때
- 믹싱 시 설탕이 완전히 용해될 때
- 크림화가 지나칠 때
- 오븐 온도가 높을 때
- 산성 반죽을 사용할 때

22 ②

충전물이 끓어 넘치는 원인
- 껍질에 수분이 많았다.
- 위, 아래 껍질을 잘 붙이지 않았다.
- 위 껍질에 구멍을 뚫지 않았다.
- 오븐의 온도가 낮다.
- 충전물의 온도가 높다.
- 바닥 껍질이 얇다.
- 천연산이 많이 든 과일을 사용하여 농후화제로 사용한 전분을 용해시켰다.

23 ①

튀김기름의 4대 적 : 공기, 수분, 이물질, 온도

24 ②

밀가루 단백질에는 글리아딘과 글루테닌 성분이 있다.

25 ①

탄산수소나트륨(중조, 소다)과 산성제(주석산, 인산칼슘)가 화학반응을 일으켜 이산화탄소를 발생시키고 기포를 만들어 반죽을 부풀린다.

26 ③

드롭 현상은 반죽의 부피가 4~5배로 부푼 상태로 수축 현상이 생겨 반죽의 중앙이 오목하게 들어가는 현상을 말한다.

27 ③

오븐에서 갓 나온 빵의 수분 함량은 껍질 12~15%, 내부 42~45%이며 냉각 후에는 38%로 평형을 유지한다.

28 ④

이형유 사용이 많으면 밑 껍질이 두꺼워지고 색상이 어두워진다.

29 ①

수직 믹서는 소규모 제과점에서 많이 사용하는 믹서이다.

30 ③

사과파이 반죽은 찬물을 이용하며, 온도를 20℃ 이하로 낮춘다.

31 ③

이물질 제거는 가루를 체질했을 때의 효과이다.

32 ①

찐빵은 스팀을 이용하여 찌는 형식이고, 나머지는 굽는 방법으로 익힌다.

33 ④

밀가루와 물을 혼합하여 믹싱하면 글루텐이 생성된다.

34 ③

노른자와 설탕을 혼합하여 칠하면 광택, 보존기간 연장, 맛의 개선 기능을 한다.

35 ④

연수(부드러운 물) : 0~60ppm

오답 피하기
- 아연수(연수에 가까운 물) : 61~120ppm
- 아경수(경수에 가까운 물) : 121~180ppm
- 경수(단단한 물) : 181ppm 이상

36 ③

설탕은 이당류로서 캐러멜화가 가장 높은 온도에서 일어난다.

37 ③

부갑상선 호르몬은 혈액 중 칼슘 수치의 부족함을 보충하는 호르몬이다.

38 ①

식품위생의 대상범위는 식품, 식품첨가물, 기구, 용기, 포장 등에서 발생하는 오염을 대상범위로 한다. 단, 의약으로 섭취하는 것은 예외로 한다.

39 ③

효소의 주요 구성성분은 단백질이다.

40 ①

레시틴은 지방과 인이 결합된 복합지질로서 유화력이 좋다.

41 ③

수용성 향료는 굽기 중 휘발성이 큰 것으로 에틸알코올에 녹는 향을 용해시켜 만든 것이다.

42 ②

익스텐소 그래프는 반죽의 신장성과 저항성, 밀가루의 내구성과 상대적인 발효시간을 측정하는 기기이다.

43 ②

우유에는 락토알부민, 락토글로불린이 0.5%씩 들어있고 열에 응고된다.

44 ③
- 흰자의 무게는 달걀 전체의 무게에서 60%를 차지한다.
- 1,000g ÷ 36 = 27,78개

45 ①

일시적 경수 : 가열에 의해 탄산염이 침전되어 연수로 되는 물

46 ④

과당(175) 〉 설탕(100) 〉 포도당(75) 〉 유당(16)

47 ④

제품의 점도는 믹싱 과정 중에 일어나는 물리적 성질이다.

48 ①

튀김용 기름은 색깔이 연하며, 자극적인 냄새가 없고, 점도의 변화가 낮으며, 발연점이 높은 것을 사용하여야 한다.

49 ①

신선한 달걀은 난각 표면에 광택이 없고 선명하며 까칠까칠하다.

50 ④

팬 용적은 반죽의 양을 결정할 때 사용한다.

51 ③

중온균 : 발육 가능 온도 15~55℃, 최적 온도 25~37℃

오답 피하기

• 저온균 : 발육 가능 온도 0~25℃, 최적 온도 15~20℃
• 고온균 : 발육 가능 온도 40~70℃, 최적 온도 50~60℃

52 ②

칼슘(Ca)은 인간의 뼈를 구성한다.

오답 피하기

①③④ 화학성 식중독을 일으킬 수 있다.

53 ④

항생제는 병을 치료하기 위한 의약품이다.

54 ②

물의 기능 : 양분 수송, 노폐물 배출, 노화 방지, 체온 조절, 체내 산도 조절

55 ①

• 장염비브리오균 : 생선과 어패류
• 솔라닌 : 감자

56 ③

식중독균의 생육이 활발한 온도는 20~40℃이므로 5~9월에 환자의 수가 가장 많다.

57 ④

보존료는 미량이라도 효과가 있어야 한다.

58 ②

유해 표백제에는 삼염화질소, 롱가리트 등이 있다.

59 ②

저온 살균법 : 61~65℃에서 30분간 가열, 살균하는 방법

오답 피하기

• 고온 장시간 살균법 : 95~120℃ 정도로 30~60분간 가열, 살균하는 방법
• 초고온 순간 살균법 : 130~150℃에서 2초간 가열 후 급랭시키는 방법

60 ③

폐디스토마의 제1중간숙주는 다슬기이고, 제2중간숙주는 민물, 게, 가재이다.

해설과 따로 보는 최신 기출문제 03회

1-170쪽

01 ③	02 ②	03 ①	04 ①	05 ②
06 ③	07 ①	08 ③	09 ②	10 ②
11 ①	12 ①	13 ④	14 ③	15 ②
16 ①	17 ③	18 ②	19 ①	20 ④
21 ③	22 ①	23 ③	24 ④	25 ①
26 ④	27 ①	28 ④	29 ①	30 ③
31 ④	32 ③	33 ②	34 ③	35 ②
36 ①	37 ①	38 ②	39 ①	40 ④
41 ④	42 ③	43 ④	44 ②	45 ②
46 ②	47 ①	48 ①	49 ③	50 ①
51 ①	52 ②	53 ③	54 ③	55 ①
56 ①	57 ①	58 ③	59 ②	60 ①

01 ③

도넛에 설탕으로 아이싱을 할 때의 온도는 40℃ 전후가 좋다.

02 ②

유지에 수산화나트륨 또는 수산화칼륨을 첨가하면 글리세린과 지방산의 비누가 생성된다.

03 ①

비스킷 제조 시 설탕을 많이 첨가하면 촉감이 단단해지고, 유지를 많이 첨가하면 부드럽고 바삭바삭해진다.

04 ①

전분의 호화는 내부 품질 변화 현상이다.

오답 피하기

②③④ 외부 품질 변화 현상이다.

05 ②

$$비중 = \frac{반죽\ 무게 - 비중컵\ 무게}{물\ 무게 - 비중컵\ 무게}$$

06 ③

계란 사용량을 감소시킬 때의 조치
• 밀가루를 0.25% 추가한다.
• 물을 0.75% 추가한다.
• 베이킹파우더를 0.03% 사용한다.
• 유화제를 0.03% 사용한다.

07 ①

도넛 글레이즈의 사용 온도는 45~50℃이다.

08 ③

통기성이 있는 포장지를 사용하면 쿠키의 향이 날아가고 수분이 증발된다.

09 ②

파운드 케이크의 반죽은 틀 높이의 70% 정도 채우는 것이 적당하다.

10 ②

더운 믹싱 방법은 달걀과 설탕을 중탕하여 37~43℃까지 데우는 방법이다.

11 ①

오버런이란 생크림을 거품내거나 아이스크림 혼합물을 회전동결시킨 뒤에 나타나는 현상으로, 오버런이 100%라는 것은 체적이 2배로 증가된 것을 나타낸다.

12 ①

조명은 50Lux 이상이어야 한다.

13 ④

이중 결합은 지방의 구조이다.

14 ③

굽는 중간에 오븐 문을 열면 차가운 공기가 들어가 제품이 주저앉는다.

15 ②

이중 팬은 바닥 면의 두꺼운 껍질 형성을 방지한다.

16 ①

고율배합은 설탕, 유지가 많아 튀김 시 설탕이 녹으면서 많은 기공을 만들어서 흡유량을 높게 한다.

17 ③

유당은 락타아제에 의해 포도당과 갈락토오스로 분해되는 환원당이다.

18 ②

여러 번 사용했던 기름 또는 오래된 기름은 지질 산패에 의해 점도가 증가한다.

19 ①

아래 껍질 0.3cm, 위 껍질 0.2cm 두께로 아래 껍질이 두꺼워야 한다.

20 ④

마카롱 쿠키는 머랭 쿠키의 일종으로 마카롱 코코넛을 사용하는 제품이다.

21 ③

퍼프 페이스트리는 유일하게 각 재료들의 배합비율 중 물이 50%를 차지하기 때문에 물의 온도로 반죽의 온도를 조절하는 것이 가능하다.

22 ①

마블이란 대리석 무늬 같은 것을 의미하며, 케이크 제조 시 코코아 분말이나 초콜릿을 사용하여 표현한다.

23 ③

케이크 반죽의 혼합 완료 정도는 반죽에 혼입되어 있는 공기 함유량과 비중 측정으로 알 수 있다.

24 ④

오답 피하기

①②③ 오븐 스프링된 굽기 단계에서 일어나는 현상이다.

25 ①

뚜껑을 처음부터 덮어 구우면 껍질 형성이 늦어져 표피가 터지지 않는다.

26 ④

캐러멜화는 당분이 열을 받아 분해하여 생기는 착색성 물질이다.

27 ①

지방을 가수분해하면 생성되는 모노-글리세리드와 디글리세리드는 제과에서 유화제 역할을 한다.

28 ④

젤라틴(Gelatin)은 동물의 껍질이나 연골조직의 콜라겐을 정제한 것으로 끓는 물에 용해되고 냉각되면 탄성을 지닌 젤이 가역적으로 일어난다.

29 ①

바닐라 에센스는 합성하거나 자연에서 추출한 바닐린을 물이나 알코올에 녹인 액체로 바닐라 풍미를 낸다.

30 ③

좋은 튀김기름은 수분이 0%이다.

31 ④

이스트푸드의 기능
• 반죽의 물리적 성질을 좋게 함(산화제, 환원제 사용)
• 이스트의 영양소인 질소 공급(염화, 황산, 인산 암모늄 사용)
• 노화 방지제 역할(글리세린, 지방산, 에스테르, SSL 사용)
• 물 조절제로 물의 경도 조절(황산, 인산, 과산화칼슘 사용)

32 ③

레시틴은 노른자에 들어있는 유화제이다.

오답 피하기

①②④ 안정제의 재료이다.

33 ②

글루테닌과 글리아딘을 물과 함께 반죽하면 글루텐 단백질을 형성한다.

34 ③

제2차 관리 : 방법, 시간, 시설, 시장

오답 피하기

①②④ 제1차 관리의 3대 요소이다.

35 ②

버터의 지방 함량 : 80~85%

오답 피하기

• 소금 : 1~3%
• 무기질 : 2%
• 수분 : 14~17%

36 ①

$$비중 = \frac{우유\ 무게 - 컵\ 무게}{물\ 무게 - 컵\ 무게} = \frac{254 - 120}{250 - 120} = 1.03$$

37 ①

스펀지 케이크에는 유지가 들어가지 않는다.

38 ④

대변에 의해서 수분(물)을 배설한다.

39 ①

식품접객업은 휴게음식점영업, 일반음식점영업, 단란주점영업, 유흥주점영업, 위탁급식영업, 제과점영업의 6가지이다.

40 ③

레시틴 : 천연유화제

오답 피하기

① 구연산 : 산미료
② 고시폴 : 면실유
③ 세사몰 : 참기름

41 ④

곰팡이 독소에는 황변미독, 맥각독, 아플라톡신 등이 있다.

42 ③

콜레스테롤은 지질의 한 종류로 소수성 성질을 가진 스테로이드의 유기 물질이다.

43 ④

수분 보유력을 높이기 위해서는 물엿, 전화당 시럽 형태의 당을 사용한다.

44 ②

단백질의 최종 분해산물인 요소는 소변으로 배설된다.

45 ②

반죽형 과자의 반죽 온도는 24℃이다.

46 ②

유당은 유산균에 의해 발효되면 뷰티르산과 이산화탄소로 분해된다.

47 ①

도달시간은 밀가루가 물을 흡수하는 초기단계로 커브의 윗부분이 500B. U.에 도달하는 시간을 가리킨다.

48 ①

소르빈산 : 팥앙금류, 잼, 케첩, 식육 가공품

오답 피하기

② 데히드로초산 : 치즈, 버터, 마가린
③ 프로피온산 : 빵류, 과자류
④ 파라옥시 안식향산 부틸 : 간장, 청량음료

49 ③

클로스트리디움 보툴리눔 식중독 : 높은 치사율, 독소형 식중독

오답 피하기

① 포도상구균 식중독 : 구토, 복통, 설사
② 살모넬라 식중독 : 심한 고열을 수반
④ 장염 비브리오 식중독 : 바다고기 생식

50 ①

밀가루 개량제에는 과황산암모늄, 과산화벤조일, 염소, 이산화염소 등이 있다.

51 ③

역성비누는 무미, 무해, 무독이며 침투력과 살균력이 강해 손이나 용기 등 소독제로 적당하다.

52 ②

알레르기성 식중독은 세균 오염에 의한 부패산물이 원인으로 알레르기 증상을 나타낸다. 원인식품으로는 꽁치, 고등어, 참치, 붉은색 어류나 그 가공품 등이 있다.

53 ③

제2급 감염병에는 파라티푸스, 풍진, 한센병 등이 있다.

54 ③

남은 음식은 폐기하는 것이 식중독을 예방할 수 있다.

55 ①

환자나 보균자의 분변으로 감염되고 분변 오염의 지표가 된다.

56 ①

세균은 0.93~0.99, 효모는 0.88, 곰팡이는 0.80 정도이다.

57 ①

쇼트브레드 쿠키는 밀어펴기로 만드는 제품이다.

오답 피하기

②③④ 반죽을 질게 해서 짤주머니에 담아 짜는 제품이다.

58 ①

파이 롤러는 반죽을 롤러에 의해 평균적으로 늘리는 기계로, 유지가 많은 반죽 제품을 만들 때 사용한다.

59 ②

젤리 롤 케이크는 공기방울을 제거하기 위해 약간의 충격을 준 후 굽는 것이 좋다.

60 ①

• 연속식 제빵법의 장점 : 설비 감소 및 공간 절약, 노동력 감소, 발효 손실 감소
• 연속식 제빵법의 단점 : 일시적으로 설비 투자가 많이 듦

01	①	02	③	03	①	04	③	05	④
06	④	07	②	08	①	09	②	10	④
11	②	12	②	13	④	14	①	15	④
16	③	17	④	18	④	19	②	20	④
21	④	22	①	23	③	24	②	25	④
26	②	27	①	28	②	29	③	30	①
31	③	32	③	33	①	34	③	35	②
36	③	37	②	38	④	39	①	40	②
41	④	42	②	43	③	44	③	45	①
46	②	47	②	48	③	49	②	50	④
51	③	52	②	53	④	54	④	55	③
56	①	57	②	58	①	59	①	60	③

01 ①

설탕을 넣지 않으면 발효가 부족하고, 소금을 넣지 않으면 맛과 향이 제대로 나지 않는다.

02 ③

팬 기름을 많이 바르면 빵 속에 기름 냄새가 스며들어서 좋지 않다.

03 ①

마시멜로 아이싱은 거품을 올린 흰자에 뜨거운 시럽(114℃)과 젤라틴을 첨가하고 고속으로 믹싱해서 만든 아이싱이다.

04 ③

색깔을 진하게 해야 할 제품에는 알칼리성 팽창제를 사용한다.

05 ④

짧은 시간 동안 튀기면 도넛 내부에 수분이 많아 발한 현상이 증가한다.

06 ④

이중 결합의 위치는 지방산의 분류를 말한다.

07 ②

분당은 설탕을 갈아서 만들고, 물엿은 전분을 가수분해하여 만든다.

08 ①

배합비에서 설탕의 비율이 낮을 때 딱딱한 제품이 나온다.

09 ②

카스테라는 고율배합으로 스펀지 케이크의 높이보다 2배 정도 높게 나오는 제품으로 지나치게 높은 온도에서 구우면 안 된다.

10 ④

알코올 발효는 빵 반죽의 발효이다.

11 ②

핑거 쿠키는 손가락 모양의 거품형 과자로 성형 시 적정한 길이는 5~6cm 정도이다.

12 ②

과일 케이크를 구울 때 증기를 분사하면 반죽에 수분이 착상하여 수막을 형성하게 되고, 수막이 형성되면 껍질의 형성이 늦어지므로 껍질이 얇게 만들어진다.

13 ④

냉동식품은 식품의 중심 온도가 −18℃ 이하를 계속 유지하는 식품을 말하며, −18℃ 이하에서 보관함으로써 변패를 억제시키는 저장 방법이다.

14 ①

로-마지팬은 아몬드:설탕＝1:0.5의 비율로 마지팬을 만든다.

15 ④

파운드 케이크 굽기 시 이중 팬을 사용하면 제품의 바닥과 옆면이 두꺼운 껍질 형성을 방지할 수 있고, 조직과 맛을 좋게 할 수 있다. 반면 열전도율은 낮아진다.

16 ③

케이크 도넛은 180~196℃가 가장 적합하다.

17 ④

케이크의 아이싱에 사용되는 것은 휘핑크림으로 식물성 지방을 40% 이상 함유하고 있다.

18 ④

오븐은 제품 생산능력과 믹서, 정형공정에서 가장 중요한 설비 기준이 된다.

19 ②

당액 제조 시 레몬즙, 구연산, 주석산과 같은 산을 첨가하면 설탕의 일부가 분해되어 전화당으로 변화한다.

20 ④

껍질색을 좋게 하는 것은 굽기의 목적이다.

오답 피하기

①②③ 둥글리기의 목적에 속한다.

21 ④

식품에 사용하는 향료는 식품첨가물이므로 품질, 규격 및 사용법을 준수해야 한다.

22 ①

팬닝 시 틀이나 철판의 적당한 온도는 32℃이다.

23 ③

프렌치 롤은 직접 구워 딱딱한 껍질의 빵을 의미한다.

24 ②

제빵용 이스트에는 유당(젖당)을 분해하는 효소인 락타아제가 들어있지 않아 발효하지 못한다.

25 ④

증류수는 pH7로 중성이다.

오답 피하기

①은 산성이고 ②, ③은 염기성이다.

26 ②

단순 아이싱은 분당, 물, 물엿, 향료를 43℃로 끓여서 사용한다.

27 ①

컨벡션 오븐은 오븐에 팬을 이용하여 열풍을 강제 순환하여 굽는 것으로 하드 계열, 쿠키 제품에 이용한다.

28 ②

전란은 수분 75%, 고형질 25%로 구성된다.

29 ③

퍼프 페이스트리는 유지의 수분을 이용하여 증기압 팽창을 하는 제품이다.

30 ①

초콜릿을 템퍼링하면 입 안에서의 용해성이 좋아진다.

31 ③

럼주는 당밀을 발효시켜 만든다.

32 ①

제한 아미노산이란 제품에 함유되어 있는 필수 아미노산 중 적은 아미노산을 말한다.

33 ①

LD50은 통상 포유동물의 독성을 측정하는 것으로 LD값과 독성은 반비례이며, 약물 독성 치사량의 단위이다.

34 ①

혈청학적 검사는 세균이나 이물질에 대해 저항하는 항체를 검사하고 항체에 반응하는 항원을 검사하는 것이다.

35 ②

유지의 산화방지제로는 BHT, BHA, 비타민 E(토콜페롤), 프로필갈에이드 등이 있다.

36 ③

설탕은 재결정이 용이하다.

37 ②

(70g × 4kcal) + (20g × 4kcal) + (1g × 9kcal) = 369kcal

38 ④

올리고당류는 장까지 도달해 장내 비피더스균의 먹이가 되어 증식하는 것을 돕는다.

39 ①

말타아제는 맥아당을 2분자의 포도당으로 분해한다.

40 ②

오레가노는 잎을 건조시킨 향신료로 독특한 매운맛과 쓴맛이 특징이다.

41 ④

장내의 연동 작용을 자극하여 배설 작용을 촉진하는 것은 섬유소이다.

42 ②

병원성 대장균은 그람 음성 간균으로 통성 혐기성이다.

43 ③

파상열을 브루셀라증이라고도 한다.

44 ③

복어 : 테트로도톡신

오답 피하기

① 섭조개 : 삭시톡신
② 버섯 : 무스카린
④ 감자 : 솔라닌

45 ①

샐러드유는 샐러드 드레싱을 만드는 데 쓰이는 식물성 기름으로 정제 과정을 거친 식용유이다.

오답 피하기

②③④ 고체 상태의 지방 성질을 갖는다.

46 ②

질소는 불연성, 비독성의 불활성 가스로 제품의 포장에 널리 이용된다.

47 ②

HACCP 관리의 수행 단계

1. 위해요소분석 → 2. 중요관리점결정 → 3. 한계기준설정 → 4. 모니터링 체계 확립 → 5. 개선조치 방법 수립 → 6. 검증 절차 및 방법 수립 → 7. 문서화 및 기록유지

48 ③

정제가 불충분한 면실유(목화씨 기름)에 들어있는 독은 고시폴이다.

49 ②

서류 제출은 보건복지부장관에게 하고, 발급은 산업인력관리공단에서 한다.

50 ④

초콜릿의 템퍼링이 잘못되면 카카오 버터에 의한 지방 블룸이 생기고, 보관이 잘못되면 설탕에 의한 설탕 블룸이 생긴다.

51 ③

뼈를 자라게 하는 것은 무기질이다.

52 ②

유지의 경화란 액체지방을 고체지방으로 만드는 것이다.

53 ④

혼성주는 대부분 알코올 농도가 높다.

54 ④

우유에 단백질이 있어 구조형성 작용을 하기는 하지만 수분이 너무 많아 구조를 기대하기는 어렵다.

55 ③

공립법의 공립이란 달걀의 흰자와 노른자를 함께 사용한다는 뜻이다.

56 ①

포장지에 통기성이 있으면 공기가 통하여 빵, 과자의 노화가 촉진된다.

57 ②

포장 재료인 포화폴리에스터(PET)는 기계적성이 매우 좋다.

58 ①

배합표와 재료계량을 통해 제조원가의 구성요소인 직접재료비, 직접노무비, 직접경비를 파악할 수 있다.

59 ①

포름알데히드는 유해 방부제이며, 합성 플라스틱류에서 발생할 수 있는 화학적 식중독 물질이다.

60 ③

스테인리스 스틸 냄비는 광택이 나며 녹슬지 않고 깨끗이 씻기 쉬우며 빛깔이 변하지 않고 보온성도 좋다. 그러나 냄비 전체적으로 열을 균일하게 전도하는 비율이 떨어진다.

오답 피하기

① 법랑 냄비는 철판으로 된 본체에 백토를 입힌 것이다. 아름다운 빛깔에 여러 가지 무늬를 넣을 수 있다. 씻기 쉬우며, 빛깔이 퇴색하지 않고 보온성도 좋다. 그러나 내열성이 약하다.

② 유리 냄비는 최근 보급되기 시작한 것으로 깨끗하고 아름다운 것이 특징이지만 열전도가 나쁘고 깨지기 쉬우므로 냄비 재질로서는 적합하지 않다.

해설과 따로 보는 최신 기출문제 05회　　1~185쪽

01 ①	02 ②	03 ③	04 ③	05 ②
06 ①	07 ②	08 ④	09 ③	10 ②
11 ③	12 ①	13 ①	14 ④	15 ④
16 ②	17 ②	18 ①	19 ④	20 ②
21 ④	22 ①	23 ①	24 ③	25 ④
26 ④	27 ②	28 ②	29 ③	30 ①
31 ④	32 ④	33 ②	34 ③	35 ③
36 ③	37 ③	38 ③	39 ①	40 ①
41 ③	42 ②	43 ③	44 ③	45 ④
46 ③	47 ④	48 ①	49 ①	50 ①
51 ③	52 ①	53 ①	54 ④	55 ①
56 ②	57 ①	58 ④	59 ②	60 ②

01 ①

$$얼음 사용량 = \frac{물 사용량 \times (수돗물 온도 - 사용수 온도)}{80 + 수돗물 온도}$$

02 ②

쇼트브레드 쿠키는 냉장고에서 휴지한다.

03 ③

도넛 튀김기에 붓는 기름의 평균 깊이는 12~15cm 정도가 적합하다.

04 ③

반죽형 쿠키 중 전란의 사용량이 가장 많은 제품은 드롭 쿠키이다.

오답 피하기

반죽형, 거품형 쿠키를 통틀어서 전란의 사용량이 가장 많은 제품은 스펀지 쿠키이다.

05 ②

계란만 휘핑 시 30℃ 정도가 적당하고, 설탕이 들어가면 43℃로 온도를 높여야 기포성과 포집성이 좋아진다.

06 ①

높은 온도에서 구워 껍질이 빨리 생길 때 윗면이 터진다.

07 ②

속효성 팽창제는 산 작용제로 주석산을 함유한 것으로 실온에서 반응을 시작해 높은 온도에서 가스를 발생시킨다.

08 ④

커스터드 크림은 우유. 설탕. 달걀을 혼합하고 안정제로 전분 또는 박력분을 사용하여 끓인 크림이다.

09 ③

판매비는 총원가를 구성하는 요소이다.

10 ②

블렌딩법은 밀가루와 유지를 넣고 믹싱하여 유지에 의해 밀가루 입자가 부드럽게 코팅되도록 하는 방법이다.

11 ③

시럽에 담근 과일을 시럽과 함께 사용하면 과일이 가라앉는다.

12 ①

넛메그는 사향 향기가 나는 호두라는 뜻으로 육두구와 교목의 열매이다.

13 ①

빵은 산성 식품이다.

> **오답 피하기**
> ②③④ 알칼리성 식품이다.

14 ④

분유는 밀가루의 흡수율 증가, 발효의 내구성 증가, 반죽의 내구성 증가, 지나친 배합의 완충 작용의 기능을 한다.

15 ④

슈는 크게 팽창을 하므로 성형하여 팬닝할 때 반죽의 간격을 가장 충분히 유지하여야 한다.

16 ②

계란 함량이 부족하면 완제품의 기공은 조밀하나 속이 촉촉할 수 없다.

17 ②

냉동반죽법은 1차 발효 또는 정형을 끝낸 반죽을 냉동 저장하는 방법이다.

18 ①

열량을 내는 영양소는 탄수화물, 단백질, 지방이다. 탄수화물과 단백질은 1g당 4kcal, 지방은 1g당 9kcal의 열량을 발생시킨다.

19 ④

> **오답 피하기**
> ③ 코코넛유에는 저급 지방산과 포화지방산이 많이 들어있어 입 속의 온도에서 녹으며 마가린, 제과용 등의 원료로 사용된다.

20 ②

뉴로톡신은 보툴리누스균이 혐기 상태에서 증식하는 신경독소이다.

21 ④

식용색소 황색4호는 타르색소로 버터류 등에 사용할 수 없다.

22 ①

바이러스가 원인인 감염병으로는 인플루엔자, 유행성 간염, 천연두, 일본뇌염, 소아마비, 광견병 등이 있다.

23 ①

복어독은 테트로도톡신 자연독에 의한 식중독이다.

24 ③

포도당과 과당 : 설탕

> **오답 피하기**
> ① 포도당 2분자 : 맥아당
> ② 포도당과 갈락토오스 : 유당

25 ④

식품위생법은 식품에 의한 위해를 예방하고 영양을 향상시키기 위한 법률이다. 조리방법은 식품위생법 대상에 포함되지 않는다.

26 ④

위생동물에 해당하는 쥐, 파리, 바퀴벌레 등은 발육기간이 짧다.

27 ②

포도상구균이 체외로 분비하는 독소인 엔테로톡신은 열성이 강해 섭취 전에 60℃ 정도로 가열해도 파괴되지 않는다.

28 ②

체리 리큐르 : 마라스키노, 키르슈

> **오답 피하기**
> 오렌지 리큐르 : 큐라소, 트리플 섹, 그랑 마르니에, 쿠앵트로

29 ③

노무비는 제조활동과 인건비를 가리키는 것으로, 매입한 노동력을 소비하는 과정에서 생기는 원가 요소를 나타낸다.

30 ①

캄필로박터 식중독은 대부분 처리하지 않은 우유나 오염된 음용수, 비위생적으로 처리한 가금류가 원인식품이다.

31 ④

산화방지제는 식품보존 시 공기 중의 산소에 의해 유지의 산패, 맛과 색이 변질되는 산화를 방지하기 위한 목적으로 사용하는 식품첨가물이다.

32 ④

야토병은 산토끼나 설치류 사이에 유행하는 감염병으로 오한과 발열, 장티푸스와 같은 열성증상을 일으킨다.

33 ②

초콜릿을 사용하기에 적합한 상태로 녹이는 과정을 템퍼링이라고 한다. 템퍼링을 하면 거친 초콜릿의 결정이 안정되어 블룸 현상이 일어나지 않고 광택이 생기며 몰드에서 잘 분리되고 보관기간도 늘어난다.

34 ③

반죽 무게 = 틀 부피(용적) ÷ 비용적

35 ③

저온 처리하여 말기를 하는 것은 겉면이 터지는 경우의 조치사항과는 관계가 없다.

> **오답 피하기**
> ①, ②, ④ 외에도 믹싱 상태를 조절하고, 노른자를 줄이고 전란을 증가시키며, 겉면이 마르기 때문에 오버베이킹을 하지 않아야 겉면이 터지지 않는다.

36 ③

식품첨가물로 사용되는 재료는 어느 정도 안정성을 보장하므로 맹독성 시험법은 사용하지 않는다.

37 ③

합성팽창제인 탄산수소나트륨은 중조, 소다라고도 한다.

38 ③

솔라닌은 감자의 싹이 난 부분의 독소이다.

맥각중독의 독소는 에르고톡신이다.

39 ①

발생원을 제거하는 것이 구제의 가장 이상적인 방법이다.

40 ①

카드뮴(Cd) : 각종 식기, 기구, 용기에 도금되어 있는 카드뮴이 용출되어 중독되거나 카드뮴 공장 폐수에 오염된 음료수, 오염된 농작물을 식용하여 발생함

② 수은(Hg) : 미나마타병
③ 납(Pb) : 빈혈, 피로, 소화기 장애
④ 비소(As) : 경련, 피부 발진, 탈모

41 ③

급성회백수염(소아마비, 폴리오)은 병원체가 바이러스이며, 가장 적절한 예방법은 예방접종이다.

42 ②

• 결핵 : X선 촬영으로 감염 여부 파악
• 세균성 종류 : 탄저, 브루셀라증, 리스테리아증, 야토병, 돼지단독증, 결핵

43 ③

• 부패에는 호기성, 혐기성, 통성 혐기성 등 여러 미생물이 관여한다.
• 부패의 진행 과정 : 호기성 세균의 증식 → 효소의 분비와 신진대사산물의 생성 → 내부조직의 연화 → 혐기성 세균의 침투 → 부패의 완성

44 ③

① 세균은 주로 분열법으로 그 수를 늘리며 식품의 부패에 가장 많이 관여하는 미생물이다.
② 효모는 주로 출아법으로 그 수를 늘리며 술 제조에 많이 사용된다.
④ 바이러스는 미생물 중 크기가 가장 작으며 세균 여과기를 통과하는 여과성 미생물이다.

45 ④

• 최적 수분활성도 : 0.90~1.00
• 억제되는 수분활성도 : 0.80 이하

46 ③

식품의 부패 초기에는 광택이 소실되었다가 변색, 퇴색 순으로 부패가 이루어진다.

47 ④

소독은 감염병의 감염을 방지할 목적으로 병원성 미생물을 사멸 혹은 약화시켜 감염을 없애는 것으로 비병원성 미생물의 사멸에 대하여는 별로 문제시하지 않는다.

48 ①

작업공간에는 컵, 소독기에 장착된 파란 형광등으로 자외선 살균을 한다.

49 ①

② 기름의 가수분해는 온도와 상관이 있다.
③ 기름의 비누화는 가성소다에 의해 높은 온도에서 진행 속도가 빠르다.
④ 기름의 산패는 기름 자체의 이중결합과 관련이 있다.

50 ①

질소와 탄산가스는 곰팡이의 생육을 억제하면서 식품의 변질에 영향을 주지 않기 때문에 포장을 하는 데 사용된다.

51 ③

베이킹파우더에 전분을 사용하는 목적은 중조와 산재료의 격리 효과, 흡수제, 취급과 계량이 편하게 하기 위함이다.

52 ②

제품당 평균 단가는 제품 제조 시 투입되는 요소들에 변동폭이 발생될 때 점검할 사항이다.

53 ①

② 전도 : 가열된 오븐에 팬이 직접 닿음으로써 열이 전달되어 반죽을 가열하는 것
③ 초음파 : 주파수가 들을 수 있는 가청주파수보다 커서 인간이 청각을 이용해 들을 수 없는 음파
④ 복사 : 가열된 오븐의 측면 및 뒷면으로부터 방사되는 적외선이 반죽에 흡수되어 열로 변환된 후 반죽을 가열하는 것

54 ④

잉글리시 머핀의 팽창 형태는 이스트를 사용하는 생물학적 팽창 방법을 사용한다.

55 ①

페카시험 : 직사각형 유리판 위에 밀가루를 놓고 매끄럽게 다듬은 후 물에 담근 다음, 젖은 상태와 100℃에서 건조시킨 상태의 색상을 비교한다. 이렇게 껍질 부위와 표백 정도 등을 상대적으로 판별한다.

56 ②

유화제는 물 중의 기름을 분산시키거나 기름 중의 물을 분산시키고 또 분산된 입자가 응집하지 않도록 안정화시키는 작용을 한다. 유화제를 계면활성제라고 한다.

57 ①

교반이란 믹싱을 의미한다. 흰자의 단백질이 교반에 의해 늘어나는 것을 단백질의 변성이라고 한다.

58 ④

크림법은 각 재료들의 균일한 혼합과 충분한 크림화(공기혼입)를 위하여 비교적 잦은 스크래핑(믹서의 옆면과 바닥을 긁어 주는 동작)을 해야 한다.

59 ②

휘발성 염기질소는 보통 단백질이 미생물 등의 작용으로 분해되어 생긴다.

60 ②

수분 소요량이란 물이 필요하거나 요구되는 분량을 말하며, 신장은 불필요하게 많은 수분을 오줌으로 내보낸다.

03

제빵기능사
최신 기출문제

제빵기능사	소요 시간	문항 수
	총 60분	총 60문항

수험번호 : _____

성 명 : _____

정답 & 해설 ▶ 1-244쪽

01 제빵 시 팬 오일로 유지를 사용할 때 다음 중 무엇이 높은 것을 선택하는 것이 좋은가?

① 크림성
② 가소성
③ 발연점
④ 비등점

02 건포도 식빵을 만들 때 건포도를 전처리하는 목적이 아닌 것은?

① 수분을 제거하여 건포도의 보존성을 높인다.
② 제품 내에서의 수분 이동을 억제한다.
③ 건포도의 풍미를 되살린다.
④ 씹는 촉감을 개선한다.

03 같은 밀가루로 식빵과 불란서빵을 만들 경우, 식빵의 가수율이 63%였다면 불란서빵의 가수율을 얼마로 하는 것이 가장 좋은가?

① 61%
② 63%
③ 65%
④ 67%

04 제빵 시 굽기 단계에서 일어나는 반응에 대한 설명으로 옳지 않은 것은?

① 반죽 온도가 60℃로 오르기까지 효소의 작용이 활발해지고 휘발성 물질이 증가한다.
② 글루텐은 80℃부터 굳기 시작하여 빵이 다 구워질 때까지 천천히 계속된다.
③ 반죽 온도가 60℃에 가까워지면 이스트가 죽기 시작한다. 그와 함께 전분이 호화하기 시작한다.
④ 표피 부분이 160℃를 넘어서면 당과 아미노산이 마이야르 반응을 일으켜 멜라노이드를 만들고, 당의 캐러멜화 반응이 일어나고 전분이 덱스트린으로 분해된다.

05 냉동반죽을 높은 온도에서 빨리 해동할 경우 드립(Drip) 현상이 발생한다. 다음 중 그 원인이 아닌 것은?

① 얼음결정이 반죽의 세포를 파괴, 손상
② 반죽 내 수분의 빙결 분리
③ 급속냉동
④ 단백질의 변성

06 제빵 생산의 원가를 계산하는 목적으로만 연결된 것은?

① 순이익과 총 매출의 계산
② 이익계산, 가격결정, 원가관리
③ 노무비, 재료비, 경비산출
④ 생산량관리, 재고관리, 판매관리

07 다음 제품 중 2차 발효실의 습도를 가장 높게 설정해야 되는 것은?

① 호밀빵
② 햄버거빵
③ 불란서빵
④ 빵 도넛

08 둥글리기의 목적과 거리가 먼 것은?

① 공 모양의 일정한 모양을 만든다.
② 큰 가스는 제거하고 작은 가스는 고르게 분산시킨다.
③ 흐트러진 글루텐을 재정렬한다.
④ 방향성 물질을 생성하여 맛과 향을 좋게 한다.

09 다음 중 식빵에 설탕이 과다하게 첨가되었을 경우 대응책으로 가장 적합한 것은?

① 소금 양을 늘린다.
② 반죽 온도를 낮춘다.
③ 이스트 양을 늘린다.
④ 발효시간을 줄인다.

10 제빵 시 유지를 투입하는 반죽의 단계는?

① 픽업단계
② 발전단계
③ 클린업단계
④ 최종단계

11 다음 중 제품 특성상 일반적으로 노화가 가장 빠른 것은?

① 단과자 빵
② 카스테라
③ 도넛
④ 식빵

12 이스트푸드의 구성성분이 아닌 것은?

① 암모늄염
② 질산염
③ 칼슘염
④ 전분

13 제품을 오븐에 구울 때 2회 굽기를 하는 제품은?

① 스위트 롤
② 브리오슈
③ 브라운 앤 서브 롤
④ 빵 도넛

14 2차 발효가 과다할 때 일어나는 현상이 아닌 것은?

① 색상이 여리다.
② 옆면이 터진다.
③ 신 냄새가 난다.
④ 오븐에서 주저앉기 쉽다.

15 제빵 시 성형(Make-up)의 범위에 들어가지 않는 것은?

① 둥글리기
② 분할
③ 2차 발효
④ 정형

16 다음 중 제빵에서 감미제의 기능이 아닌 것은?

① 이스트의 먹이
② 갈변 반응(캐러멜화)으로 껍질색 형성
③ 수분 보유로 노화 지연
④ 퍼짐성의 조절

17 다음 중 식빵의 발효시간을 연장시켜야 하는 경우는?

① 반죽 온도가 27℃일 때
② 발효실 온도가 24℃일 때
③ 이스트푸드가 충분할 때
④ 1차 발효실 상대습도가 80%일 때

18 다음 중 중간 발효에 대한 설명으로 옳은 것은?

① 상대습도 95% 전후로 시행한다.
② 중간 발효 중 습도가 높으면 껍질이 형성된다.
③ 중간 발효가 잘 되면 글루텐이 잘 발달한다.
④ 중간 발효 온도는 27~29℃가 적당하다.

19 오븐에서 구운 빵을 냉각할 때 평균 몇 %의 수분손실이 추가적으로 발생하는가?

① 2%
② 4%
③ 6%
④ 8%

20 반죽제조 단계 중 렛 다운(Let Down) 상태까지 믹싱하는 제품으로 적당한 것은?

① 옥수수 식빵, 밤 식빵
② 크림빵, 앙금 빵
③ 잉글리시 머핀, 햄버거 빵
④ 바게트, 프랑스 빵

21 빵, 과자 배합표의 자료 활용법으로 적당하지 않은 것은?

① 빵의 생산기준 자료
② 재료 사용량 파악 자료
③ 국가별 빵의 종류 파악 자료
④ 원가 산출

22 다음 중 제빵에 맥아를 사용하는 목적이 아닌 것은?

① 이산화탄소 생산을 증가시킨다.
② 제품에 독특한 향미를 부여한다.
③ 노화지연 효과가 있다.
④ 구조 형성에 도움을 준다.

23 다음 중 전화당에 대한 설명으로 옳지 않은 것은?

① 갈색화 반응이 빠르다.
② 설탕을 산이나 효소 처리하여 제조할 수 있다.
③ 쉽게 고체당을 만들 수 있다.
④ 설탕에 소량의 전화당을 혼합하면 용해도가 높아진다.

24 제과·제빵에 사용하는 분유의 기능이 아닌 것은?

① 영양소 공급
② 갈변 방지
③ 글루텐 강화
④ 맛과 향 개선

25 효소를 구성하는 주성분에 대한 설명으로 옳지 않은 것은?

① 탄소, 수소, 산소, 질소 등의 원소로 구성되어 있다.
② 아미노산이 펩티드 결합을 하고 있는 구조이다.
③ 열에 안정하여 가열하여도 변성되지 않는다.
④ 섭취 시 4kcal의 열량을 낸다.

26 2차 발효의 3가지 기본적 요소가 아닌 것은?

① pH
② 습도
③ 온도
④ 시간

27 빵 반죽에 사용되는 물의 경도에 가장 큰 영향을 미치는 성분은?

① 무기질
② 비타민
③ 단백질
④ 지방

28 데니시 페이스트리에 사용하는 유지에서 가장 중요한 성질은?

① 유화성
② 안정성
③ 가소성
④ 크림성

29 중종 반죽법에서 중종에 밀가루를 많이 사용했을 때 나타나는 현상이 아닌 것은?

① 본 반죽의 반죽시간이 줄어든다.
② 중종의 발효시간은 짧아지고 본 반죽의 발효시간은 길어진다.
③ 반죽의 신장성이 좋아진다.
④ 부피가 크고 기공막이 얇으며 조직이 부드러워 품질이 좋아진다.

30 산형 식빵의 비용적(cm³/g)으로 가장 적합한 것은?

① 1.5~1.8
② 1.7~2.6
③ 3.2~3.5
④ 4.0~4.5

31 냉동반죽법에서 믹싱 후 1차 발효 시간으로 가장 적합한 것은?

① 50~60분
② 110~120분
③ 80~90분
④ 0~20분

32 식빵의 바닥이 움푹 파이는 원인이 아닌 것은?

① 2차 발효실의 습도가 높을 때
② 반죽의 믹싱을 많이 할 때
③ 오븐 바닥열이 약할 때
④ 팬에 기름칠을 하지 않을 때

33 스펀지/도법에서 스펀지 밀가루 사용량을 증가시킬 때 나타나는 결과가 아닌 것은?

① 도우(본 반죽, Dough) 제조 시 반죽시간이 길어진다.
② 완제품의 부피가 커진다.
③ 도 발효시간이 짧아진다.
④ 반죽의 신장성이 좋아진다.

34 이스트에 존재하는 효소로 포도당을 분해하여 알코올과 이산화탄소를 발생시키는 것은?

① 말타아제
② 리파아제
③ 찌마아제
④ 인버타아제

35 옥수수 단백질인 제인에 특히 부족한 아미노산은?

① 로이신
② 페닐알라닌
③ 트립토판
④ 발린

36 일반적으로 시유의 수분 함량은?

① 58% 정도

② 65% 정도

③ 88% 정도

④ 98% 정도

37 식품을 태웠을 때 재로 남는 성분은?

① 유기질

② 무기질

③ 단백질

④ 비타민

38 식품의 부패를 판정할 때 화학적 판정 방법이 아닌 것은?

① TMA 측정

② ATP 측정

③ LD50 측정

④ VBN 측정

39 과자류, 빵류를 제조할 때 가스를 발생시켜 연하고 맛이 좋고 소화되기 쉬운 상태로 만들 목적으로 사용하는 식품첨가물은?

① 유화제

② 살균제

③ 팽창제

④ 피막제

40 쥐나 곤충류에 의해서 발생될 수 있는 식중독은?

① 보툴리누스균 식중독

② 살모넬라 식중독

③ 포도상구균 식중독

④ 장염비브리오 식중독

41 보툴리누스균 식중독과 관련이 있는 것은?

① 화농성 질환의 대표균

② 저온살균 처리로 예방

③ 내열성 포자 형성

④ 감염형 식중독

42 설탕의 전체 고형질을 100%로 볼 때 포도당과 물엿의 고형질 함량은?

① 포도당 91%, 물엿 80%

② 포도당 80%, 물엿 20%

③ 포도당 80%, 물엿 50%

④ 포도당 80%, 물엿 5%

43 달걀이 오래되면 어떠한 현상이 나타나는가?

① 비중이 무거워진다.

② 점도가 감소한다.

③ pH가 떨어져 산패된다.

④ 기실이 없어진다.

44 다음 중 코팅용 초콜릿이 갖추어야 하는 성질은?

① 융점이 항상 낮은 것

② 융점이 항상 높은 것

③ 융점이 겨울에는 높고, 여름에는 낮은 것

④ 융점이 겨울에는 낮고, 여름에는 높은 것

45 글루텐을 형성하는 단백질 중 수용성 단백질은?

① 글리아딘

② 글루테닌

③ 글로불린

④ 메소닌

46 다음 당류 중 일반적인 제빵용 이스트에 의하여 분해되지 않는 것은?

① 유당
② 맥아당
③ 설탕
④ 과당

47 강력분의 특징과 거리가 먼 것은?

① 초자질이 많은 경질소맥으로 제분한다.
② 제분율을 높여 고급 밀가루를 만든다.
③ 상대적으로 단백질 함량이 높다.
④ 믹싱과 발효 재구성이 크다.

48 다음 중 숙성한 밀가루에 대한 설명으로 옳지 않은 것은?

① 환원성 물질이 산화되어 반죽의 글루텐 파괴가 줄어든다.
② 밀가루의 pH가 낮아져 발효가 촉진된다.
③ 밀가루의 황색색소가 공기 중의 산소에 의해 더욱 진해진다.
④ 글루텐의 질이 개선되고 흡수성을 좋게 한다.

49 다음 중 체중 1kg당 단백질 권장량이 가장 많은 대상으로 옳은 것은?

① 9~11세 여자
② 65세 이상 노인
③ 15~19세 남자
④ 1~2세 유아

50 생체 내에서 지방의 기능으로 옳지 않은 것은?

① 생체기관을 보호한다.
② 효소의 주요 구성성분이다.
③ 체온을 유지한다.
④ 주요한 에너지원이다.

51 질병 발생의 3대 요소가 아닌 것은?

① 병인
② 환경
③ 발효
④ 숙주

52 원인균이 내열성 포자를 형성하기 때문에 병든 가축의 사체를 처리할 경우 반드시 소각 처리하여야 하는 인수공통감염병은?

① 돈단독
② 결핵
③ 탄저병
④ 파상열

53 경구 감염병의 예방법으로 부적합한 것은?

① 감염원이나 오염물을 소독한다.
② 모든 식품은 일광 소독한다.
③ 보균자의 식품 취급을 금한다.
④ 주위 환경을 청결히 한다.

54 식물성 안정제가 아닌 것은?

① 젤라틴
② 한천
③ 로커스트빈 검
④ 펙틴

55 노인의 경우 필수 지방산의 흡수를 위하여 다음 중 어떤 종류의 기름을 섭취하는 것이 좋은가?

① 콩기름
② 닭기름
③ 돼지기름
④ 쇠기름

56 곰팡이의 대사 생산물이 사람이나 동물에 어떤 질병이나 이상한 생리 작용을 유발하는 것은?

① 만성 감염병
② 급성 감염병
③ 진균독 식중독
④ 화학적 식중독

57 기구, 용기 또는 포장 제조에 함유될 수 있는 유해 금속과 거리가 먼 것은?

① 납
② 카드뮴
③ 비소
④ 칼슘

58 부패를 판정하는 방법으로, 사람에 의한 관능검사를 실시할 때 검사하는 항목이 아닌 것은?

① 색
② 맛
③ 균수
④ 냄새

59 경구 감염병 중 바이러스에 의해 전염되어 발병되는 것은?

① 성홍열
② 장티푸스
③ 아메바성 이질
④ 홍역

60 다음 중 유해성 타르(Tar) 색소와 가장 관계가 먼 것은?

① 일반적으로 장기, 혈액, 신경계에 유해한 영향을 준다.
② 연속적으로 소량씩 섭취할 경우에는 중독 증상이 문제되지 않는다.
③ 소량씩 연속적으로 섭취할 경우 특히 발암성이 문제된다.
④ 특히 간장과 신장에 대하여 독성을 나타내는 공통점을 갖고 있다.

정답 & 해설 ▶ 1-246쪽

01 이형유에 관한 설명으로 옳지 않은 것은?

① 틀을 실리콘으로 코팅하면 이형유 사용을 줄일 수 있다.
② 이형유는 발연점이 높은 기름을 사용한다.
③ 이형유 사용량이 많으면 밑 껍질이 얇아지고 색상이 밝아진다.
④ 이형유 사용량은 반죽 무게에 대하여 0.1~0.2% 정도이다.

02 냉동반죽을 만들 때 정상반죽에서의 양보다 증가시키는 것은?

① 물
② 소금
③ 이스트
④ 환원제

03 포장 전 빵의 온도가 너무 낮을 때는 어떤 현상이 일어나는가?

① 썰기가 나쁘다.
② 노화가 빨라진다.
③ 포장지에 수분이 응축된다.
④ 곰팡이, 박테리아의 번식이 용이하다.

04 일반적으로 유화 쇼트닝은 모노-디글리세리드가 얼마나 함유된 것이 좋은가?

① 1~3%
② 4~5%
③ 6~9%
④ 9~11%

05 보존료의 이상적인 조건과 거리가 먼 것은?

① 다량으로 효력이 있을 것
② 저렴한 가격일 것
③ 사용 방법이 간편할 것
④ 독성이 없거나 매우 적을 것

06 미국식 데니시 페이스트리 제조 시 반죽무게에 대한 충전용 유지(롤인 유지)의 사용범위로 가장 적합한 것은?

① 10~15%
② 20~40%
③ 45~60%
④ 60~80%

07 다음 중 25분 동안 동일한 분할량의 식빵 반죽을 구웠을 때 수분 함량이 가장 많은 굽기 온도는?

① 190℃
② 200℃
③ 210℃
④ 220℃

08 오버헤드 프루퍼(Overhead Proofer)는 어떤 공정을 행하기 위해 사용하는 것인가?

① 분할
② 둥글리기
③ 중간발효
④ 정형

09 냉동제품에 대한 설명으로 옳지 않은 것은?

① 저장기간이 길수록 품질저하가 일어난다.
② 상대습도를 100%로 하여 해동한다.
③ 냉동반죽의 분할량이 크면 좋지 않다.
④ 수분이 결빙할 때 다량의 잠열을 요구한다.

10 다음 중 빵을 가장 빠르게 냉각시키는 방법은?

① 공기조절법
② 진공냉각법
③ 자연냉각법
④ 공기배출법

11 빵의 변질에 관한 주요 오염균은?

① 대장균
② 비브리오균
③ 곰팡이
④ 살모넬라균

12 노화를 지연시키는 방법으로 옳지 않은 것은?

① 방습포장재를 사용한다.
② 다량의 설탕을 첨가한다.
③ 냉장보관시킨다.
④ 유화제를 사용한다.

13 제빵에서 믹싱의 주된 기능은?

① 혼합, 거품포집
② 글루텐 발전, 혼합
③ 재료분산, 온도상승
④ 재료분산, 거품포집

14 1인당 생산가치는 생산가치를 무엇으로 나누어 계산하는가?

① 인원수
② 시간
③ 입금
④ 원 재료비

15 같은 조건의 반죽에 설탕, 포도당, 과당을 같은 농도로 첨가했다고 가정할 때 메일라드 반응 속도를 촉진시키는 순서대로 나열된 것은?

① 설탕〉포도당〉과당
② 과당〉설탕〉포도당
③ 과당〉포도당〉설탕
④ 포도당〉과당〉설탕

16 다음 중 표준 스트레이트법에서 믹싱 후 반죽 온도로 가장 적합한 것은?

① 21℃
② 27℃
③ 33℃
④ 39℃

17 아이싱에 대한 설명으로 옳지 않은 것은?

① 아이싱에 이용되는 퐁당은 설탕의 용해성을 이용한 것이다.
② 도넛 설탕 아이싱 사용 온도로 40℃ 전후가 적당하다.
③ 아이싱의 수분흡수제로는 전분이나 밀가루가 사용된다.
④ 아이싱의 끈적거림을 방지하기 위해서는 최소한의 액체를 사용한다.

18 정형한 식빵 반죽을 팬에 넣을 때 이음매의 위치는 어느 쪽이 가장 좋은가?

① 위
② 아래
③ 좌측
④ 우측

19 제빵용 밀가루의 적정 손상전분의 함량은?

① 1.5~3%
② 4.5~8%
③ 11.5~14%
④ 15.5~17%

20 당뇨병인 사람을 위해 식빵을 제조할 때 적합한 사항이 아닌 것은?

① 현미를 첨가한다.
② 설탕 대신 대체감미료를 사용한다.
③ 해조류를 첨가하여 제조한다.
④ 유지의 양을 늘린다.

21 건포도 식빵, 옥수수 식빵, 야채 식빵을 만들 때 건포도, 옥수수, 야채는 믹싱의 어느 단계에 넣는 것이 좋은가?

① 최종 단계 후
② 클린업 단계 후
③ 발전 단계 후
④ 렛 다운 단계 후

22 불건성유에 속하는 것은?

① 피마자유
② 대두유
③ 참기름
④ 어유

23 냉동반죽에 사용되는 재료와 제품의 특성에 대한 설명으로 옳지 않은 것은?

① 일반 제품보다 산화제 사용량을 증가시킨다.
② 저율배합인 프랑스빵이 가장 유리하다.
③ 유화제를 사용하는 것이 좋다.
④ 밀가루는 단백질 양과 질이 좋은 것을 사용한다.

24 다음 중 상대적 감미도가 두 번째로 큰 당류는?

① 과당
② 설탕
③ 포도당
④ 맥아당

25 다음 중 초콜릿의 코코아 함량으로 옳은 것은?

① 코코아 1/8
② 코코아 2/8
③ 코코아 3/8
④ 코코아 5/8

26 반죽을 발효시키는 목적이 아닌 것은?

① 향 생성
② 반죽의 숙성 작용
③ 반죽의 팽창 작용
④ 글루텐 응고

27 비상스트레이트 반죽법의 장점과 거리가 먼 것은?

① 임금 절약
② 저장성의 증가
③ 주문에 신속 대처
④ 짧은 공정시간

28 빵 제조 시 설탕의 효과와 거리가 가장 먼 것은?

① 효모의 영양원
② 빵의 노화 지연
③ 글루텐 강화
④ 빵의 색택 부여

29 다음 중 플로어 타임을 길게 주어야 하는 경우는?

① 반죽 온도가 높을 때
② 반죽 배합이 덜 되었을 때
③ 반죽 온도가 낮을 때
④ 중력분을 사용했을 때

30 노타임법에 의한 빵 제조에 관한 설명으로 잘못된 것은?

① 믹싱시간을 20~25% 길게 한다.
② 산화제와 환원제를 사용한다.
③ 물의 양을 1.5% 정도 줄인다.
④ 설탕의 사용량을 다소 감소시킨다.

31 일반적인 1차 발효실의 가장 이상적인 습도는?

① 45~50%
② 55~60%
③ 65~70%
④ 75~80%

32 단과자 빵의 껍질에 흰 반점이 생긴 경우 그 원인에 해당되는 것은?

① 반죽 온도가 높았다.
② 발효하는 동안 반죽이 식었다.
③ 숙성이 덜 된 반죽을 그대로 정형하였다.
④ 2차 발효 후 찬 공기를 오래 쐬었다.

33 반죽할 때 반죽의 온도가 높아지는 주된 이유는?

① 원료가 용해되므로
② 이스트가 번식하므로
③ 마찰열이 발생하므로
④ 글루텐이 발달되므로

34 이스트에 질소 등의 영양을 공급하는 제빵용 이스트푸드의 성분은?

① 칼슘염
② 암모늄염
③ 브롬염
④ 요오드염

35 계면활성제의 친수성-친유성 균형(HLB)이 다음과 같을 때 친수성인 것은?

① 5
② 7
③ 9
④ 11

36 다음 중 점도계가 아닌 것은?

① 비스코아밀로그래프(Viscoamylograph)
② 익스텐소그래프(Extensograph)
③ 맥미카엘(Macmichael)
④ 브룩필드(Brookfield)

37 이스트푸드의 구성성분 중 칼슘염의 주요 기능은?

① 이스트 성장에 필요하다.
② 반죽에 탄성을 준다.
③ 오븐 팽창이 커진다.
④ 물 조절제 역할을 한다.

38 강력분의 특성으로 옳지 않은 것은?

① 중력분에 비해 단백질 함량이 높다.
② 박력분에 비해 글루텐 함량이 적다.
③ 박력분에 비해 점탄성이 크다.
④ 경질소맥을 원료로 한다.

39 유지의 도움으로 흡수, 운반되는 비타민으로만 구성된 것은?

① 비타민 A, B, C, D
② 비타민 A, B, C, K
③ 비타민 B, C, E, K
④ 비타민 A, D, E, K

40 스펀지법에서 스펀지 반죽에 사용하는 기본 재료의 종류가 아닌 것은?

① 밀가루
② 버터
③ 이스트
④ 이스트푸드

41 생리 기능의 조절 작용을 하는 영양소는?

① 무기질, 비타민
② 탄수화물, 단백질
③ 지방질, 단백질
④ 탄수화물, 지방질

42 살균이 불충분한 육류 통조림으로 인해 식중독이 발생했을 경우 가장 관련이 깊은 식중독은?

① 살모넬라균
② 보툴리누스균
③ 황색 포도상구균
④ 시겔라균

43 다음 중 부패 세균이 아닌 것은?

① 어위니아균(Erwinia)
② 슈도모나스균(Pseudomonas)
③ 티포이드균(Sallmonella Tyuphi)
④ 고초균(Bacillus Subtilis)

44 빵을 제조하는 과정에서 반죽 후 분할기로부터 분할할 때나 구울 때 달라붙지 않게 할 목적으로 허용되어 있는 첨가물은?

① 유동 파라핀
② 프로필렌 그리콜
③ 초산비닐수지
④ 글리세린

45 다음 효소 중 과당을 분해하여 CO_2와 알코올을 만드는 효소는?

① 리파아제
② 프로테아제
③ 찌마아제
④ 말타아제

46 안정제를 사용하는 목적으로 적합하지 않은 것은?

① 아이싱의 끈적거림 방지
② 크림 토핑의 거품 안정
③ 머랭의 수분 배출 촉진
④ 포장성 개선

47 기름의 산패를 촉진시키는 요인들로만 짝지은 것은?

① 산소, 고온. 자외선, 동
② 산소, 고온, 자외선, 질소
③ 산소, 고온, 동, 질소
④ 고온, 자외선, 동, 질소

48 유당분해 효소결핍증(유당 불내증)의 일반적인 증세가 아닌 것은?

① 복부경련
② 발진
③ 설사
④ 메스꺼움

49 열량 영양소의 단위 g당 칼로리의 설명으로 옳은 것은?

① 단백질은 지방보다 칼로리가 많다.
② 탄수화물은 지방보다 칼로리가 적다.
③ 탄수화물은 단백질보다 칼로리가 적다.
④ 탄수화물은 단백질보다 칼로리가 많다.

50 생크림 보존 온도로 가장 적합한 것은?

① −18℃ 이하
② −5~−1℃
③ 0~10℃
④ 15~18℃

51 제2급 감염병으로 소화기계 감염병인 것은?

① 말라리아
② 화농성피부염
③ 장티푸스
④ 독감

52 생산 공장 시설의 효율적 배치에 대한 설명으로 옳지 않은 것은?

① 작업용 바닥 면적은 그 장소를 이용하는 사람들의 수에 따라 달라진다.
② 판매 장소와 공장의 면적 배분은 판매 3:공장 1의 비율로 구성되는 것이 바람직하다.
③ 공장의 소요 면적은 주방 설비의 설치 면적과 기술자의 작업을 위한 공간 면적으로 이루어진다.
④ 공장의 모든 업무가 효과적으로 진행되기 위한 기본은 주방의 위치와 규모에 대한 설계이다.

53 도넛 반죽의 휴지 효과가 아닌 것은?

① 밀어펴기 작업이 쉬워진다.
② 표피가 빠르게 마르지 않는다.
③ 각 재료에서 수분이 발산된다.
④ 이산화탄소가 발생하여 반죽이 부푼다.

54 판 젤라틴을 전처리하기 위한 물의 온도로 알맞은 것은?

① 10~20℃
② 30~40℃
③ 60~70℃
④ 80~90℃

55 아이싱이나 토핑에 사용하는 재료의 설명으로 옳지 않은 것은?

① 중성 쇼트닝은 첨가하는 재료에 따라 향과 맛을 살릴 수 있다.
② 분당은 아이싱 제조 시 끓이지 않고 사용할 수 있는 장점이 있다.
③ 생우유는 우유의 향을 살릴 수 있어 바람직하다.
④ 안정제는 수분을 흡수하여 끈적거림을 방지한다.

56 환경 중의 가스를 조절함으로써 채소와 과일의 변질을 억제하는 방법은?

① 상업적 살균
② 무균포장
③ 통조림
④ 변형공기포장

57 다음 중 우리나라에서 허용되어 있지 않은 감미료는?

① 시클라민산나트륨
② 사카린나트륨
③ 아세설팜 K
④ 스테비아 추출물

58 다음 중 저온장시간 살균법으로 가장 일반적인 조건은?

① 71.7℃, 15초간 가열
② 60~65℃, 30분간 가열
③ 130~150℃, 1초 이하 가열
④ 95~120℃, 30~60분간 가열

59 가나슈 크림에 대한 설명으로 옳은 것은?

① 생크림은 절대 끓여서 사용하지 않는다.
② 초콜릿과 생크림의 배합 비율은 10:1이 원칙이다.
③ 초콜릿 종류는 달라도 카카오 성분은 같다.
④ 끓인 생크림에 초콜릿을 더한 크림이다.

60 흰자를 사용하는 제품에 주석산 크림과 같은 산을 넣는 이유가 아닌 것은?

① 흰자의 알칼리성을 중화한다.
② 전체 흡수율을 높여 노화를 지연시킨다.
③ 머랭의 색상을 희게 한다.
④ 흰자의 거품을 강하게 만든다.

해설과 따로 보는 최신 기출문제 03회

제빵기능사	소요 시간	문항 수
	총 60분	총 60문항

수험번호 : _____

성   명 : _____

정답 & 해설 ▶ 1-249쪽

01 어린반죽으로 만든 제품의 특징과 거리가 먼 것은?

① 내상의 색상이 검다.
② 신 냄새가 난다.
③ 부피가 작다.
④ 껍질의 색상이 진하다.

02 제빵에서 탈지분유를 1% 증가시킬 때 추가되는 물의 양으로 가장 적합한 것은?

① 1%
② 5.2%
③ 10%
④ 15.5%

03 빵의 품질 평가에 있어서 외부 평가 기준이 아닌 것은?

① 굽기의 균일함
② 조직의 평가
③ 터짐과 광택 부족
④ 껍질의 성질

04 식빵 제조 시 1차 발효실의 적합한 온도는?

① 24℃
② 27℃
③ 34℃
④ 37℃

05 산화제와 환원제를 함께 사용하여 믹싱시간과 발효시간을 감소시키는 제빵법은?

① 스트레이트법
② 노타임법
③ 비상스펀지법
④ 비상스트레이트법

06 제빵 제조공정의 4대 중요 관리항목에 속하지 않는 것은?

① 시간 관리
② 온도 관리
③ 공정 관리
④ 영양 관리

07 빵 제품의 껍질색이 여리고, 부스러지기 쉬운 껍질이 되는 경우에 가장 크게 영향을 미치는 요인은?

① 지나친 발효
② 발효 부족
③ 지나친 반죽
④ 반죽 부족

08 픽업 단계에서 믹싱을 완료해도 좋은 제품은?

① 스트레이트법 식빵
② 스펀지/도법 식빵
③ 햄버거빵
④ 데니시 페이스트리

09 냉장, 냉동, 해동, 2차 발효를 프로그래밍에 의하여 자동적으로 조절하는 기계는?

① 도우 컨디셔너(Dough Conditioner)
② 믹서(Mixer)
③ 라운더(Rounder)
④ 오버헤드 프루퍼(Overhead Proofer)

10 다음 중 총원가에 포함되지 않는 것은?

① 제조설비의 감가상각비
② 매출원가
③ 직원의 급료
④ 판매이익

11 굽기 후 빵을 썰어 포장하기에 가장 좋은 온도는?

① 17℃
② 27℃
③ 37℃
④ 47℃

12 원가에 대한 설명으로 옳지 않은 것은?

① 기초 원가는 직접 노무비, 직접 재료비를 말한다.
② 직접원가는 기초원가에 직접 경비를 더한 것이다.
③ 제조원가는 간접비를 포함한 것으로 보통 제품의 원가라고 한다.
④ 총원가는 제조원가에서 판매비용을 뺀 것이다.

13 다음 중 제빵용 믹서로 적합한 것은?

① 에어 믹서
② 스파이럴 믹서
③ 연속식 믹서
④ 버티컬 믹서

14 빵 제조 시 발효공정의 직접적인 목적이 아닌 것은?

① 탄산가스의 발생으로 팽창작용을 한다.
② 유기산, 알코올 등을 생성시켜 빵 고유의 향을 발달시킨다.
③ 글루텐을 발전, 숙성시켜 가스의 포집과 보유능력을 증대시킨다.
④ 발효성 탄수화물의 공급으로 이스트 세포수를 증가시킨다.

15 반죽할 때 나타나는 현상이 아닌 것은?

① 재료를 균일하게 혼합한다.
② 흡수율을 좋게 한다.
③ 글루텐이 형성된다.
④ 색을 내게 한다.

16 불란서빵에서 스팀을 사용하는 이유로 적절하지 않은 것은?

① 거칠고 불규칙하게 터지는 것을 방지한다.
② 겉껍질에 광택을 내준다.
③ 얇고 바삭거리는 껍질이 형성되도록 한다.
④ 반죽의 흐름성을 크게 증가시킨다.

17 생산된 소득 중에서 인건비와 관련된 부분은?

① 노동 분배율
② 생산가치율
③ 가치적 생산성
④ 물량적 생산성

18 성형 시 둥글리기의 목적과 거리가 먼 것은?

① 표피를 형성시킨다.
② 가스 포집을 돕는다.
③ 끈적거림을 제거한다.
④ 껍질색을 좋게 한다.

19 펀치의 효과와 거리가 먼 것은?

① 반죽의 온도를 균일하게 한다.
② 이스트의 활성을 돕는다.
③ 산소 공급으로 반죽의 산화 숙성을 진전시킨다.
④ 성형을 용이하게 한다.

20 제빵 시 베이커스 퍼센트(Baker's %)에서 기준이 되는 재료는?

① 설탕
② 물
③ 밀가루
④ 유지

21 분할기에 의한 식빵 분할은 최대 몇 분 이내에 완료하는 것이 가장 적합한가?

① 20분
② 30분
③ 40분
④ 50분

22 스펀지법에 비교해서 스트레이트법의 장점은?

① 노화가 느리다.
② 발효에 대한 내구성이 좋다.
③ 노동력이 절감된다.
④ 기계에 대한 내구성이 증가한다.

23 반죽 시 후염법에서 소금의 투입 단계는?

① 각 재료와 함께 섞는다.
② 픽업 단계 직전에 투입한다.
③ 클린업 단계 직후에 넣는다.
④ 믹싱이 끝날 때 넣어 혼합한다.

24 유지의 분해산물인 글리세린에 대한 설명으로 옳지 않은 것은?

① 자당보다 감미가 크다.
② 향미제의 용매로 식품의 색택을 좋게 하는 독성이 없는 극소수 용매 중의 하나이다.
③ 보습성이 뛰어나 빵류, 케이크류, 소프트 쿠키류의 저장성을 연장시킨다.
④ 물-기름의 유탁액에 대한 안정 기능이 있다.

25 초콜릿의 팻 블룸(Fat Bloom) 현상에 대한 설명으로 옳지 않은 것은?

① 초콜릿 제조 시 온도 조절이 부적합할 때 생기는 현상이다.
② 초콜릿 표면에 수분이 응축하며 나타나는 현상이다.
③ 보관 중 온도 관리가 나쁜 경우 발생하는 현상이다.
④ 초콜릿의 균열을 통해서 표면에 침출하는 현상이다.

26 제분 직후의 숙성하지 않은 밀가루에 대한 설명으로 옳지 않은 것은?

① 밀가루의 pH는 6.1~6.2 정도이다.
② 효소 작용이 활발하다.
③ 밀가루 내의 지용성 색소인 크산토필 때문에 노란색을 띤다.
④ 효소류의 작용으로 환원성 물질이 산화되어 반죽 글루텐의 파괴를 막아준다.

27 다음 중 향신료가 아닌 것은?

① 카다몬
② 올스파이스
③ 카라야검
④ 시나몬

28 다음 중 박력분에 대한 설명으로 옳은 것은?

① 경질 소맥을 제분한다.
② 연질 소맥을 제분한다.
③ 글루텐의 함량은 12~14%이다.
④ 빵이나 국수를 만들 때 사용한다.

29 호밀빵 제조 시 호밀을 사용하는 이유 및 기능과 거리가 먼 것은?

① 독특한 맛 부여
② 조직의 특성 부여
③ 색상 향상
④ 구조력 향상

30 다음 중 제품 특성상 일반적으로 노화가 가장 빠른 것은?

① 단과자빵
② 카스테라
③ 식빵
④ 도넛

31 젤리 형성의 3요소가 아닌 것은?

① 당분
② 유기산
③ 펙틴
④ 염

32 일반적으로 가소성 유지 제품(쇼트닝, 마가린, 버터 등)은 상온에서 고형질이 얼마나 들어있는가?

① 20~30%
② 50~60%
③ 70~80%
④ 90~100%

33 제과제빵에 사용하는 분유의 기능이 아닌 것은?

① 갈변 방지
② 영양소 공급
③ 글루텐 강화
④ 맛과 향 개선

34 다음 중 코코아에 대한 설명으로 옳지 않은 것은?

① 코코아에는 천연 코코아와 더취 코코아가 있다.
② 더취 코코아는 천연 코코아를 알칼리 처리하여 만든다.
③ 더취 코코아는 색상이 진하고 물에 잘 분산된다.
④ 천연 코코아는 중성을, 더취 코코아는 산성을 나타낸다.

35 다음 중 중화가를 구하는 식은?

① $\dfrac{\text{중조의 양} \times 100}{\text{산성제의 양}}$

② $\dfrac{\text{중조의 양}}{\text{산성제의 양}}$

③ $\dfrac{\text{산성제의 양} \times \text{중조의 양}}{100}$

④ 중조의 양 × 100

36 다음 혼성주 중 오렌지 성분을 원료로 하여 만들지 않는 것은?

① 그랑 마르니에
② 마라스키노
③ 쿠앵트로
④ 큐라소

37 반죽의 신장성과 신장에 대한 저항성을 측정하는 기기는?

① 패리노그래프
② 레오그래프
③ 믹서트론그래프
④ 익스텐소그래프

38 카카오 버터의 결정이 거칠어지고 설탕의 결정이 석출되어 초콜릿의 조직이 노화하는 현상은?

① 템퍼링
② 블룸
③ 콘칭
④ 페이스트

39 다음 중 연질 치즈로 곰팡이와 세균으로 숙성시킨 치즈는?

① 크림치즈
② 로마노 치즈
③ 파머산 치즈
④ 카망베르 치즈

40 동물성 지방을 과다 섭취하였을 때 발생할 가능성이 높아지는 질병은?

① 신장병
② 골다공증
③ 부종
④ 동맥경화증

41 호염성 세균으로서 어패류를 통하여 가장 많이 발생하는 식중독은?

① 살모넬라 식중독
② 장염 비브리오 식중독
③ 병원성 대장균 식중독
④ 포도상구균 식중독

42 빵의 냉각방법으로 가장 적합한 것은?

① 바람이 없는 실내
② 강한 송풍을 이용한 급냉
③ 냉동실에서 냉각
④ 수분분사 방식

43 식품첨가물의 규격과 사용기준은 누가 정하는가?

① 국립보건원장
② 식품의약품안전처장
③ 시 · 도 보건연구소장
④ 시 · 군 보건소장

44 유장에 탈지분유, 밀가루, 대두분 등을 혼합하여 탈지분유의 기능과 유사하게 한 제품은?

① 시유
② 농축 우유
③ 대용 분유
④ 전지 분유

45 흰자가 360g 필요하다고 할 때 전란 60g짜리 달걀은 몇 개 정도 필요한가? (단, 달걀 중 흰자의 함량은 60%이다.)

① 6개
② 8개
③ 10개
④ 13개

46 건조된 아몬드 100g이 탄수화물 16g, 단백질 18g, 지방 54g, 무기질 3g, 기타 성분 등을 함유하고 있다면 이 아몬드 100g의 열량은?

① 약 622kcal
② 약 364kcal
③ 약 200kcal
④ 약 751kcal

47 성장기 어린이, 빈혈 환자, 임산부 등 생리적 요구가 높을 때 흡수율이 높아지는 영양소는?

① 나트륨
② 철분
③ 칼륨
④ 아연

48 과실이 익어감에 따라 어떤 효소의 작용에 의해 수용성 펙틴이 생성되는가?

① 펙틴리가아제
② 아밀라아제
③ 프로토펙틴 가수분해 효소
④ 브로멜린

49 적혈구, 뇌세포, 신경세포의 주요 에너지원으로 혈당을 형성하는 당은?

① 과당
② 설탕
③ 유당
④ 포도당

50 다음 중 조리사의 직무가 아닌 것은?

① 집단급식소에서의 식단에 따른 조리업무
② 구매식품의 검수 지원
③ 집단급식소의 운영일지 작성
④ 급식설비 및 기구의 위생, 안전 실무

51 물수건의 소독 방법으로 가장 적합한 것은?

① 비누로 세척한 후 건조한다.
② 삶거나 차아염소산으로 소독 후 일광건조한다.
③ 3% 과산화수소로 살균 후 일광건조한다.
④ 크레졸 비누액으로 소독하고 일광건조한다.

52 살모넬라균에 의한 식중독 증상과 가장 거리가 먼 것은?

① 심한 설사
② 급격한 발열
③ 심한 복통
④ 신경마비

53 식품 등을 통해 전염되는 경구 감염병의 특징이 아닌 것은?

① 원인 미생물은 세균, 바이러스 등이다.
② 미량의 균 량에서도 감염을 일으킨다.
③ 2차 감염이 빈번하게 일어난다.
④ 화학물질이 주요 원인이 된다.

54 물과 기름처럼 서로 혼합이 잘 되지 않는 두 종류의 액체를 혼합·분산시켜 주는 첨가물은?

① 유화제
② 소포제
③ 피막제
④ 팽창제

55 주로 냉동된 육류 등 저온에서도 생존력이 강하고 수막염이나 임신부의 자궁 내 패혈증 등을 일으키는 식중독균은?

① 대장균
② 살모넬라균
③ 리스테리아균
④ 포도상구균

56 식품과 부패에 관여하는 주요 미생물의 연결이 옳지 않은 것은?

① 곡류 : 곰팡이
② 유류 : 세균
③ 어패류 : 곰팡이
④ 통조림 : 포장 형성 세균

57 세균성 식중독 중 감염형 식중독에 관한 사항 중 옳은 내용으로만 짝지은 것은?

1. 황색포도상구균 식중독은 치사율이 아주 높다.
2. 보툴리누스균이 생산하는 독소는 열에 아주 강하다.
3. 장염 비브리오균은 복통을 일으킨다.
4. 여시니아균은 냉장 온도와 진공 포장에서도 증식한다.

① 1, 2
② 2, 3
③ 2, 4
④ 3, 4

58 밀알 제분공정 중 정선기에 온 밀가루를 다시 마쇄하여 작은 입자로 만드는 공정은?

① 조쇄공정
② 분쇄공정
③ 정선공정
④ 조질공정

59 쥐를 매개체로 감염되는 질병이 아닌 것은?

① 신증후군출혈열
② 쯔쯔가무시병
③ 렙토스피라증
④ 돈단독증

60 연속식 제빵법에 관한 설명으로 옳지 않은 것은?

① 액체발효법을 이용하여 연속적으로 제품을 생산한다.
② 발효 손실 감소, 인력 감소 등의 이점이 있다.
③ 3~4 기압의 디벨로퍼로 반죽을 제조하기 때문에 많은 양의 산화제가 필요하다.
④ 자동화 시설을 갖추기 위해 설비 공간의 면적이 많이 소요된다.

제빵기능사	소요 시간	문항 수
	총 60분	총 60문항

수험번호 : _____

성   명 : _____

정답 & 해설 ▶ 1-252쪽

01 제빵에서 설탕의 기능으로 옳지 않은 것은?

① 이스트의 영양분이 됨
② 껍질색을 나게 함
③ 향을 향상시킴
④ 노화를 촉진시킴

02 원가 관리 개념에서 식품을 저장하고자 할 때 저장 온도로 부적합한 것은?

① 상온 식품은 15~20℃에서 저장한다.
② 보냉 식품은 10~15℃에서 저장한다.
③ 냉장 식품은 5℃ 전후에서 저장한다.
④ 냉동 식품은 −40℃ 이하로 저장한다.

03 젤리화의 요소가 아닌 것은?

① 유기산류
② 염류
③ 당분류
④ 펙틴류

04 스펀지 반죽법에서 스펀지 반죽의 재료가 아닌 것은?

① 설탕
② 물
③ 이스트
④ 밀가루

05 다음 중 생산관리의 목표는?

① 재고, 출고, 판매의 관리
② 재고, 납기, 출고의 관리
③ 납기, 재고, 품질의 관리
④ 납기, 원가, 품질의 관리

06 정형기의 작동 공정이 아닌 것은?

① 둥글리기
② 밀어펴기
③ 말기
④ 봉하기

07 빵 굽기 과정에서 오븐 스프링에 의한 반죽 부피의 팽창 정도로 가장 적당한 것은?

① 본래 크기의 약 1/2까지
② 본래 크기의 약 1/3까지
③ 본래 크기의 약 1/5까지
④ 본래 크기의 약 1/6까지

08 단백질 함량이 2% 증가된 강력 밀가루 사용 시 흡수율의 변화로 가장 적당한 것은?

① 2% 감소
② 1.5% 증가
③ 3% 증가
④ 4.5% 증가

09 빵류의 2차 발효실 상대습도가 표준습도보다 낮을 때 나타나는 현상이 아닌 것은?

① 반죽에 껍질 형성이 빠르게 일어난다.
② 오븐에 넣었을 때 팽창이 저해된다.
③ 껍질색이 불균일하게 되기 쉽다.
④ 수포가 생기거나 질긴 껍질이 되기 쉽다.

10 데니시 페이스트리에서 롤인 유지 함량 및 접기 횟수에 대한 설명으로 옳지 않은 것은?

① 롤인 유지 함량이 증가할수록 제품 부피는 증가한다.
② 롤인 유지 함량이 적어지면 같은 접기 횟수에서 제품의 부피가 감소한다.
③ 같은 롤인 유지 함량에서는 접기 횟수가 증가할수록 부피는 증가하다 최고점을 지나면 감소한다.
④ 롤인 유지 함량이 많은 것이 롤인 유지 함량이 적은 것보다 접기 횟수가 증가함에 따라 부피가 증가하다가 최고점을 지나면 감소하는 현상이 현저하다.

11 다음의 재료 중 많이 사용할 때 반죽의 흡수량이 감소되는 것은?

① 활성 글루텐
② 설탕
③ 유화제
④ 손상전분

12 제빵 시 정형의 범위에 들어가지 않는 것은?

① 2차 발효
② 분할
③ 성형
④ 둥글리기

13 제빵용 포장지의 구비조건이 아닌 것은?

① 위생성
② 작업성
③ 통기성
④ 보호성

14 달걀 흰자의 고형분 함량은 약 몇 % 정도인가?

① 12%
② 24%
③ 30%
④ 40%

15 빵을 구워낸 직후의 빵 속 수분 함량과 냉각 후 포장 직전의 수분 함량으로 가장 적합한 것은?

① 35%, 27%
② 45%, 38%
③ 60%, 52%
④ 68%, 60%

16 식빵 반죽을 혼합할 때 반죽의 온도 조절에 가장 크게 영향을 미치는 원료는?

① 밀가루
② 설탕
③ 물
④ 이스트

17 둥글리기가 끝난 반죽을 성형하기 전에 짧은 시간 동안 발효시키는 목적으로 적합하지 않은 것은?

① 가스 발생으로 반죽의 유연성을 회복시키기 위해
② 가스 발생력을 키워 반죽을 부풀리기 위해
③ 반죽 표면에 얇은 막을 만들어 성형할 때 끈적거리지 않도록 하기 위해
④ 분할, 둥글리기하는 과정에서 손상된 글루텐 구조를 재정돈하기 위해

18 팬 오일의 조건이 아닌 것은?

① 발연점이 130℃ 정도 되는 기름을 사용한다.
② 산패되기 쉬운 지방산이 적어야 한다.
③ 보통 반죽 무게의 0.1~0.2%를 사용한다.
④ 면실유, 대두유 등의 기름을 이용한다.

19 강력분과 중력분을 가지고 각각 식빵을 만들었다. 그 차이에 대한 설명 중 옳은 것은?

① 중력분의 식빵이 부피가 크고 부드러우며 흡수율이 적다.
② 중력분의 식빵이 부피가 작고 질기며 흡수율이 크다.
③ 강력분의 식빵이 부피가 크고 질기며 흡수율이 크다.
④ 강력분의 식빵이 부피가 크고 부드러우며 흡수율이 적다.

20 반죽법에 대한 설명으로 옳지 않은 것은?

① 스펀지법은 반죽을 2번에 나누어 믹싱하는 방법으로 중종법이라고 한다.
② 직접법은 스트레이트법이라고 하며, 전 재료를 한 번에 넣고 반죽하는 방법이다.
③ 비상반죽법은 제조시간을 단축할 목적으로 사용하는 반죽법이다.
④ 재반죽법은 직접법의 변형으로 스트레이트법의 장점을 이용한 방법이다.

21 스펀지 케이크 제조 시 아몬드 분말을 사용할 경우의 장점은?

① 식감이 단단하다.
② 노화가 지연되며 맛이 좋다.
③ 반죽이 안정적이다.
④ 원가가 절감된다.

22 빵의 제품 평가에서 브레이크와 슈레드 부족 현상의 이유가 아닌 것은?

① 발효 시간이 짧거나 길었다.
② 오븐의 온도가 높았다.
③ 2차 발효실의 습도가 낮았다.
④ 오븐의 증기가 너무 많았다.

23 밀가루와 밀의 현탁액을 일정한 온도로 균일하게 상승시킬 때 일어나는 점도의 변화를 계속적으로 자동 기록하는 장치는?

① 아밀로그래프
② 모세관 점도계
③ 피서 점도계
④ 브룩필드 점도계

24 메성 옥수수 전분의 호화 온도는?

① 45℃
② 70℃
③ 80℃
④ 95℃

25 일반적으로 반죽을 강화시키는 재료는?

① 유지, 탈지분유, 달걀
② 소금, 산화제, 탈지분유
③ 유지, 환원제, 설탕
④ 소금, 산화제, 설탕

26 대장 내의 작용에 대한 설명으로 옳지 않은 것은?

① 무기질의 흡수가 일어난다.
② 수분 흡수가 주로 일어난다.
③ 소화되지 못한 물질의 부패가 일어난다.
④ 섬유소가 완전 소화되어 정장작용을 한다.

27 영구적 경수를 사용할 때의 조치로 잘못된 것은?

① 소금 증가
② 효소 강화
③ 이스트 증가
④ 광물질 감소

28 더운 여름에 얼음을 사용하여 반죽 온도 조절 시 계산 순서로 적합한 것은?

① 마찰계수 → 물 온도 계산 → 얼음 사용량
② 물 온도 계산 → 얼음 사용량 → 마찰계수
③ 얼음 사용량 → 마찰계수 → 물 온도 계산
④ 물 온도 계산 → 마찰계수 → 얼음 사용량

29 대형 공장에서 사용되고 온도 조절이 쉽다는 장점이 있는 반면에, 넓은 면적이 필요하고 열 손실이 큰 것이 결점인 오븐은?

① 회전식 오븐
② 데크 오븐
③ 터널식 오븐
④ 릴 오븐

30 굽기 과정에서 일어나는 변화로 옳지 않은 것은?

① 당의 캐러멜화와 갈변 반응으로 껍질색이 진해지며 특유의 향이 발생한다.
② 굽기가 완료되면 모든 미생물이 사멸하고 대부분의 효소는 불활성화가 된다.
③ 전분 입자는 팽윤과 호화의 변화를 일으켜 구조 형성을 한다.
④ 빵의 외부 층에 있는 전분이 내부 층의 전분보다 호화가 덜 진행된다.

31 다음 중 찬물에 잘 녹는 것은?

① 한천
② 씨엠씨
③ 젤라틴
④ 일반 펙틴

32 다음 중 전분당이 아닌 것은?

① 물엿
② 설탕
③ 포도당
④ 이성화당

33 표면장력을 변화시켜 빵과 과자의 부피와 조직을 개선하고 노화를 지연시키기 위해 사용하는 것은?

① 계면활성제
② 팽창제
③ 산화방지제
④ 감미료

34 저장미에 발생한 곰팡이가 원인이 되는 황변미 현상을 방지하기 위한 수분 함량은?

① 13% 이하
② 14~15%
③ 16~17%
④ 17% 이상

35 다음 중 일반적으로 잠복기가 가장 긴 것은?

① 페스트
② 디프테리아
③ 유행성 간염
④ 세균성 이질

36 장독소에 의해 발생하는 식중독은?

① 살모넬라 식중독
② 포도상구균 식중독
③ 웰치균 식중독
④ 장염비브리오 식중독

37 식품첨가물의 구분 및 종류에 대한 설명으로 옳지 않은 것은?

① 식품첨가물은 그 원료물질에 따라 화학적 합성품, 천연첨가물 및 혼합제류로 나뉜다.
② 화학적 합성품과 천연첨가물은 화합물 성격상 구조적인 차이가 있다.
③ 식품첨가물 중 유화제는 물에 혼합되지 않는 액체를 분산시키는 데 사용된다.
④ 증점 안정제는 식품의 점도 증가 또는 점착력 증가에 사용된다.

38 다음 중 유해 표백제는?

① 페닐라틴
② 아우라민
③ 롱가리트
④ 둘신

39 화학물질에 의한 식중독의 원인이 아닌 것은?

① 불량첨가물
② 농약
③ 엔테로톡신
④ 메탄올

40 아밀로펙틴이 요오드 반응에서 나타내는 색은?

① 적자색
② 청색
③ 황색
④ 흑색

41 과일과 채소의 부패에 관여하는 대표적인 미생물 군은?

① 젖산균
② 수중세균
③ 저온균
④ 사상균

42 다음 중 포화 지방산을 가장 많이 함유하고 있는 식품은?

① 올리브유
② 버터
③ 콩기름
④ 홍화유

43 팔미트산(16:0)이 모두 아세틸 CoA로 분해되려면 β−산화를 몇 번 반복하여야 하는가?

① 5번
② 6번
③ 7번
④ 8번

44 질병에 대한 저항력을 지닌 항체를 만드는 데 꼭 필요한 영양소는?

① 탄수화물
② 지방
③ 칼슘
④ 단백질

45 다음 식품첨가물 중에서 보존제로 허용되지 않은 것은?

① 소르빈산칼륨
② 말라카이트 그린
③ 데히드로초산
④ 안식향산나트륨

46 우리나라의 식품위생법에서 정하고 있는 내용이 아닌 것은?

① 건강 기능 식품의 검사
② 건강 진단 및 위생 교육
③ 조리사 및 영양사의 면허
④ 식중독에 관한 조사 보고

47 다음 중 유해성 감미료는?

① 물엿
② 자당
③ 시클라메이트
④ 아스파탐

48 다음 중 제1급 법정 감염병은?

① 결핵
② 디프테리아
③ 장티푸스
④ 말라리아

49 식품의 위생적 취급 방법에 대한 설명으로 옳지 않은 것은?

① 생식품은 오염되지 않도록 조리된 식품과 분리하여 냉장고에 저장하여야 한다.
② 냉동된 식품은 영양분의 손실을 줄이기 위하여 가급적 실온에서 서서히 해동시킨다.
③ 익히지 않은 육류를 취급한 도마와 칼은 세척 후 반드시 소독한다.
④ 전처리 후 바로 조리하지 않을 식재료는 냉장고에 보관하여야 한다.

50 오버나이트 스펀지법에 대한 설명으로 옳지 않은 것은?

① 발효 손실이 적다.
② 12~24시간 발효시킨다.
③ 적은 이스트로 매우 천천히 발효시킨다.
④ 강한 신장성과 풍부한 발효 향을 지니고 있다.

51 다음 중 발효시간을 연장시켜야 하는 경우는?

① 식빵 반죽 온도가 27℃이다.
② 발효실 온도가 24℃이다.
③ 이스트푸드가 충분하다.
④ 1차 발효실 상대습도가 80%이다.

52 빵 효모의 발효에 가장 적당한 pH 범위는?

① pH2~4
② pH4~6
③ pH6~8
④ pH8~10

53 다음 중 빵 반죽의 발효에 속하는 것은?

① 낙산발효
② 부패발효
③ 알코올발효
④ 초산발효

54 90g짜리 빵 520개를 만들기 위해 필요한 밀가루의 양은? (단, 제품 배합률 180%, 발효 및 굽기 손실은 무시한다.)

① 10kg
② 18kg
③ 26kg
④ 31kg

55 다음 중 분할에 대한 설명으로 옳은 것은?

① 1배합당 식빵류는 30분 내에 하도록 한다.
② 기계 분할은 발효 과정의 진행과는 무관하여 분할 시간에 제한을 받지 않는다.
③ 기계 분할은 손 분할에 비해 약한 밀가루로 만든 반죽 분할에 유리하다.
④ 손 분할은 오븐 스프링이 좋아 부피가 양호한 제품을 만들 수 있다.

56 제조 현장에서 제빵용 이스트를 저장하는 현실적인 온도로 가장 적당한 것은?

① −18℃
② −1~5℃
③ 20℃
④ 35℃ 이상

57 산형 식빵의 비용적으로 가장 적합한 것은?

① 1.5~1.8cm³/g
② 1.7~2.6cm³/g
③ 3.2~3.5cm³/g
④ 4.0~4.5cm³/g

58 포장된 식품의 품질변화 요인에 대한 설명으로 옳지 않은 것은?

① 우선적으로 식품 자체 성분의 변화가 없어야 한다.
② 포장 재료의 선택 시 각 포장재의 특징을 살펴본 후 선택해야 제품의 특성이 유지된다.
③ 일단 포장된 제품의 품질은 저장조건에 따라 영향을 받지 않는다.
④ 기구나 용기 포장이 위생상 불량할 때 이것에 식품이 접촉되므로 여러 가지 영향을 미치게 된다.

59 빵의 제조 과정에서 빵 반죽을 분할기에서 분할할 때나 구울 때 달라붙지 않게 하고 모양을 그대로 유지하기 위하여 사용되는 첨가물은?

① 유동 파라핀
② 프로필렌 글리콜
③ 카세인
④ 대두인지질

60 백색의 결정으로 물에 잘 녹고, 감미도는 설탕의 250배로 청량음료수, 과자류, 절임류 등에 사용되었으나 만성중독인 혈액독을 일으켜 우리나라에서는 1966년 11월부터 사용이 금지된 인공감미료는?

① 파라−니트로−오르토−톨로이딘
② 시클라메이트
③ 에틸렌글리콜
④ 둘신

제빵기능사	소요 시간	문항 수
	총 60분	총 60문항

수험번호 : _____

성   명 : _____

정답 & 해설 ▶ 1-254쪽

01 제빵용 밀가루의 적정 손상전분의 함량은?

① 1.5~3%

② 4.5~8%

③ 11.5~14%

④ 15.5~17%

02 원가의 구성에서 직접 원가에 해당되지 않는 것은?

① 직접 재료비

② 직접 노무비

③ 직접 경비

④ 직접 판매비

03 스펀지 발효에서 생기는 결함을 없애기 위하여 만들어진 제조법으로 ADMI법이라고 불리는 제빵법은?

① 액종법

② 비상반죽법

③ 노타임 반죽법

④ 스펀지/도우법

04 갓 구워낸 빵을 식혀 상온에서 낮추는 냉각에 관한 설명으로 옳지 않은 것은?

① 빵 속의 온도를 35~40℃로 낮추는 것이다.

② 곰팡이 및 기타 균의 피해를 막는다.

③ 절단, 포장을 용이하게 한다.

④ 수분 함량을 25%로 낮추는 것이다.

05 팬 오일에 대한 내용 중 옳은 것은?

① 종류에 상관없이 발연점이 낮아야 한다.

② 백색 광유도 사용된다.

③ 정제 라드, 식용유, 혼합유도 사용된다.

④ 과다하게 칠하면 밑 껍질이 두껍고 어둡게 된다.

06 다음 중 2차 발효실의 온도와 습도로 가장 적합한 것은?

① 온도 27~29℃, 습도 90~100%

② 온도 38~40℃, 습도 90~100%

③ 온도 38~40℃, 습도 80~90%

④ 온도 27~29℃, 습도 80~90%

07 빵 제품의 평가 항목에 대한 설명으로 옳지 않은 것은?

① 외관 평가는 부피, 겉껍질, 색상이다.

② 내관 평가는 기공, 속생, 조직이다.

③ 종류 평가는 크기, 무게, 가격이다.

④ 빵의 식감 특성은 냄새, 맛, 입안에서의 감촉이다.

08 다음 중 굽기 손실이 가장 큰 제품은?

① 식빵

② 바게트

③ 단팥빵

④ 버터롤

09 다음 중 가스 발생량이 많아져 발효가 빨라지는 경우가 아닌 것은?

① 이스트를 많이 사용할 때
② 소금을 많이 사용할 때
③ 반죽에 약산을 소량 첨가할 때
④ 발효실 온도를 약간 높일 때

10 같은 크기의 틀에 넣어 같은 체적의 제품을 얻으려고 할 때 반죽의 분할량이 가장 적은 제품은?

① 밀가루 식빵
② 호밀 식빵
③ 옥수수 식빵
④ 건포도 식빵

11 정형공정의 방법이 순서대로 옳게 나열된 것은?

① 반죽 → 중간발효 → 분할 → 둥글리기 → 정형
② 분할 → 둥글리기 → 중간발효 → 정형 → 팬닝
③ 둥글리기 → 중간발효 → 정형 → 팬닝 → 2차 발효
④ 중간발효 → 정형 → 팬닝 → 2차 발효 → 굽기

12 오븐 시간 발효 과정을 거치지 않고 배합 후 정형하여 2차 발효를 하는 제빵법은?

① 재반죽법
② 스트레이트법
③ 노타임법
④ 스펀지법

13 냉동반죽법에 적합한 반죽의 온도는?

① 18~22℃
② 26~30℃
③ 32~36℃
④ 38~42℃

14 성형 몰더를 사용할 때의 방법으로 옳지 않은 것은?

① 휴지 상자에 반죽을 너무 많이 넣지 않는다.
② 덧가루를 많이 사용하여 반죽이 붙지 않게 한다.
③ 롤러 간격이 너무 넓으면 가스빼기가 불충분해진다.
④ 롤러 간격이 너무 좁으면 거친 빵이 되기 쉽다.

15 다음 중 제빵용으로 주로 사용되는 도구는?

① 모양깍지
② 돌림판(회전판)
③ 짤주머니
④ 스크래퍼

16 적혈구, 뇌세포, 신경세포의 주요 에너지원으로 혈당을 형성하는 당은?

① 과당
② 설탕
③ 유당
④ 포도당

17 한 개의 무게가 50g인 과자가 있다. 이 과자 100g 중에 탄수화물 60g, 단백질 6g, 지방 16g, 무기질 4g, 물 6g이 들어있다면 이 과자 10개를 먹을 때 얼마의 열량을 낼 수 있는가?

① 1,230kcal
② 2,040kcal
③ 2,750kcal
④ 1,800kcal

18 식품조리 및 취급 과정 중 교차오염이 발생하는 경우와 거리가 먼 것은?

① 씻지 않은 손으로 샌드위치 만들기
② 생고기를 자른 가위로 냉면 면발 자르기
③ 생선 다듬던 도마로 샐러드용 채소 썰기
④ 반죽에 생고구마 조각을 얹어 쿠키 굽기

19 결핵의 주요한 감염원이 될 수 있는 것은?

① 토끼고기
② 양고기
③ 돼지고기
④ 불완전 살균우유

20 제빵용 팬 기름에 대한 설명으로 옳지 않은 것은?

① 종류에 상관없이 발연점이 낮아야 한다.
② 무색, 무미, 무취이어야 한다.
③ 정제 라드, 식물유, 혼합유도 사용된다.
④ 과다하게 칠하면 밑 껍질이 두껍고 어둡게 된다.

21 빵의 관능적 평가법에서 외부적 특성을 평가하는 항목으로 옳지 않은 것은?

① 대칭성
② 껍질색상
③ 껍질 특성
④ 맛

22 동물의 가죽이나 뼈 등에서 추출하며 안정제나 제과 원료로 사용되는 것은?

① 젤라틴
② 한천
③ 펙틴
④ 카라기난

23 제빵에서의 수분분포에 관한 설명으로 옳지 않은 것은?

① 물이 반죽에 균일하게 분산되는 시간은 보통 10분 정도이다.
② 1차 발효와 2차 발효를 거치는 동안 반죽은 다소 건조하게 된다.
③ 발효를 거치는 동안 전분의 가수분해에 의해서 반죽 내 수분량이 변화한다.
④ 소금은 글루텐을 단단하게 하여 글루텐 흡수량의 8%를 감소시킨다.

24 냉동제법에서 믹싱 다음 공정은?

① 1차 발효
② 분할
③ 해동
④ 2차 발효

25 가스 발생력에 영향을 주는 요소에 대한 설명으로 옳지 않은 것은?

① 포도당, 자당, 과장, 맥아당 등 당의 양과 가스 발생력 사이의 관계는 당량 3~5%까지 비례하다가 그 이상이 되면 가스 발생력이 약해져 발효시간이 길어진다.
② 반죽 온도가 높을수록 가스 발생력은 커지고 발효시간은 짧아진다.
③ 반죽이 산성을 띨수록 가스 발생력이 커진다.
④ 이스트 양과 가스 발생력은 반비례하고 이스트 양과 발효시간은 비례한다.

26 제빵용 효모에 의하여 발효되지 않는 당은?

① 포도당
② 과당
③ 맥아당
④ 유당

27 안정제를 사용하는 목적으로 적합하지 않은 것은?

① 아이싱의 끈적거림 방지
② 크림 토핑의 거품 안정
③ 머랭의 수분 배출 촉진
④ 포장성 개선

28 전체 발효 시간이 90분일 경우 펀치(Punch)는 언제 하는가?

① 발효 시작 60분 후
② 발효 시작 30분 후
③ 믹싱 직후
④ 발효 시작 90분 후

29 세계보건기구(WHO)는 성인의 경우 하루 섭취 열량 중 트랜스지방의 섭취를 몇 % 이하로 권고하고 있는가?

① 0.5%
② 1%
③ 2%
④ 3%

30 희망 반죽 온도 26℃, 마찰계수 20, 실내 온도 26℃, 스펀지 반죽 온도 28℃, 밀가루 온도 21℃일 때 스펀지법에서 사용할 물의 온도는?

① 11℃
② 8℃
③ 7℃
④ 9℃

31 빵 제조 시 밀가루를 체로 치는 이유가 아닌 것은?

① 제품의 착색
② 입자의 균형
③ 공기의 혼입
④ 불순물의 제거

32 열대성 다년초의 다육질 뿌리로, 매운맛과 특유의 방향을 가지고 있는 향신료는?

① 넛메그
② 계피
③ 올스파이스
④ 생강

33 순수한 지방 20g이 내는 열량은?

① 80kcal
② 140kcal
③ 180kcal
④ 200kcal

34 시금치에 들어있으며 칼슘의 흡수를 방해하는 유기산은?

① 초산
② 호박산
③ 수산
④ 구연산

35 다음 중 제품의 특성을 고려하여 혼합 시 반죽을 가장 많이 발전시키는 것은?

① 불란서빵
② 햄버거빵
③ 과자빵
④ 식빵

36 수평형 믹서를 청소하는 방법으로 옳지 않은 것은?

① 청소하기 전에 전원을 차단한다.
② 생산 직후 청소를 실시한다.
③ 물을 가득 채워 회전시킨다.
④ 금속으로 된 스크래퍼를 이용하여 반죽을 긁어낸다.

37 빵을 제조하는 과정에서 반죽 후 분할기로부터 분할할 때나 구울 때 달라붙지 않게 할 목적으로 허용되어 있는 첨가물은?

① 글리세린
② 유동 파라핀
③ 초산비닐수지
④ 프로필렌글리콜

38 다음 중 치명률이 가장 높은 것은?

① 보툴리누스균에 의한 식중독
② 살모넬라 식중독
③ 황색 포도상구균 식중독
④ 장염 비브리오 식중독

39 미나마타병의 원인 물질은?

① 카드뮴(Cd)
② 구리(Cu)
③ 수은(Hg)
④ 납(Pb)

40 버섯중독의 원인 독소가 아닌 것은?

① 무스카린(Muscarine)
② 콜린(Choline)
③ 팔린(Phaline)
④ 시큐톡신(Cicutoxin)

41 탄수화물이 많이 든 식품을 고온에서 가열하거나 튀길 때 생성되는 발암성 물질은?

① 니트로사민
② 다이옥신
③ 벤조피렌
④ 아크릴아마이드

42 식품 또는 식품첨가물을 채취, 제조, 가공, 조리, 저장, 운반 또는 판매하는 직접 종사자들이 정기 건강진단을 받아야 하는 주기는?

① 1회/1년
② 1회/3개월
③ 1회/6개월
④ 1회/월

43 부패의 물리학적 판정에 이용되지 않는 것은?

① 냄새
② 점도
③ 색 및 전기저항
④ 탄성

44 분할을 할 때 반죽의 손상을 줄일 수 있는 방법이 아닌 것은?

① 스트레이트법보다 스펀지법으로 반죽한다.
② 반죽 온도를 높인다.
③ 단백질 양이 많은 질 좋은 밀가루로 만든다.
④ 가수량이 최적인 상태의 반죽을 만든다.

45 다음 중 제품의 가치를 떨어뜨리는 것은?

① 교환가치
② 귀중가치
③ 사용가치
④ 재고가치

46 단과자빵 제조에서 일반적인 이스트의 사용량은?

① 0.1~1%
② 3~7%
③ 8~10%
④ 12~14%

47 믹서의 구성에 해당되지 않는 것은?

① 믹서볼
② 휘퍼
③ 비터
④ 배터

48 빵과자 배합표의 자료 활용법으로 적당하지 않은 것은?

① 빵의 생산기준 자료
② 재료 사용량 파악 자료
③ 원가 산출
④ 국가별 빵의 종류 파악 자료

49 빵을 구웠을 때 갈변이 되는 것은 어떤 반응에 의한 것인가?

① 비타민 C의 산화에 의하여
② 효모에 의한 갈색반응에 의하여
③ 메일라드 반응과 캐러멜화 반응이 동시에 일어나서
④ 클로필이 열에 의해 변성되어서

50 냉동 제품의 해동 및 재가열 목적으로 주로 사용하는 오븐은?

① 적외선 오븐
② 릴 오븐
③ 데크 오븐
④ 대류식 오븐

51 반죽의 온도가 25℃일 때 반죽의 흡수율이 61%인 조건에서 반죽의 온도를 30℃로 조정하면 흡수율은 얼마가 되는가?

① 55%
② 58%
③ 62%
④ 65℃

52 다음 중 견과류가 아닌 것은?

① 마카다미아
② 피스타치오
③ 캐슈넛
④ 커피 빈

53 기업경영의 3요소(3M)가 아닌 것은?

① 사람
② 방법
③ 재료
④ 자본

54 다음 중 성질이 다른 세균 형태는?

① 사상균
② 간균
③ 구균
④ 나선균

55 다음 중 조리사의 직무가 아닌 것은?

① 집단급식소에서의 식단에 따른 조리 업무
② 구매식품의 검수 지원
③ 집단급식소의 운영일지 작성
④ 급식설비 및 가구의 위생, 안전 실무

56 제빵 생산 시 물 온도를 구할 때 필요한 인자와 가장 거리가 먼 것은?

① 실내 온도
② 쇼트닝 온도
③ 마찰계수
④ 밀가루 온도

57 오븐 내에서 뜨거워진 공기를 강제 순환시키는 열 전달 방식은?

① 대류
② 전도
③ 복사
④ 전자파

58 생산된 소득 중에서 인건비와 관련된 부분은?

① 물량적 생산성
② 생산가치율
③ 가치적 생산성
④ 노동 분배율

59 세균성 식중독을 예방하는 방법과 가장 거리가 먼 것은?

① 조리장의 청결 유지
② 조리 기구의 소독
③ 유독한 부위 세척
④ 신선한 재료의 사용

60 식품첨가물의 종류와 그 용도의 연결이 잘못된 것은?

① 발색제 : 인공적 착색으로 관능성 향상
② 산화방지제 : 유지식품의 변질 방지
③ 표백제 : 색소물질 및 발색성 물질 분해
④ 소포제 : 거품 소멸 및 억제

04

제빵기능사
최신 기출문제
정답 & 해설

해설과 따로 보는 최신 기출문제 01회   1-208쪽

01 ②	02 ①	03 ①	04 ②	05 ③
06 ②	07 ②	08 ④	09 ③	10 ③
11 ④	12 ②	13 ③	14 ②	15 ③
16 ④	17 ②	18 ④	19 ①	20 ③
21 ③	22 ④	23 ③	24 ②	25 ③
26 ①	27 ①	28 ③	29 ②	30 ③
31 ④	32 ③	33 ①	34 ③	35 ③
36 ④	37 ②	38 ③	39 ④	40 ②
41 ③	42 ①	43 ②	44 ④	45 ③
46 ①	47 ②	48 ④	49 ④	50 ②
51 ③	52 ③	53 ③	54 ①	55 ①
56 ③	57 ④	58 ③	59 ④	60 ③

01 ②

팬 오일은 굽기 중 팬에서 연기가 나지 않도록 해야 한다. 때문에 발연점이 210℃ 이상인 가소성이 높은 기름을 사용하고, 산패가 쉬운 지방산이 없어야 한다.

02 ①

수분을 제거하여 포도의 보존성을 높이는 것은 건포도를 만드는 목적이다.
건포도를 전처리하는 목적
• 빵 속 수분 이동 방지
• 수율과 저장성 증가
• 건포도 본래의 맛과 향 회복

03 ①

불란서빵은 틀을 사용하지 않고 굽기 때문에 가수율을 줄여야 한다.

04 ②

글루텐이 굳기 시작하는 온도는 74℃이다.

05 ③

냉동반죽은 냉동 시 수분이 얼어서 팽창하여 이스트를 사멸시키거나 글루텐을 파괴하는 것을 막기 위하여 급속냉동해야 한다.

06 ②

생산의 원가를 계산하는 목적은 이익계산, 가격결정, 원가관리이다.

07 ②

햄버거빵은 2차 발효실의 습도를 높게 설정해야 한다.
오답 피하기
③④ 반죽의 탄력성을 유지하기 위해 2차 발효실의 습도를 낮게 설정한다.

08 ④

방향성 물질을 생성하여 맛과 향을 좋게 하는 공정은 발효공정이다.

09 ③

이스트의 먹이인 설탕을 너무 많이 넣었을 경우 발효력을 증진시킬 수 있도록 이스트의 양을 늘린다.
식빵에 설탕이 과도하게 첨가되었을 경우 대응책
• 소금의 양을 감소시킨다.
• 반죽 온도를 높인다.
• 이스트 양을 늘린다.
• 발효시간을 늘린다.

10 ③

유지의 투입 단계는 클린업단계로 글루텐이 형성되기 시작하는 단계이다.

11 ④

설탕이 적게 사용된 저율배합에서 노화가 쉽게 일어난다.

12 ②

이스트푸드는 암모늄염 형태로 이스트에 필요한 영양소인 질소를 공급한다. 물의 경도 조절을 위해 칼슘염을, 분산제로 전분을 가지고 있다.

13 ③

빵 반죽을 반만 구운 상태에서 오븐에 2회 구운 것을 브라운 앤 서브 롤이라 한다.

14 ②

2차 발효가 짧을 경우 옆면이 터지는데, 이는 글루텐의 신장성이 떨어져 굽기 시 오븐 스프링을 견디지 못하기 때문이다.

15 ③

성형의 범위에는 '분할 → 둥글리기 → 중간 발효 → 정형 → 팬닝' 등이 속한다.

16 ④

퍼짐성 조절은 제과에서의 기능으로 쿠키와 관련이 있다.

17 ②

식빵 반죽을 기준으로 1차 발효는 온도 27℃, 상대습도 75~80% 조건에서 1시간 진행하는데, 발효실 온도가 정상보다 낮으면 발효시간이 길어진다.

18 ④

오답 피하기
① 상대습도 75%로 시행한다.
② 중간 발효 중 습도가 낮으면 껍질이 형성된다.
③ 중간 발효가 잘 되면 손상된 글루텐 구조를 재정돈한다.

19 ①

• 빵의 냉각 온도 : 35~40℃
• 빵 속 수분 함유량 : 38%
• 냉각 손실 : 2%

20 ③

잉글리시 머핀과 햄버거빵은 반죽에 흐름성을 부여하기 위해 높은 가수율과 렛 다운 단계까지 믹싱을 한다.

21 ③

빵, 과자 배합표는 국가별 빵의 종류를 파악할 수는 없지만, 빵의 특성을 파악하는 자료로 활용할 수 있다.

22 ④

맥아에 함유되어 있는 효소 아밀라아제가 전분을 맥아당으로 분해하여 이스트 발효가 촉진된다.

23 ③

전화당에는 흡습성이 있으므로 고체 상품으로는 부적합하며 액체로 이용된다.

24 ②

분유는 영양소 공급과 맛과 향을 개선하고, 분유에 들어있는 유당은 껍질의 갈색 반응을 일으킨다.

25 ③

효소는 열에 의해 변성된다.

26 ①

pH는 1차 발효 시 필요하며 pH4.5일 때 정상 반죽이다.

27 ①

물의 경도에 영향을 미치는 성분은 물에 있는 칼슘염과 마그네슘염이다.

28 ③

퍼프 페이스트리나 데니시 페이스트리에 사용하는 유지는 낮은 온도에서 너무 단단하지 않으면서 높은 온도에서 너무 무르게 되지 않는 성질인 가소성이 중요하다.

29 ②

중종에 밀가루를 많이 넣으면 중종 발효시간은 길어지고 본 반죽의 발효시간은 짧아진다.

30 ③

비용적은 반죽 1g이 차지하는 부피로, 산형 식빵의 비용적은 3.2~3.4cm³/g 정도이다.

31 ④

냉동반죽법은 1차 발효 시간을 20분 정도 짧게 한다.

32 ③

오븐 바닥열이 높을 때 식빵의 밑바닥이 움푹 들어가는 원인이 된다.

33 ①

스펀지 제조 시 밀가루 사용량이 증가하면 본 반죽 제조 시 밀가루 사용이 감소하므로 도우(본 반죽, Dough) 제조 시 반죽시간이 짧아진다.

34 ③

이스트에 존재하는 찌마아제에 의해 이산화탄소, 에틸알코올, 에너지 등을 생성한다.

35 ③

옥수수 단백질인 제인은 트립토판이 결핍된 단백질이지만 일반 곡류에 부족한 트레오닌과 메티오닌이 많기 때문에 다른 곡류와 섞어 사용하면 좋다.

36 ③

시유는 시장에서 파는 우유로, 수분 함량이 88%이다.

37 ②

무기질 성분은 식품을 태웠을 때 재로 남는다.

38 ③

LD50은 일정 조건하에서 검체를 한 번 투여하여 반수의 동물이 죽는 양, 즉 반수치사량으로 독성 평가에 사용된다.

39 ③

팽창제는 빵, 과자 등을 연하고 맛이 좋고 소화되기 쉬운 것으로 만들기 위해서 사용하며 가스를 발생시키는 성질을 가지고 있는 물질을 말한다.

> **오답 피하기**
> ① 유화제 : 서로 혼합되지 않는 두 종류의 액체를 유화시키기 위해 사용
> ② 살균제 : 식품의 부패 원인균이나 병원균을 사멸시키기 위해 사용
> ④ 피막제 : 과일, 채소의 신선도를 유지하기 위해 사용

40 ②

살모넬라에 의한 식중독의 감염경로는 쥐, 파리, 바퀴벌레 등의 곤충류이다.

> **오답 피하기**
> ① 보툴리누스균 : 통조림, 소시지 등의 신경독소에 의한 식중독
> ③ 포도상구균 : 조리사의 피부에 생긴 고름인 화농에 있는 황색 포도상구균에 의한 식중독
> ④ 장염비브리오균 : 어류, 패류, 해조류 등에 의한 감염

41 ③

보툴리누스 식중독균의 아포는 열에 강하고 독소인 뉴로톡신은 열에 약해 80℃에서 30분이면 파괴된다. 원인식품은 완전 가열살균되지 않은 병조림, 통조림, 소시지, 훈제품 등이다.

42 ①

설탕 전체의 고형질 대비 포도당 고형질 함량은 91%, 일반 물엿은 80%이다.

43 ②

달걀이 오래되면 기실이 커져 비중이 낮아지면서, 소금물에 넣었을 때 떠오르는 현상이 나타난다. 달걀의 점도가 떨어지고 부패가 일어난다.

44 ④

코팅용 초콜릿은 사용의 편리함을 주기 위하여 겨울에는 융점이 낮고, 여름에는 융점이 높은 것이 좋다.

45 ③

알부민과 글로불린이 수용성 단백질이다.

46 ①

제빵용 이스트에는 유당을 분해하는 락타아제가 없다.

47 ②

제분율이 낮으면 회분 함량이 적고, 회분 함량이 적을수록 고급 밀가루가 된다.

48 ③

숙성한 밀가루는 밀가루의 황색색소가 공기 중의 산소와 결합해서 산화되어 백색으로 바뀐다.

49 ④

인간의 생애주기표에서 가장 급격한 신체 발달이 일어나는 시기가 1~2세 유아기이므로 체중 1kg당 단백질 권장량이 가장 많다.

50 ②

효소의 주요 구성성분은 단백질이다.

51 ③

질병 발생의 3대 요소는 병인, 환경, 숙주이다.

52 ③

탄저병의 원인균은 바실러스 안트라시스이며, 피부의 상처 부위로 감염된다. 원인균은 내열성 포자를 형성한다.

53 ②

경구 감염병의 예방을 위해 냉동 보관한다.

54 ①

젤라틴은 동물의 껍질이나 연골 속의 콜라겐을 정제한 동물성 안정제이다.

55 ①

리놀레산, 리놀렌산, 아라카돈산 등의 필수 지방산은 식물성 유지인 콩기름에 많이 함유되어 있다.

56 ③

곰팡이가 생산하는 유해 물질인 진균독에 의한 식중독으로 아플라톡신, 맥각 중독, 황변미 중독 등이 있다.

57 ④

2군 칼슘은 유해 금속이 아니라 5대 영양소로서 뼈와 치아를 구성하는 무기질이다.

58 ③

관능검사는 사람의 감각에 의한 측정법으로 균수는 감각으로 측정이 불가능하다.

59 ④

경구 감염병 중 바이러스에 의해 전염되어 발병되는 것에는 유행성 간염, 소아마비, 홍역 등이 있다.

60 ②

타르 색소를 연속적으로 소량씩 섭취할 경우에도 중독증상이 발생한다.

01 ③	02 ③	03 ②	04 ③	05 ①
06 ②	07 ①	08 ③	09 ②	10 ②
11 ③	12 ③	13 ②	14 ①	15 ③
16 ②	17 ①	18 ②	19 ②	20 ④
21 ①	22 ①	23 ②	24 ②	25 ④
26 ④	27 ②	28 ③	29 ③	30 ①
31 ④	32 ③	33 ③	34 ②	35 ④
36 ②	37 ③	38 ②	39 ④	40 ④
41 ①	42 ②	43 ③	44 ①	45 ③
46 ③	47 ①	48 ②	49 ②	50 ③
51 ③	52 ②	53 ③	54 ①	55 ③
56 ④	57 ①	58 ②	59 ④	60 ②

01 ③

팬 기름의 사용량이 많으면 밑 껍질이 두꺼워지고 색상이 어두워진다.

02 ③

냉동반죽은 이스트의 양을 2배로 증가시키는데, 이는 냉동 시 이스트가 냉해를 입어 가스 발생력이 떨어지기 때문이다.

03 ②

포장 전 빵의 온도는 35~40℃가 이상적이다. 온도가 낮으면 제품의 수분 손실이 많고 노화가 빨리 진행되며 껍질이 건조된다.

04 ③

유화 쇼트닝은 6~9% 정도의 모노-디글리세리드를 함유하고 있다.

05 ①

보존료(방부제)는 식품 중의 미생물 발육을 억제하여 부패를 방지하고 식품의 선도를 유지하기 위하여 사용하며, 소량으로도 효과를 나타내야 한다.

06 ②

미국식 데니시 페이스트리의 롤인 유지 사용 범위는 반죽무게의 20~40%이며, 덴마크식 데니시 페이스트리의 롤인 유지 사용 범위는 40~55%이다.

07 ①

굽기는 시간이 동일한 경우에는 굽는 온도가 낮을수록 식빵 완제품의 수분 함량이 많다.

08 ③

오버헤드 프루퍼(Overhead Proofer)의 뜻은 머리 위에 설치한 중간발효기를 의미한다.

09 ②

냉동제품은 냉장해동을 시켜야 하는데 냉장고의 상대습도를 100%로 맞출 수는 없다.

10 ②

냉각은 '진공냉각 〉 강제공기순환 〉 자연냉각' 순으로 빠르다.

11 ③

①②④ 식중독균에 해당한다.

12 ③

노화를 지연시키는 방법
- 저장 온도를 −18℃ 이하 또는 25~35℃로 보관
- 모노−디−글리세리드 제품의 유화제를 사용
- 탈지분유와 달걀에 의한 단백질 증가
- 물의 사용량을 높여 반죽의 수분 함량 증가
- 방습포장재료로 포장
- 유지 제품을 사용하거나 당류를 첨가
- 반죽에 α−아밀라아제를 첨가
- 질 좋은 재료 사용과 재조 공정 준수

13 ②

반죽의 목적은 재료를 균일하게 혼합시켜 글루텐을 발전시키는 일이다.

14 ①

1인당 생산가치는 생산가치를 인원수로 나눈 것이다.

15 ③

메일라드 반응은 아미노산과 환원당이 가열에 의해 반응하여 갈색으로 변하는 현상으로, 비환원당인 설탕에서는 반응이 나타나지 않는다.

16 ②

표준 스트레이트법의 반죽 온도 : 27℃

- 표준 스펀지법의 스펀지 온도 : 24℃
- 비상스트레이트법의 반죽 온도 : 30℃
- 비상스펀지법의 스펀지 온도 : 30℃

17 ①

퐁당은 114~118℃로 끓인 시럽으로 물엿, 전화당을 사용하면 부드럽게 할 수 있다.

18 ②

정형한 식빵의 이음매는 아래에 놓이도록 팬에 넣는다.

19 ②

손상전분은 밀의 제분 과정에서 전분이 기계적 절단 또는 파쇄된 것으로 밀가루의 흡수율에 영향을 준다. 4.5~8% 정도가 적당하다.

20 ④

당뇨병이 있으면 설탕, 꿀 등이 첨가된 식품을 제한해야 하고, 신장, 고혈압, 심장질환 등의 합병증이 있을 경우 짠 음식을 제한해야 한다.

21 ①

건포도나 옥수수, 야채 같은 부재료는 믹싱 마지막 단계에 투입한다.

22 ①

불건성유는 산소와 결합하기 어려워 공기 중에 방치하여도 굳어지지 않는 기름이며 요오드가 100 이하로 올리브유, 피마자기름, 땅콩기름 등이 이에 해당한다.

23 ②

냉동반죽은 설탕의 양이 많은 고율배합이 적당하다.

24 ②

감미도 : 과당(175), 전화당(135), 설탕(100), 포도당(75), 맥아당(35), 갈락토오스(32), 유당(16)

25 ④

초콜릿 중 코코아의 함량은 62.5%(5/8), 카카오 버터의 함량은 37.5%(3/8)이다.

26 ④

글루텐 응고는 굽기 과정의 목적이다.

27 ②

비상스트레이트 반죽법의 장점은 비상 상황이 벌어지거나 작업에 차질이 생겼을 때, 제조시간을 단축시킬 목적으로 사용한다.

28 ③

글루텐은 믹싱 중에 형성이 되며, 설탕과 유지는 밀가루 속의 단백질이 서로 엉키게 돼 글루텐 형성을 방해한다.

29 ③

- 플로어 타임 : 중종 반죽법에서 본반죽을 끝내고 분할하기 전에 발효시키는 공정으로 숙성도를 조절할 수 있다.
- 반죽 온도가 낮은 경우 플로어 타임이나 발효 시간을 길게 한다.

30 ③

환원제와 산화제를 사용하여 믹싱시간을 25% 정도 줄인다.

31 ④

1차 발효실의 습도는 반죽 속의 수분량을 기준으로 하기 때문에 75~80% 정도가 이상적인 습도가 된다.

32 ③

껍질에 흰 반점이 생기는 이유는 공정 중 발효를 저해시키는 요인이 발생하여 숙성이 덜 된 반죽을 그대로 구웠기 때문이다.

33 ③

재료들을 믹서 볼에 넣고 믹싱을 하면 반죽 온도가 변화하게 되는데, 마찰열이 수화열에 의해 중화되면서 반죽 온도가 상승한다.

34 ②

NH_4로 구성된 암모늄염은 분해되면서 이스트에 N(질소)를 공급한다.

35 ④

HLB의 수치가 9 이하이면 친유성으로 기름에 용해되고, 11 이상이면 친수성으로 물에 용해된다.

36 ②

익스텐소그래프는 반죽의 신장성에 대한 저항을 측정한다.

37 ④

이스트푸드 성분에서 칼슘염은 물의 경도를 조절해 주는 역할을 한다.

38 ②

강력분은 빵을 만드는 데 주로 사용하며, 박력분은 글루텐 함량이 7~9% 인데 비해 강력분은 11~13% 정도이다.

39 ④

• 지용성 비타민 : 비타민 A, D, E, K
• 수용성 비타민 : 비타민 B₁, B₂, B₆, C

40 ②

스펀지 반죽의 기본 재료 : 밀가루, 이스트, 이스트푸드, 물

41 ①

조절 영양소란 체내 생리작용을 조절하고 대사를 원활히 하는 영양소로 무기질, 비타민, 물로 구성된다.

42 ②

완전 가열 살균되지 않은 통조림, 어패류, 소시지, 햄 등은 신경독인 뉴로톡신을 갖고 있는 보툴리누스균에 의해 식중독을 일으킨다.

43 ③

티포이드균은 감염형 식중독균의 일종이다.

44 ①

식품첨가물의 이형제는 유동 파라핀이다.

45 ③

포도당, 과당, 갈락토오스를 산화시켜 CO₂와 에틸알코올로 만드는 효소는 찌마아제이다.

46 ③

머랭에 안정제를 사용하면 수분 보유가 증진된다.

47 ①

산패는 유지를 공기 중에 오래 방치해 두었을 때 산화되어 불쾌한 냄새가 나고 맛이 나빠지거나 색깔이 변하여 산가가 증가되는 현상으로, 산소, 고온, 자외선, 동 등이 산패를 촉진시킨다.

48 ②

유당 불내증은 유당을 분해하는 락타아제라는 효소의 결핍으로 발병하며 복부경련, 설사, 메스꺼움 등의 증상을 동반한다.

오답 피하기
발진은 피부 부위에 작은 종기(염증)가 광범위하게 돋는 병이다.

49 ②

단백질과 탄수화물은 1g당 4kcal 열량을 내고, 지방은 1g당 9kcal의 열량을 낸다.

50 ③

생크림은 유지방이 38% 들어 있어 보관이나 작업의 온도는 3~7℃가 적당하다.

51 ③

제2급 감염병은 전파 가능성을 고려하여 발생 또는 유행 시 24시간 이내에 신고하여야 하고, 격리가 필요한 감염병으로는 장티푸스가 있다.

52 ②

판매 장소와 공장의 면적 배분은 판매 2:공장 1의 비율에서 판매 1:공장 1의 비율로 구성해야 한다.

53 ③

도넛 반죽의 휴지 효과는 이산화탄소 가스의 발생, 각 재료의 수화, 표피가 마르는 현상 방지, 반죽의 밀어펴기 등 취급이 쉬워진다.

54 ①

판 젤라틴은 온도가 낮을수록 젤 능력이 좋으므로 찬물(10~20℃)에서 불려서 사용해야 한다.

55 ③

굽기를 하지 않는 아이싱이나 토핑물에 생우유를 사용하면 아이싱이나 토핑물이 상하기 쉽다.

56 ④

변형공기포장은 공기조절포장으로 대기의 가스조성을 인공적으로 조절하여 청과물을 포장하여 품질 보전효과를 높이는 포장이며, 이산화탄소와 질소는 증가시키고 산소는 감소시킨다.

57 ①

허용되어 있지 않은 감미료의 종류 : 둘신, 에킬렌그리콜, 페릴라틴, 시클라메이트

58 ②

우유의 가열법
• 저온장시간 : 60~65℃, 30분간 가열
• 고온단시간 : 71.7℃, 15초간 가열
• 초고온순간 : 130~150℃, 1~3초간 가열

59 ④

가나슈 크림은 끓인 생크림에 초콜릿을 섞어 만들며, 기본 배합은 1:1로 한다.

60 ②

주석산 크림과 같은 산은 흰자의 알칼리성을 중화하고, 머랭의 색상을 희게 만들고, 흰자의 거품을 강하게 한다.

해설과 따로 보는 최신 기출문제 03회

1-222쪽

01 ②	02 ①	03 ②	04 ②	05 ②
06 ④	07 ①	08 ④	09 ①	10 ④
11 ③	12 ④	13 ②	14 ④	15 ④
16 ④	17 ①	18 ④	19 ④	20 ③
21 ①	22 ③	23 ③	24 ①	25 ②
26 ④	27 ③	28 ②	29 ④	30 ③
31 ④	32 ①	33 ①	34 ④	35 ①
36 ②	37 ④	38 ②	39 ④	40 ④
41 ②	42 ①	43 ②	44 ③	45 ③
46 ①	47 ②	48 ③	49 ④	50 ③
51 ②	52 ④	53 ④	54 ①	55 ③
56 ③	57 ④	58 ②	59 ④	60 ④

01 ②

신 냄새는 지친반죽일 때 나타나는 현상이다.

어린반죽과 지친반죽의 비교

평가항목	어린반죽 (발효, 반죽 덜 된 것)	지친반죽 (발효, 반죽이 많이 된 것)
속색	무겁고 어두운 속색, 숙성이 안 된 색	색이 희고 윤기가 부족
냄새(향)	생밀가루 냄새가 난다	신 냄새가 난다 (발효향이 강하다)
부피	작다	크다 → 작다
껍질색	어두운 적갈색 (잔당이 많기 때문)	밝은 색깔 (잔당이 적기 때문)

02 ①

탈지분유를 1% 증가시키면 물의 양도 1% 추가시킨다.

03 ②

조직은 빵의 품질 평가에 있어서 내부 평가 기준에 해당한다.

04 ②

식빵 제조 시 1차 발효실의 적합한 온도는 반죽 온도와 같은 27℃이며, 상대습도는 75~80%가 좋다.

05 ②

노타임 반죽법은 산화제와 환원제를 사용하여 믹싱시간과 발효시간을 감소시키는 방법이다.

06 ④

제빵 제조공정의 4대 주요 관리항목은 시간, 온도, 습도, 공정이다.

07 ①

발효가 지나치면 잔당이 적고 단백질이 많아 가수분해되어 껍질색이 여리고, 부서지기 쉬운 제품이 된다.

08 ④

데니시 페이스트리 : 픽업 단계

오답 피하기

① 스트레이트법 식빵 : 최종 단계
② 스펀지/도법 식빵 : 클린업 단계
③ 햄버거빵 : 렛 다운 단계

09 ①

오답 피하기

② 믹서 : 교반기
③ 라운더 : 둥글리기
④ 오버헤드 프루퍼 : 중간 발효실

10 ④

• 총원가 = 제조원가 + 판매관리비
• 판매이익 = 제품 가격 − 제조원가(제품원가)

오답 피하기

① 제조설비의 감가상각비 : 제조 간접비
② 매출원가 : 판매비
③ 직원의 급료 : 직접 노무비

11 ③

빵을 절단, 포장하기에 적당한 온도와 습도는 빵 속의 온도는 35~40℃, 수분 함량은 38%이다.

12 ④

총원가는 제조원가와 판매비, 일반관리비 등을 더한 것이다.

오답 피하기

①② 제조 직접비(직접원가) = 직접 재료비 + 직접 노무비 + 직접 경비
③ 제조원가(제품원가) = 제조 직접비 + 제조 간접비

13 ②

스파이럴 믹서(나선형 믹서) : 나선형 훅이 내장되어 있어 프랑스빵, 독일빵, 토스트 브레드 같이 된반죽이나 글루텐 형성 능력이 다소 떨어지는 밀가루로 빵을 만들 때 적합하다.

14 ④

발효의 목적 : 반죽의 팽창작용, 반죽의 숙성작용, 빵의 풍미 생성 등

15 ④

반죽의 목적은 밀가루, 이스트, 소금, 그 외 재료와 물을 혼합하여 믹싱해서 글루텐을 발전시키는 것이다.

16 ④

반죽의 흐름성은 스팀과는 무관하며, 수분 함량, 발효실의 온도와 습도의 영향을 받는다.

17 ①

노동 분배율은 생산가치 중에서 인건비가 차지하는 비율을 나타낸 것이다.

18 ④

껍질색은 굽는 온도와 시간 등에 영향을 받는다.

둥글리기의 목적
- 흐트러진 글루텐의 구조를 정돈시킨다.
- 분할된 반죽을 성형되기 적절한 상태로 만든다.
- 가스를 균일하게 분산하여 반죽의 기공을 고르게 한다.
- 점착성을 감소시킨다.

19 ④

성형을 용이하게 하는 것은 중간발효의 효과이다.

20 ③

Baker's %란 밀가루의 양을 100%로 보고, 각 재료가 차지하는 양을 %로 표시한 것을 말한다.

21 ①

분할기에 의한 식빵 분할시간 : 20분 이내

22 ③

스트레이트법의 특징(스펀지법과 비교)

장점	단점
발효손실을 줄일 수 있다	잘못된 공정을 수정하기 어렵다
제조시설, 제조 장비가 간단하다	노화가 빠르고 발효향과 식감이 덜하다
제조 공정이 단순하다	발효 내구성이 약하다
노동력과 시간이 절감된다	정형공정 기계에 대한 내구성이 약하다

23 ③

후염법에서는 소금을 처음부터 넣으면 반죽시간이 길어지므로 클린업 단계 직후에 넣는 것이 좋다.

24 ①

글리세린은 무색·투명하고 단맛이 나는 액체로, 흡습성이 강해서 물에 잘 녹으며 글리세린은 구워낸 과자. 케이크 등의 건조방지제와 광택제로 사용한다.

25 ②

초콜릿의 팻 블룸(지방 블룸, Fat Bloom)은 초콜릿을 온도가 높은 곳에 보관하거나 직사광선에 노출시켰을 때 지방이 분리되었다가 다시 굳어지면서 얼룩이 만들어지는 현상이다.

26 ④

제분 직후의 밀가루보다 제분 후 1~2개월 정도 숙성시킨 것이 색깔도 희고 제빵 적성도 좋아진다.

27 ③

카라야검 : 식품의 점착성 및 점도를 증가시키고 유화안정성을 증진하는 식품첨가물

오답 피하기
① 카다몬 : 생강과의 다년초 열매
② 올스파이스 : 시나몬, 넛메그, 정향 등의 혼합 향
④ 시나먼 : 후추, 정향과 함께 3대 향신료이며 독특한 청량감과 달콤한 맛의 향

28 ②

박력분의 원맥은 연질 소맥이다.

오답 피하기
①③④ 강력분에 대한 설명이다.

29 ④

호밀가루는 글루텐 형성 단백질이 밀가루보다 적고 펜토산 함량이 높아 반죽이 끈적이고 글루텐의 탄력성을 악화시켜 구조력을 약하게 한다.

30 ③

- 노화란 맛과 향미가 변화하고 딱딱해지는 현상이다.
- 식빵은 설탕과 유지의 함량이 적어 노화가 빠르게 진행된다.

31 ④

젤리 형성의 3요소는 당분, 유기산, 펙틴이다. 특히 펙틴은 설탕 농도 50% 이상, pH2.8~3.4의 산 상태에서 젤리를 형성한다.

32 ①

가소성 유지는 실온에서 고체로 보이지만, 20~30%의 고형질과 70~80%의 액체유가 섞여 있다.

33 ①

분유에 들어있는 유당은 갈변을 일으켜 색을 진하게 만든다.

34 ④

더취 코코아는 알칼리성을 띤다.

35 ①

$$중화가 = \frac{중조의\ 양 \times 100}{산성제의\ 양}$$

36 ②

마라스키노는 체리를 원료로 한 리큐르이다.

37 ④

오답 피하기
① 패리노그래프 : 반죽 공정에서 일어나는 밀가루의 흡수율을 측정한다.
② 레오그래프 : 반죽이 기계적 발달을 할 때 일어나는 변화를 측정한다.
③ 믹서트론그래프 : 표준곡선과 비교하여 새로운 밀가루의 정확한 반죽 조건을 신속하게 점검할 수 있는 기기이다.

38 ②

템퍼링이 잘못되면 카카오 버터에 의한 지방 블룸이 생기고, 보관이 잘못되면 설탕에 의한 설탕 블룸이 생긴다.

39 ④

카망베르 치즈는 전유 또는 탈지유를 곰팡이로 숙성시킨 연질의 냄새가 강한 프랑스 치즈이다.

40 ④

동맥경화증은 혈관에 지방이 가라앉아 들어붙어 동맥이 좁아지고 탄력성을 잃게 되는 증상이다.

41 ②

장염 비브리오균은 호염성 비브리오균으로 3∼4% 염분 농도에서 증식하고 원인식품은 생선회, 어패류의 생식 등이다.

42 ①

냉각은 3∼4시간 자연 냉각이 가장 적당하다.

43 ②

식품첨가물의 규격과 사용기준은 식품의약품안전처장이 지정한다.

44 ③

대용 분유는 유장에 탈지분유, 밀가루, 대두분 등을 혼합하여 탈지분유의 흡수력과 기능을 유사하게 만든 것이다.

45 ③

전란에 있는 흰자의 무게 = 60g×60÷100 = 36g, 360÷36 = 10개

46 ①

$(16 \times 4kcal) + (18 \times 4kcal) + (54 \times 9kcal)$ = 약 622kcal

47 ②

빈혈의 원인은 대부분 철분 부족이다.

48 ③

과실의 껍질에 있으면서 껍질을 단단하고 윤기나게 만들던 펙틴이 과실이 익어감에 따라 프로토펙틴에 가수분해되면서 수용성 펙틴을 만들어 과실을 말랑말랑하게 한다.

49 ④

포도당은 포유동물의 혈당으로 0.15% 가량 포함되어 있다.

50 ③

집단급식소의 운영일지 작성은 영양사의 직무이다.

51 ②

차아염소산은 소독이나 일광건조에 사용하는 살균제이다.

오답 피하기

① 일반비누가 아닌 역성비누가 좋다.
③ 과산화수소는 피부 소독, 상처 소독에 좋다.
④ 크레졸 비누액은 오물 소독, 손 소독에 좋다.

52 ④

신경마비는 보툴리누스균의 독소인 뉴로톡신의 증상이다.

53 ④

경구(소화기계) 감염병은 오염된 음식물 및 음용수에 의해 경구 감염되는 것으로 잠복기가 비교적 길고, 2차 감염이 있으며, 적은 양의 균으로도 발생 가능하다.

54 ①

유화제는 서로 혼합이 잘 되지 않는 두 종류의 액제를 혼합·분산시켜 주는 첨가물이다.

55 ③

리스테리아균은 리스테리아증을 일으키는 인수공통감염병이고, 세균성 식중독균이다.

56 ③

어패류는 세균에 의해 부패된다.

57 ④

감염형 식중독 : 장염 비브리오균과 여시니아균

오답 피하기

독소형 식중독 : 황색포도상구균과 보툴리누스균

58 ②

1차 파쇄 → 1차 체질 → 정선기 → 2차 파쇄(재분쇄공정) → 2차 체질 → 정선기

59 ④

돈단독균은 돼지의 감염병으로 돼지에게 패혈증을 일으킨다.

60 ④

연속식 제빵법은 설비 공간과 설비 면적이 감소한다는 장점이 있다.

해설과 따로 보는 최신 기출문제 04회

1-229쪽

01 ④	02 ④	03 ②	04 ①	05 ④
06 ①	07 ②	08 ③	09 ④	10 ④
11 ②	12 ①	13 ③	14 ①	15 ②
16 ③	17 ②	18 ①	19 ③	20 ④
21 ②	22 ④	23 ①	24 ③	25 ②
26 ④	27 ①	28 ①	29 ③	30 ④
31 ④	32 ②	33 ①	34 ④	35 ③
36 ②	37 ②	38 ③	39 ④	40 ①
41 ④	42 ①	43 ④	44 ④	45 ②
46 ①	47 ③	48 ②	49 ①	50 ①
51 ②	52 ②	53 ③	54 ③	55 ④
56 ②	57 ③	58 ③	59 ①	60 ④

01 ④

설탕은 보습 효과가 있어 노화를 지연시킨다.

02 ④

냉동 식품은 −40℃에서 급랭하고, −18℃에서 저장한다.

03 ②

설탕 농도 50% 이상, pH2.8~3.4의 산 상태에서 젤리를 형성하며, 메톡실기 7% 이상의 펙틴은 당과 산이 존재해야 교질이 형성된다.

04 ①

스펀지 반죽의 기본 재료는 밀가루, 이스트, 물, 이스트푸드이며, 설탕은 본(도우) 반죽에 들어간다.

05 ④

생산관리의 목표 : 생산 준비, 생산량 관리, 품종 · 품질 관리, 원가 관리

06 ①

둥글리기는 라운더의 작동 공정이다.

07 ②

반죽 온도가 49℃에 달하면 반죽이 짧은 시간 동안 급격하게 부풀어 처음 크기의 1/3 정도 팽창하는 것을 오븐 스프링이라고 한다.

08 ③

단백질 1% 증가 시 흡수율은 1.5% 증가한다.

09 ④

2차 발효의 습도가 높을 때 수포가 생기거나 질긴 껍질이 되기 쉽다.

10 ④

접기 횟수가 증가함에 따라 부피가 증가하다가 최고점을 지나면 감소하는 현상이 서서히 일어난다.

11 ②

설탕의 양이 5% 증가되면 흡수율은 1% 감소된다.

12 ①

제빵 시 정형 과정 : 분할→둥글리기→성형→팬닝

13 ③

포장지는 통기성이 없어야 하며 방수성이 있고 상품의 가치를 높일 수 있어야 한다.

14 ①

달걀 흰자는 고형분 12%, 수분 88%로 구성되어 있다.

15 ②

빵이 구워진 직후의 수분 함량은 껍질에 12%, 빵 속에 45%가 적합하며, 냉각 후 포장 직전의 수분 함량은 38%가 적합하다.

16 ③

물의 온도가 반죽 온도 조절에 가장 크게 영향을 미친다.

17 ②

가스 발생력을 키워 반죽을 부풀리기 위한 제조공정은 1차 발효, 2차 발효 공정이다.

18 ①

팬 오일은 발연점이 210℃ 이상으로 높은 것을 사용한다.

19 ③

강력분은 11~13%의 단백질을, 중력분은 9~11%의 단백질을 함유하고 있으며 밀가루 단백질 1%가 증가하면 흡수율은 1.5~2% 정도 증가한다.

20 ④

재반죽법은 직접법의 변형으로 스펀지법의 장점을 이용한 방법이다.

21 ②

아몬드 가루는 지방 성분이 있어서 수분보습제의 역할로 노화가 지연되고 맛이 좋다.

22 ④

어린반죽의 경우 브레이크와 슈레드 현상이 부족하며 오븐의 온도가 높아도 껍질이 빨리 생기는 현상이 나타난다.

23 ①

아밀로그래프는 밀가루의 호화정도 등 밀가루 전분의 질을 측정하여 온도 변화에 따라 밀가루의 α−아밀라아제의 효과를 측정한다.

24 ③

55%의 아밀로오스를 함유한 옥수수 전분의 호화 시작 온도는 67℃, 종결 온도는 80℃이다.

25 ②

산화제는 산화를 일으키는 물질로 밀가루의 경우 환원성 물질을 산화시켜 반죽의 신장 저항을 증대시키기 위해 사용한다.

26 ④

섬유소는 사람의 소화효소로 소화되지 않고 몸 밖으로 배출된다.

대장에서는 소화효소가 분비되지 않으며 소화 과정 중 수분과 무기질 흡수를 담당하고 있다.

27 ①

이스트푸드, 소금, 무기질(광물질)을 감소시킨다.

28 ①

마찰계수 계산 후 계산된 물 온도를 계산하고 얼음 사용량 순서로 계산한다.
- 마찰계수＝(결과 온도×3)−(실내 온도＋밀가루 온도＋수돗물 온도)
- 계산된 물 온도＝(희망 온도×3)−(실내 온도＋밀가루 온도＋마찰계수)
- 얼음 사용량＝물 사용량×(수돗물 온도−사용할 물 온도)÷(80＋수돗물 온도)

29 ③

터널 오븐은 대형 공장에서 대량 생산에 사용하는데, 열 손실이 크다는 단점이 있다.

30 ④

호화는 풀처럼 되는 상태로 빵의 외부 층에 있는 전분이 내부 층의 전분보다 호화가 더 진행된다.

31 ①

CMC는 식품의 뿌리에 있는 셀룰로오스에서 추출하며, 냉수에 쉽게 팽윤된다.

32 ②

전분당이란 전분을 가수분해하여 얻는 당을 말하며, 설탕은 사탕수수나 사탕무로부터 추출하여 얻는 당이다.

33 ①

계면활성제 : 액체에 첨가하면 표면장력을 감소시켜 퍼짐성, 습윤성을 증가시키는 물질이다.

② 팽창제 : 빵이나 카스테라 등을 부풀게 하여 적당한 형태를 만들기 위해 사용한다.
③ 산화방지제 : 유지의 산패에 의한 이미, 이취, 식품의 변색 및 퇴색 등을 방지하기 위해 사용한다.
④ 감미료 : 식품의 조리, 가공 시 단맛을 내기 위해 사용하는 인공감미료이다.

34 ①

- 쌀의 수분 함량 : 11~14%
- 저장용 쌀의 수분 함량 : 13% 이하

35 ③

유행성 간염의 잠복기는 20~25일로 경구 감염병 중에서 가장 길다.

36 ②

사람이나 동물의 화농성 질환의 대표적인 원인균인 황색포도상구균의 원인독소는 엔테로톡신으로 내열성이 있어 열에 쉽게 파괴되지 않는다.

37 ②

화학적 합성품과 천연첨가물은 화합물 성격상 구조적인 차이는 없다.

38 ③

페닐라틴과 둘신은 유해 감미료, 아우라민은 유해 착색료로 분류된다.

39 ③

엔테로톡신은 독소형 세균성 식중독을 일으키는 원인물질이다.

40 ①

요오드 반응에서 아밀로펙틴은 적자색을 나타내며, 아밀로오스는 청색을 나타낸다.

41 ④

사상균은 진핵세포 구조를 가진 고등미생물이다.

42 ②

지방산은 소기름, 돼지기름, 버터 등 동물성 지방에 많이 들어있다.

43 ③

β−산화는 지방산 사슬에서 수산기가 있는 쪽에서 2번째 탄소(베타탄소)가 분해되어 아세틸 CoA를 형성한다. 팔미트산(C_{16})은 8개의 아세틸 CoA를 형성한다.

44 ④

단백질은 성장, 임신, 병의 회복 기능과 체조직을 형성하는 기능을 한다.

45 ②

말라카이트 그린은 섬유, 목재, 종이 등을 염색하는 데 사용되는 염색체로 식품에 사용할 수 없는 물질이다.

46 ①

우리나라는 건강 기능 식품에 대해서는 「식품위생법」에 따른 처벌을 배제한다.

47 ③

허용되어 있지 않는 감미료의 종류 : 둘신, 에킬렌그리콜, 페릴라틴, 시클라메이트

48 ②

법정 감염병은 디프테리아, 야토병, 탄저병 등이다.

49 ②

냉동된 식품은 영양분의 손실을 줄이기 위해 가급적 냉장 온도에서 서서히 해동시킨다.

50 ①

발효시간이 길기 때문에 발효 손실도 크다.

51 ②

발효실 온도가 정상보다 낮으면 발효시간이 길어진다.

52 ②

효모, 곰팡이 : pH4~6

오답 피하기

• 일반 세균 : pH6.5~7.5
• 콜레라균 : pH8.0~8.6

53 ③

우리나라에서 만드는 일반적인 빵 반죽의 발효는 알코올발효에 속한다.

54 ③

90g×520개×100%÷180%÷1,000g=26kg

55 ④

손 분할은 기계 분할보다 반죽의 손상이 적으므로 오븐 스프링이 좋아 부피가 양호한 제품을 만들 수 있다.

56 ②

이스트의 저장 적온은 −1℃~5℃이며 0℃ 이하에서는 활동이 정지된다.

57 ③

비용적이란 단위 질량을 가진 물체가 차지하는 부피로, 산형 식빵의 비용적은 3.2~3.5cm³/g이다.

58 ③

일단 포장된 제품이라도 저장조건에 따라 영향을 많이 받는다.

59 ①

이형제인 유동 파라핀을 사용해야 한다.

60 ④

둘신은 백색 분말 또는 무색의 침상 결정체로 된 인공감미료로 감미도는 설탕의 250배이다.

해설과 따로 보는 최신 기출문제 05회 1–236쪽

01 ②	02 ④	03 ①	04 ④	05 ④
06 ③	07 ③	08 ②	09 ②	10 ①
11 ②	12 ③	13 ①	14 ②	15 ④
16 ④	17 ②	18 ④	19 ④	20 ①
21 ④	22 ①	23 ②	24 ④	25 ④
26 ④	27 ③	28 ①	29 ②	30 ④
31 ①	32 ④	33 ③	34 ①	35 ②
36 ④	37 ③	38 ①	39 ③	40 ④
41 ④	42 ①	43 ①	44 ②	45 ④
46 ②	47 ②	48 ④	49 ①	50 ①
51 ②	52 ④	53 ②	54 ③	55 ③
56 ②	57 ①	58 ④	59 ③	60 ①

01 ②

제빵용 밀가루의 손상전분의 함량은 4.5~8%이다.

02 ④

직접 판매비는 매출원가의 요소이다.

오답 피하기

①②③ 원가의 구성요소이다.

03 ①

액종법(액체발효법)은 ADMI법(아미드법)이라고도 하며, 스펀지 발효에서 생기는 결함을 없애기 위하여 만들어진 제조 방법이다.

04 ④

갓 구워낸 빵 껍질의 수분 함량은 12~15%이다.

05 ④

팬 오일은 무색, 무미, 무취의 발연점이 높은 기름을 반죽 무게의 0.1~0.2% 정도 사용하며 과다 사용하면 제품의 밑 껍질이 두껍고 어둡게 된다.

06 ③

일반적인 식빵과 과자빵의 2차 발효실 온도는 38~40℃, 습도는 80~90%이다.

07 ③

빵 제품의 평가 항목에는 외부 평가, 내부 평가, 식감 평가가 있으며, 가장 중요한 평가 항목은 맛이다.

08 ②

하스브레드(바게트) 〉 틴브레드(식빵) 〉 팬브레드(단팥빵, 버터롤)

09 ②

소금을 많이 사용하면 삼투압이 높아져 이스트의 가스 발생량이 적어져 발효가 늦어진다.

10 ①

밀가루 식빵 반죽에 다른 곡류나 충전물을 많이 넣으면 넣을수록 글루텐을 형성하는 밀단백질의 함량이 희석되므로 완제품의 부피가 작아진다.

11 ②

넓은 의미의 정형공정 순서 : 분할 → 둥글리기 → 중간발효 → 정형 → 팬닝

12 ③

노타임법은 산화제와 환원제를 사용하여 반죽과 발효시간을 단축하는 방법이다.

13 ①

냉동반죽법은 반죽을 −40℃로 급속냉동시켜 −18℃∼−25℃ 전후로 보관한 후 해동하여 반죽 온도를 20℃로 한다.

14 ②

지나친 덧가루는 제품의 맛과 향을 떨어뜨린다.

15 ④

스크래퍼는 반죽을 분할하고 한곳에 모으며, 작업대에 들러붙은 반죽을 떼어낼 때 사용하는 도구이다.

16 ④

포도당은 포유동물의 혈액 중에 0.1% 가량 포함되어 있다.

17 ②

열량영양소는 탄수화물, 단백질, 지방이므로,
= 탄수화물(60g×4kcal×5)+단백질(6g×4kcal×5)
  + 지방(16g×9kcal×5)
= 1,200+120+720 = 2,040kcal

18 ④

교차오염이란 식품의 조리 및 취급에서 일어나는 미생물의 감염, 오염으로 식품이 유통되는 과정 또는 식품이 조리되기까지 일어나는 모든 과정에서 발생하는 모든 오염 형태를 말한다.

19 ④

결핵은 결핵균에 의해 발생하는 질병으로 결핵균에는 주로 사람에게 감염되는 사람형, 소에게 감염되는 우형 등이 있다. 우형은 직접 우유나 이환 소의 고기에 의해 사람에게 감염된다.

20 ①

발연점이 210℃ 이상으로 높은 것을 사용해야 한다.

21 ④

맛은 내부 평가 항목에 해당한다.

22 ①

젤라틴은 젤을 형성하는 성질을 지닌 동물성 단백질의 한 성분으로 안정제나 제과 원료로 이용된다.

23 ②

반죽이 1차 발효, 2차 발효를 거치는 동안 전분이 가수분해되면서 생성하는 2∼4%의 수분으로 인해 반죽 내의 수분량이 증가한다.

24 ②

냉동제법은 1차 발효시간이 길어지면 반죽의 온도가 높아지고 수분이 생성되어 냉동 중 냉해로 인해 이스트가 죽어 냉동 저장성이 짧아지고 가스 발생력도 떨어지므로 1차 발효를 생략하고 분할 공정으로 바로 넘어간다.

25 ④

이스트 양이 많아지면 가스 발생력은 증가하고 발효시간은 짧아진다.

26 ④

유당은 동물성 당류이므로 단세포 식물인 효모의 먹이로 사용할 수 없다.

27 ③

안정제는 머랭의 수분을 보유하는 역할을 한다.

28 ①

가스빼기는 전체 발효 시간의 2/3가 되는 시점에서 해준다.

29 ②

세계보건기구(WHO)에서는 하루 섭취 열량 중 트랜스지방이 차지하는 비율이 1%를 넘지 않도록 권고하고 있다.

30 ④

사용할 물 온도 = (희망 온도×4) − (밀가루 온도+실내 온도 + 마찰계수 + 스펀지 온도) = (26×4) − (21+26+20+28) = 104 − 95 = 9℃

31 ①

제품의 착색은 굽기과정의 결과이다.

오답 피하기

②③④ 밀가루 부피를 15%까지 증가시키고 흡수율을 증가시킨다.

32 ④

생강은 여러해살이 식물로 동남아시아가 원산지이다. 생강의 매운맛 성분은 진저론, 진저올, 쇼가올 등이다.

33 ③

• 지방 1g은 9kcal 열량을 발생시킨다.
• 20g×9kcal = 180kcal

34 ③

시금치에는 수산이 0.2∼0.3% 가량 들어있다.

35 ②

햄버거빵은 전용 팬을 사용할 경우 렛 다운 단계까지 믹싱한다.

오답 피하기

① 발전 단계
③④ 최종 단계

36 ④

금속으로 된 스크래퍼는 믹서기에 흠집을 내므로 플라스틱 스크래퍼를 이용하여 반죽을 긁어준다.

37 ②

제빵에 허용된 이형제는 유동 파라핀이다.

38 ①

보툴리누스균은 신경독인 뉴로톡신으로 치사율이 가장 높다.

39 ③

수은(Hg) : 미나마타병

오답 피하기

① 카드뮴(Cd) : 이타이이타이병
② 구리(Cu) : 급성 중독의 경우 메스꺼움, 구토, 발한
④ 납(Pb) : 만성 중독은 빈혈, 소화기장애, 시력장애

40 ④

시큐톡신(Cicutoxin)은 독미나리의 독소이며 중독 증상은 상복부의 복통, 구토, 현기증, 경련 등이 있다.

41 ④

탄수화물이 많이 든 감자를 고온에서 가열하거나 튀길 때 아크릴아마이드라는 발암성 물질이 생성된다.

42 ①

식품을 판매하는 일에 직접 종사하는 영업자 및 그 종업원은 건강진단을 받아야 한다. 정기 건강진단은 연에 1회 받으며 건강진단 항목은 장티푸스, 폐결핵, 전염성 피부질환 등이다.

43 ①

냄새는 부패를 판정하는 관능검사이다.

44 ②

반죽 온도를 높이면 글루텐의 경도가 낮아져 분할을 할 때 반죽의 손상이 더 쉽게 일어난다.

45 ④

제품의 재고량과 재고기간은 제품의 가치를 떨어뜨리는 요인이 된다.

46 ②

단과자빵은 이스트의 활성을 저해시키는 설탕(삼투압 작용에 의해)이 많아서 이스트 사용량이 다른 빵보다 많다.

47 ④

믹서를 구성하는 부대물에는 믹서볼, 휘퍼, 비터, 훅 등이 있다.

48 ④

배합표는 빵, 과자를 만드는 데 필요한 재료의 종류, 비율을 기록해 놓은 표로 1가지 재료(흔히 밀가루를 기준)의 중량을 100으로 하고 다른 재료의 중량을 백분율로 나타낸다.

49 ③

• 껍질의 갈색 변화는 메일라드 반응과 캐러멜화 반응에 의하여 껍질이 진하게 갈색으로 나타나는 현상이다.
• 메일라드 반응은 당류와 아미노산이 결합하여 갈색 색소인 멜라노이드을 만드는 반응이며, 캐러멜화 반응은 높은 온도(160~180℃)에 의해 당류가 갈색으로 변하는 반응이다.

50 ①

냉동 제품의 해동 및 재가열을 위해서는 가정용 전자레인지와 원리가 같은 적외선 오븐을 사용한다.

51 ②

반죽 온도가 5℃ 올라가면 흡수율은 3% 줄고, 반죽 온도가 5℃ 내려가면 흡수율은 3% 늘어난다.

52 ④

커피 빈은 초콜릿을 커피콩 모양으로 만든 장식물이다.

53 ②

3M이란 기업 활동의 7가지 구성요소 중 제1차 관리대상인 사람, 재료, 자본을 의미한다.

54 ①

사상균 : 분류학상 진균류에 속한다.

오답 피하기

② 간균 : 막대모양을 한 세균의 속
③ 구균 : 구형의 세균
④ 나선균 : 나선 모양을 한 세균의 속

55 ③

조리사는 소정의 면허를 소지하고 음식점 및 집단 급식소에서 식품의 조리를 직업으로 하는 사람들을 말한다. 운영일지 작성은 영양사의 직무이다.

56 ②

빵 반죽 제조에 사용되는 쇼트닝의 양은 비교적 적은 양이므로 필요한 인자로 잡지 않는다.

57 ①

대류는 열 때문에 유체(액체와 기체)가 상하로 뒤바뀌며 움직이는 현상으로 컨벡션 오븐의 열 전달 방식이다.

58 ④

노동 분배율은 인건비를 생산가치로 나눈 값으로 생산가치에서 차지하는 인건비의 비율을 나타낸 것이다.

59 ③

유독한 부위는 세척보다는 제거해야 한다.

60 ①

발색제는 색소와 달리 그 자체에는 색이 없어서 식품 중에 존재하는 유색 물질과 작용하여 그 색을 안정화하여 선명하게 하는 물질이다.

한번에 합격, 자격증은 이기적

이기적 스터디 카페

합격 전담마크! 핵심자료부터
실시간 Q&A까지 다양한 혜택 받기

365 이벤트

매일 매일 쏟아지는 이벤트!
기출복원, 리뷰, 합격후기, 정오표

실기 100% 무료 강의

인증만 하면, 교재와 연계된
고퀄리티 강의가 100% 무료

CBT 온라인 문제집

연습도 실전처럼!
시험 환경 100% 재현

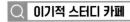

홈페이지 : license.youngjin.com
질문/답변 : cafe.naver.com/yjbooks